辽宁省教育科学“十四五”规划2022年度立项一般课题：《新时代中小学教师师德违规防范与规则研究》课题批准号：JG22CB216

教师教育系列教材

教师职业道德与政策法规
(微课版)

赵　阳　黄玉荣　主　编
王　芳　石　磊　副主编

清華大学出版社
北　京

内 容 简 介

本书围绕教师职业道德与政策法规的重点，从理论和实践两方面展开论述和讨论，涉及国家发布的《中小学教师职业道德规范》(2008 年修订)、《新时代中小学教师职业行为十项准则》、《中小学教师违反职业道德行为处理办法》(2018 年修订)、《学校安全工作条例》、《中小学教育惩戒规则(试行)》、《未成年人学校保护规定》和《全国人民代表大会常务委员会关于惩治贪污罪贿赂罪的补充规定》、《事业单位工作人员处分规定》，以及《中华人民共和国宪法》、《中华人民共和国教育法》(2021 年修正)、《中华人民共和国未成年人保护法》(2020 年修订)、《中华人民共和国义务教育法》(2018 年修正)、《中华人民共和国教师法》(2009 年修正)、《中华人民共和国爱国主义教育法》、《中华人民共和国行政处罚法》、《中华人民共和国民法典》、《中华人民共和国刑法》等法律法规对教师职业行为的要求。本书共分为十章，包括教师职业道德概论、教师职业行为与修养、《中小学教师职业道德规范》(2008 年修订)解读、教育政策概述、《新时代中小学教师职业行为十项准则》解读、教育法的基本原理、教育主体的权利与义务、教育法律责任、教育法律救济和教育法规文件解读。

本书集系统性、新颖性、应用性和启发性于一体，其特色首先体现在其科学的体系结构，每章开头均设置了课程目标、重点与难点、核心概念、政策链接、引导案例，结尾有本章小结和课后习题；其次是本书注重理论联系实际，精选了大量最新案例和最新政策法规链接，以增强学生对知识的理解和应用；最后是本书编写视角新颖独特，始终立足于实践，与传统教师教育类教材形成鲜明对比，突出了师范类高校教师教育专业基础课程的“实践特点”。

本书可以作为高等学校专科及本科师范专业教师教育的基础课教材，也可供基础教育管理、教学和研究人员、基础教育阶段教师及有意从事基础教育的其他专业学生在从事教学、科研和实际工作时参考。

图书在版编目(CIP)数据

教师职业道德与政策法规：微课版 / 赵阳，黄玉荣主编. -- 北京 : 清华大学出版社，2025. 6.
(教师教育系列教材). -- ISBN 978-7-302-69032-0

Ⅰ. G635.16；D922.16

中国国家版本馆 CIP 数据核字第 2025KU9534 号

责任编辑：陈冬梅
装帧设计：刘孝琼
责任校对：么丽娟
责任印制：杨　艳
出版发行：清华大学出版社
　　网　　址：https://www.tup.com.cn, https://www.wqxuetang.com
　　地　　址：北京清华大学学研大厦 A 座　　**邮　　编**：100084
　　社 总 机：010-83470000　　**邮　　购**：010-62786544
　　投稿与读者服务：010-62776969, c-service@tup.tsinghua.edu.cn
　　质量反馈：010-62772015, zhiliang@tup.tsinghua.edu.cn
　　课件下载：https://www.tup.com.cn, 010-62791865
印 装 者：三河市少明印务有限公司
经　　销：全国新华书店
开　　本：185mm×260mm　**印　张**：16.25　**插　页**：1　**字　数**：399 千字
版　　次：2025 年 7 月第 1 版　**印　次**：2025 年 7 月第 1 次印刷
定　　价：49.80 元

产品编号：103116-01

前　言

教师职业道德与政策法规是为师范专业学生开设的一门教师教育必修课，该课程主要内容包括教师职业道德、教师职业政策和教师职业法规三部分。其中，教师职业道德部分包括教师职业道德概论、教师职业行为与修养和《中小学教师职业道德规范》(2008 年修订)解读三章内容；教师职业政策部分包括教育政策概述和《新时代中小学教师职业行为十项准则》两章内容；教师职业法规部分包括教育法的基本原理、教育主体的权利与义务、教育法律责任、教育法律救济和教育法律文件解读四章内容。通过对本书的学习，学生能够比较全面和系统地掌握教师职业道德与政策法规的基础知识，熟悉并践行我国现行的教育政策法规与教师职业道德的具体内容及要求，培养依法治教的意识，并提升相应的实践能力。同时，致力于养成良好的教师职业道德素养，坚守育人为本、德育为先的教育理念，严格遵守职业道德规范，热爱教育事业，尊重学生人格，富有爱心、责任心，工作细心、耐心，成为学生锤炼品格、奉献祖国的引路人。此外，学生还将树立反思意识，形成反思能力，能够运用教育政策法规与教师职业道德相关知识，对教育教学实践活动进行有效的自我诊断与反思，提出改进思路。

本书坚持理论联系实际，以丰富、鲜活的案例与深入浅出的分析作为教材编写的出发点，力求体现时代性，重新优化组合知识体系，集系统性、新颖性、应用性和启发性于一体，试图为教师职业道德与政策法规的理论和实践工作提供经验借鉴。

本书共分为十章：第一章为教师职业道德概论；第二章为教师职业行为与修养；第三章为《中小学教师职业道德规范》(2008 年修订)解读；第四章为教育政策概述；第五章为《新时代中小学教师职业行为十项准则》解读；第六章为教育法的基本原理；第七章为教育主体的权利与义务；第八章为教育法律责任；第九章为教育法律救济；第十章为教育法规文件解读。

每章内容均围绕“课程目标、重点与难点、核心概念、政策链接、引导案例、本章小结及课后习题”七个方面与读者进行深入交流。课程目标、重点与难点和核心概念能帮助读者明确本章学习的要点和主要内容；本章引导案例能让读者通过现实发生的真实事件，更好地把握本章的理论观点；本章小结能让读者清晰地回顾本章的主要内容；课后习题能帮助读者运用所学理论进行深入分析并解答现实中的问题，与更多学者进行对话与交流。

本书由赵阳进行策划、统稿，赵阳、黄玉荣担任主编，王芳、石磊担任副主编。全书约 40 万字，第一、二、八、九、十章由黄玉荣编写完成，总计约 15 万字。第三、四、五、六、七章由赵阳编写完成，总计约 17 万字。在编辑书稿的过程中，大连艺术学院的李佳欣参与全书案例等文字编辑工作，总计约 8 万字。沈阳大学的王芳和浙江海洋大学的石磊为全书提供了宝贵的指导与建议。赵阳老师的研究团队，以及来自马来西亚国立大学的范广有、李佳欣，辽宁石油化工大学的刘禹含，鞍山师范学院的研究生王欣欣、林梦洁、石亚慧、杨玉婷、白丽莎、韩少丹、李怡葶、张旭、杨蕙如，还有泰国格乐大学的程爱华和大连艺术学院的邓斯元，共同参与了全书资料的收集、整理、校对以及教案课件的制作等工作。

在编写过程中，我们参阅了许多学者的专著和研究成果，在此表示衷心感谢。同时，感谢清华大学出版社为我们提供了出版机会。由于编者水平有限，书中难免存在疏漏和不妥之处，诚望广大读者批评和指正。

编　者

目　　录

第九章 教育法律救济 188

第十章 教育法规文件解读 216

参考文献 252

教师是人类灵魂的工程师，是人类文明的传承者，承载着传播知识、传播思想、传播真理，塑造灵魂、塑造生命、塑造新人的时代重任。

——节选 2018 年 9 月 10 日习近平在全国教育大会上的重要讲话

第一章　教师职业道德概论

课程目标

知识目标： 学生通过案例分析明确教师职业道德的内涵，掌握教师职业道德的特征；了解教师职业道德的形成与发展。

能力目标： 学生能够结合主题讨论，理解教师职业道德的价值与功能，明白作为教师须为人师表，为学生树立一个良好的榜样。

素质目标： 学生体验到教师在维护教育公平，提高教育质量，促进学生全面发展等方面具有的重要作用。

重点与难点

学习重点： 正确认识教师职业道德的内涵及组成部分。

学习难点： 理解教师职业道德的价值与功能。

核心概念

教师职业道德的内涵

【政策链接 1-1】

十一类违反师德行为将受处分

2014 年 1 月 11 日，教育部印发《中小学教师违反职业道德行为处理办法》。2018 年 11 月 8 日，教育部印发《中小学教师违反职业道德行为处理办法》，其中第四条列举了以下十一类应予处理的教师违反师德的行为。

(一)在教育教学活动中及其他场合有损害党中央权威、违背党的路线方针政策的言行。

(二)损害国家利益、社会公共利益，或违背社会公序良俗。

(三)通过课堂、论坛、讲座、信息网络及其他渠道发表、转发错误观点，或编造散布虚假信息、不良信息。

(四)违反教学纪律，敷衍教学，或擅自从事影响教育教学本职工作的兼职兼薪行为。

(五)歧视、侮辱学生，虐待、伤害学生。

(六)在教育教学活动中遇突发事件、面临危险时，不顾学生安危，擅离职守，自行逃离。

(七)与学生发生不正当关系，有任何形式的猥亵、性骚扰行为。

(八)在招生、考试、推优、保送及绩效考核、岗位聘用、职称评聘、评优评奖等工作中徇私舞弊、弄虚作假。

(九)索要、收受学生及家长财物或参加由学生及家长付费的宴请、旅游、娱乐休闲等活动，向学生推销图书报刊、教辅材料、社会保险或利用家长资源谋取私利。

(十)组织、参与有偿补课，或为校外培训机构和他人介绍生源、提供相关信息。

(十一)其他违反职业道德的行为。

第一节　教师职业道德的内涵与特征

大山里的擎灯人

张桂梅，现任云南丽江华坪女子高级中学党支部书记、校长，华坪县儿童福利院的院长(义务兼任)，丽江华坪桂梅助学会会长。她的感人事迹家喻户晓，2020 年度被评为感动中国十大人物之一。

1)　创办免费女子高中

2002 年，在云南儿童之家工作的张桂梅看到了很多农村贫困家庭的不幸，她希望创办一所免费的女子高中，以彻底解决山区的贫困问题。她四处奔波筹集资金，5 年筹集到资金 1 万元。2007 年，张桂梅当选为党的十七大代表，并前往北京参加会议。她把办免费女子高中的想法告诉了一位记者。第二天，一篇名为《我有一个梦想》的文章登报，引起了巨大轰动。随后，云南省丽江市和华坪县各出资 100 万元，帮助张桂梅实现梦想。经过多方努力，2008 年，华坪女子高级中学正式成立，成为全国唯一一所免费的女子高中，专门为贫困家庭的女孩提供教育。建校 12 年来，已有 1 804 名大山里的女孩从这里走进大学，完成学业，并在各行各业为祖国贡献力量。

2)　步履艰难的家访路

开始办学的几年，张桂梅亲自走山路进行家访，曾因过度劳累而昏睡在路旁。她尝试过租车，也骑过马和摩托车，肋骨还断过两次。后来县里派车帮助她进行家访，可几乎每一个学生家都有一段需要步行的小路。张桂梅在 6 天内走遍华坪县荣将镇、石龙坝镇、兴泉镇、船房乡的 37 个村小组，走访了 39 个农村学生家庭，平均每天走访六七个学生家庭。最远的一次家访是去高三学生罗青青(化名)的家。乘车 40 多公里到达船房乡华荣村后，张桂梅还需要走半个多小时的上山小路才能到罗青青家。在同事和罗青青的搀扶下，张桂梅一步一步地爬山坡，走几分钟就要停下来大口喘气。途中，路过一条浅浅的小溪时，她已无法抬腿跨过，只能由大家拖着跨过水面。12 年来，每届高三、每个农村学生，张桂梅都要利用假期尽量家访一遍。她不是丽江人，但她的足迹已经遍布丽江的山山水水，覆盖了 1 552 名学生的家庭，行程超过 11 万公里。

之后，张桂梅的身体状况日益恶化，她患上了肺气肿、肾囊肿、颅骨骨瘤等 23 种疾病。

每天靠吃止痛药坚持工作，但她拒绝住院治疗，她要把时间留给女孩们。她把别人捐给她个人的钱和大部分工资(累计 100 万元)全部捐给了山区的女孩们。她说："每个女孩后面都有一个家庭，每个女孩未来都将成为一名母亲。"张桂梅用自己的生命践行着"让女孩接受高等教育，就能改变三代人命运"的初衷。

3) 无私奉献，忘我工作

1996 年，张桂梅的丈夫因胃癌去世。不久后，张桂梅放弃了大理优越的工作环境，申请调到深度贫困山区华坪县。她放弃了进入全县条件最好的华坪一中的机会，选择在全县师资最弱、条件最差的民族中学任教，并承担了 4 个毕业班的语文和政治课教学任务。

1997 年 4 月，张桂梅被查出患有子宫肌瘤，需要立即住院治疗。但为了不耽误初三毕业班的教学进度，她偷偷把检验结果藏了起来，直到 7 月把学生送进中考考场后，才住院接受手术。

2001 年，张桂梅一边在民族中学任教，一边兼任"儿童之家"院长，成了众多孤儿的"妈妈"。2003 年，维持"儿童之家"的资金面临短缺。为了缓解这一困境，张桂梅到华坪各部门筹措资金。她说："求人很丢人，但如果孩子们生活得不好，我这个义务院长更丢人。"2003—2007 年的寒暑假，张桂梅在昆明为孩子们筹措到了两万多元。对此，她说，一切辛苦都是值得的。

(资料来源：河大学工，https://mp.weixin.qq.com，2023 年 5 月 2 日.)

一、教师职业道德的内涵

教师职业道德的内涵

教师职业道德，简称师德，是指教师在其职业活动中必须遵守的道德规范和行为准则，以及与之相适应的道德观念、情操和品质。教师职业道德是教师行业道德和角色道德的总称，它反映了教师的职业义务，体现了教师所肩负的道德责任。教师职业道德认知、教师职业道德情感、教师职业道德意志和教师职业道德行为是教师职业道德的四个重要组成部分，它们相互联系、相互作用，共同构成了教师职业道德的整体框架。

(一)教师职业道德认知

教师职业道德认知是指教师对职业道德规范、价值观和行为准则的理解、认识与把握。它是教师职业道德建设的基础，对教师在教育教学活动中的行为具有重要的指导作用。教师职业道德认知主要包括以下几个方面。首先，对教育本质和目标的认识。教师应认识到教育是一项充满挑战和责任的事业，其核心目标是培养德智体美劳全面发展的人才。教师要明确教育的根本任务是立德树人，要全面贯彻党的教育方针，培养德智体美劳全面发展的社会主义建设者和接班人。其次，对教师职业责任和使命的认识。教师应明确自己的职业责任和使命，关心学生的成长和发展，关注学生的心理健康，关心同事的工作和生活，热爱教育事业。再次，对教育法律法规和教育规律的认识。教师需要了解和掌握国家关于教育的相关法律法规，如《中华人民共和国教育法》(2021 年修正)《中华人民共和国教师法》(2009 年修正)等，明确自己在教育教学过程中的权利和义务。教师应具备正确的教育观念，了解学生的发展特点和需求，遵循教育规律，因材施教，促进学生的全面发展。最后，对职业道德规范和行为准则的认识。教师应遵循教育部门和学校制定的职业道德规范和行为准则，如尊重学生、关爱学生、为人师表等，树立良好的师德形象。教师职业道德认知对于教师的职业发展具有重要意义。教师要不断提高自己的道德素养，树立正确的教育观念和价值观念。

(二)教师职业道德情感

教师职业道德情感是指教师在教育工作中所体现出的情感态度和情绪反应，它是教师职业道德品质的重要组成部分。其中，“爱”是教师职业道德情感的重要范畴，通常体现为“教师爱”，即教师对学生的爱，这种爱可以表现为对学生的关心、关爱、关注等。首先，教师职业道德情感体现在教师对学生的深厚感情上。教师需要关心学生的成长和发展，尊重学生的人格和尊严，理解学生的需求和感受，积极关注学生的学习和生活，以及他们的身心健康。其次，教师职业道德情感也体现在教师对教育事业的热爱上。教师需要热爱自己的职业，有敬业精神，始终保持对教育教学工作的热情和投入，追求教育教学的创新和提高。最后，教师职业道德情感还体现在教师对社会的责任和担当上。教师不仅需要关注学生的成长，也需要积极参与社会活动，用自己的专业知识和技能服务社会，促进社会的和谐稳定和持续发展。

(三)教师职业道德意志

教师职业道德意志是指教师在面对职业道德挑战时，坚定信念，自觉遵守职业道德规范，克服困难，坚持正确行为的决心和毅力。教师应具备坚定的道德信仰，自觉抵制各种不良风气的侵蚀，勇于担当，敢于负责，始终保持高尚的职业道德品质。教师的职业道德意志是一种内在的精神力量，其基本功能是直接支配和调节教师的职业道德行为，使教师的职业理想得以转化为实践。教师的职业道德意志主要体现在以下几个方面。首先，教师的职业道德意志表现为道德行为的自觉性。这种自觉性能使教师自愿地追求教育事业的整体长远目标，遵守教师职业道德规范，并以此来指导自己的教育教学实践。其次，教师的职业道德意志还体现为道德行为的坚持性。在教育工作中，教师可能会遇到各种困难和挑战，这就需要教师有坚持不懈的决心，以克服困难，实现教育目标。再次，教师的职业道德意志也表现为道德行为的果断性。在教育过程中，需要教师迅速、准确地做出决策，解决教育教学中遇到的问题。最后，教师的职业道德意志还应具有道德行为的自制性。教师需要具备自我约束的能力，控制自己的情绪和行为，以维护良好的教育教学环境。

(四)教师职业道德行为

教师职业道德行为是指教师在教育教学活动中，根据教师职业道德认知、情感和意志的指导，实际采取的具体行动。教师职业道德行为是教师职业道德认知、情感和意志的具体体现，是教师职业道德建设的核心内容。教师职业道德认知、情感、意志和行为是相互联系、相互作用的。教师要全面提高自己的职业道德素养，将道德认知、情感和意志转化为具体的行为表现，为培养德智体美劳全面发展的人才贡献自己的力量。

二、教师职业道德的特征

教师职业道德的特征

教育是一项具有道德规范性的社会实践活动，教师职业作为一种以育人为核心目标的职业，其根本特征在于有强烈的意识自觉性，进而获得行为的独特示范性。因为职业道德内容具有鲜明的时代性，因而需要高度严格的职业道德标准来加以规范和引导。在教师的职业活动中，教师职业道德发挥着重要的引领作用，对教育的影响潜在且深远。因此，教师职业道德的特征主要体现在以下五个方面。

(一)意识的强烈自觉性

基于教师责任的重大性以及教师劳动的特殊性，教师职业道德对教师自觉性的要求较高，教师个人基于教育信仰和理念，往往对自身也有较高的要求。教师在教育教学过程中，要自觉遵守教育法律法规，了解教育规律，明确自己的职业责任和使命；要自觉关注学生的全面发展，关心学生的身心健康；要自觉与同事团结协作，互相学习，共同提高教育教学质量；要自觉传承和弘扬社会主义核心价值观，将其融入教育教学活动中，引导学生树立正确的世界观、人生观和价值观；要自觉抵制各种不良风气的侵蚀，保持高尚的职业道德品质。总之，教师职业道德意识具有强烈的自觉性，是教师在教育教学过程中能够遵循职业道德规范、履行职责的重要保障。

(二)行为的独特示范性

教师职业道德行为的独特示范性是指教师在教育教学过程中，通过自己的言行举止和职业操守，成为学生和社会的榜样和引领者。这一特征是由教师劳动手段的示范性和学生的向师性、模仿性决定的。它不仅是教师自身行为的规范和准则，而且是教育培养学生的重要手段和方式，发挥着“以身立教”的突出作用。教师职业道德行为的独特示范性体现在他们对学生的榜样作用、对社会的引领作用等方面。首先，教师作为学生的引路人，应该具备高尚的道德情操和职业操守，以身作则，言传身教。其次，教师的职业道德行为对社会也具有示范作用。教师是社会文明进步的重要推动力量之一，他们的言行举止直接反映了一个社会的文明程度和道德风尚。

(三)内容的鲜明时代性

教师职业道德有自己的发展历史和独特内容，体现着人类的智慧和文明。中国传统教师道德具有自己的特点，例如，强调个体道德服从整体道德，在此基础上对教师提出综合的道德要求，倡导以积极入世为道德追求，重在启发内心自觉。教师职业道德在内容上要与时俱进，不断反映时代的要求，要具有鲜明的时代性，需要教师不断更新知识和技能，以适应社会发展的需要。

(四)标准的高度严格性

教师职业道德标准的高度严格性体现在以下两个方面。首先，社会对教师职业道德的要求更高。教师职业具有直接的社会影响，影响着人类社会的发展。特别是我国自古就有尊师重教的优良传统，人们不仅对教师的社会期望值很高，相对而言，对教师的道德要求也更高。其次，体现在对教师职业道德要求的全面性，包括劳动目标起点高，劳动时间、空间上的全面投入以及在内容规定上的全面性，涉及职业理想、职业态度、职业责任、职业技能、职业规范、职业良心、职业作风、职业情操等诸多方面的要求。

(五)影响的潜在深远性

教师职业道德对教育事业和学生的成长具有潜在的深远影响。这种影响主要体现在四个方面。首先，对学生的影响。教师是学生的引路人，他们的言行举止都会影响到学生的成长。一个具有高尚职业道德的教师，会以身作则，为学生树立良好的榜样，引导学生形成正确的价值观、道德观和人生观。其次，对教育事业的影响。教师职业道德水平的高低直接关系到教育事业的发展。一个具有高尚职业道德的教师，会全身心投入到教育工作中，关心学生，关注教育质量，努力提高自己的教育教学水平。这样的教师能够为教育事业的发展做出积极贡献。再次，对社会的影响。教师职业道德水平不仅关系到学校和学生，还关系到整个社会。一个国家的教育水平和教育质量，很大程度上取决于教师队伍的整体素质。教师职业道德水平高，有利于培养出更多优秀的人才，推动社会的进步和发展。最后，对教师自身的影响。教师职业道德水平的高低，也会影响到教师自身的发展。具有高尚职业道德的教师，会得到学生、家长和社会的认可和尊重，从而提升自己的职业素养和幸福感。

第二节　教师职业道德的形成与发展

圣人之风，百世传承

孟子曰：“圣人，百世之师也，伯夷、柳下惠是也。故闻伯夷之风者，顽夫廉，懦夫有立志；闻柳下惠之风者，薄夫敦，鄙夫宽。奋乎百世之上，百世之下，闻者莫不兴起也。非圣人而能若是乎？而况于亲炙之者乎？”

［释义］孟子说：“圣人是百代的老师，伯夷、柳下惠便是这样的圣人。所以听到伯夷的高风亮节，贪得无厌的人变得清廉起来了，懦弱的人也有了坚定的意志；听到柳下惠的高风亮节，刻薄的人也变得厚道起来了，胸襟狭小的人也变得心胸宽广了。他们在百代以前发奋而为，在百代之后，听到的人没有不为之感动奋发的。不是圣人，能够这样吗？(百代以后还如此，)何况亲自接受熏陶的人呢？”

(资料来源：杨伯峻. 孟子译注[M]. 北京：中华书局，2008.)

无论是在历史的长河中，还是在现代社会里，教师职业道德的发展和完善都是不可或缺的重要环节。我国教师职业活动的开展历史悠久，在数千年的教育实践中涌现出了许多“师范端严，学明德尊”的教育家，也留下了丰富的教师职业道德思想。中华民族向来有尊师重教、崇智尚学的优良传统，我们期待每一位教师都能秉持高尚的职业道德，为培养社会主义建设者和接班人做出更大贡献。

一、古代社会的教师职业道德思想

孔子因材施教

孔子针对弟子众多，智力和习惯各不相同的情况，开展了各种形式的教育。他对每个弟子的个性、长处和短处，都有深入了解。他指出，高柴愚笨，曾参迟钝，子张偏激，子路鲁莽，子渊好学，子贡通达，冉有多才多艺……他针对这些不同情况“因材施教”，在具体教育时有所侧重。一次，子路向孔子发问：“有一件事情，我听到以后，马上就去做，行吗？”孔子回答：“有你父亲和哥哥在，应和他们商量一下，怎么能听到就做呢？”当冉有问到同一个问题时，孔子马上回答：“你感到迷惑不解时，就向老师提出疑问。”孔子解释说：“冉有平时做事缩手缩脚，所以我鼓励他马上去做，而子路胆量太大，做事往往不假思索，所以我要抑制他。”孔子就是用这种扬长避短、具体情况具体指导的方法培养人才的。

思考：孔子的师德思想有哪些？

(资料来源：于立文. 中华名人大传[M]. 沈阳：辽海出版社，2010.)

教师职业道德，作为教师行为的准则和规范，是随着社会历史发展和教育变迁而逐渐形成和完善的。早在远古时期，由于当时生产力极其低下，教育尚未发展为专门的活动，人们通过日常活动向青少年传授种植、捕鱼、狩猎等生产技能和经验，此时的行为习惯和师德意识相当朦胧和粗浅。进入奴隶社会以后，随着私学的兴起和专职教师的出现，教师职业道德才真正产生。这个时期的教师职业道德主要体现在教师的行为(物)的基本要求上。尽管具体的道德规范已无从考证，但从古代文献中我们可以看到一些关于教师职责的描述，如“传道受业解惑”“以身作则”等。这些原则和理念既是师德的要求，也是教师良好人格特质的体现。这一时期，教师职业道德最大的特点是师德观念并不系统，往往夹杂于政治道德之中。

(一)孔子的师德思想

孔子，被后世尊为“至圣先师”和“万世师表”，是中国历史上第一位平民教育家。他不仅培养了大批人才，还创立了一套完整的教育思想体系，其中许多思想精华值得我们学习与借鉴。《论语》中有很多篇章都体现了孔子对师德修养的论述，形成了中国教育史上第一个教师职业道德规范体系，给后世为师者带来了莫大的启示。孔子的师德思想主要集中在以下四个方面。

(1) 立志有恒，加强修养。孔子强调立志在道德修养中的重要作用。“三军可夺帅也，匹夫不可夺志也。”(《论语·子罕》)孔子认为教师不仅自身要有崇高的志向，还要教育学生确立崇高的人生理想。孔子在《论语·为政》中描述了他学习和修养的过程，展示了一个随着年龄增长，思想境界逐步提高的过程。

(2) 仁爱和关心学生。孔子说：“仁者爱人”，“智者知人。”(《论语·颜渊》)这意味着教师应该爱护和关心学生，并善于了解和识别每一个学生。这一观点凸显了教师在教育教学中应有的情感态度。

(3) 敏而好学，身体力行。孔子认为教师应该做到知行合一。他的教育主张源于他的教育实践："不能正其身，如正人何？"《论语·子路》孔子在教学过程中坚持身体力行的示范精神，如果教师不能言行一致、以身作则，又怎能去教育和影响学生呢？

(4) 诲人不倦，因材施教。孔子在教学态度上始终秉持"诲人不倦"的乐道精神。他认为每个学生都是独特的，因此在教育教学中，他坚持实施"因材施教""启发诱导"，为学生作出勤学、勤思、多闻的示范。

这些原则和理念构成了孔子关于师德的核心观点，对后世教师的职业道德发展产生了深远的影响。

(二)孟子的师德思想

孟子继承并发展了孔子的道德教育理念。他强调教师在道德教育中的作用，认为教师的言行对学生的影响至关重要。他主张教师应具备良好的品德和道德修养，以此来影响和培养学生。孟子关于师德的主要观点如下。

(1) 重视自省与自我要求。孟子强调教师应具备的品质之一是"自省"和"求诸己"。这不仅是对自身行为的反思，更是对自己的高标准要求，以达到身教和言传的效果。

(2) 倡导师生关系和谐。孟子提出"亲亲为大"的观念，强调师生之间应建立相互关爱的关系。他认为只有在这样的氛围中，学生才能更好地接受教育和指导。

(3) 倡导仁义。在孟子的道德教育中，"仁义"被视为核心思想。他反对统治者对庶民的剥削，反对国与国、家与家之间的战争。他希望通过教育将这一理念传播给更多的人。

(4) 以身作则。孟子与孔子都主张教师应该以身作则，言行一致。他认为，如果教师能够以身作则，那么学生就会自然而然地受到正面的影响。

(三)荀子的师德思想

荀子则将教师与天、地、君、亲相提并论，在提高教师地位的同时，也在道德信仰和专业知识方面对教师提出了非常严格的要求。他认为，当教师必须具备四个基本条件："尊严而惮，可以为师；耆艾而信，可以为师；诵说而不陵不犯，可以为师；知微而论，可以为师。"意思是，当教师的人要满足以下四点。①要有尊严和威信。②要有丰富的经验和坚定的信仰。③讲学要循序渐进。④要知识精深，能通晓细微的道理并加以阐发。

(四)韩愈的师德思想

唐代大思想家韩愈在其著名的《师说》中开宗明义地指出，教师的责任在于传道、授业、解惑，并且提出"弟子不必不如师，师不必贤于弟子"，要求教师甘为人梯，培养学生勇于超越的精神，对后世教师职业规范的建立产生了深远的影响。

(五)朱熹的师德思想

宋代教育家朱熹一生热爱教育，在白鹿洞书院讲学期间，曾亲自题写《白鹿洞书院教条》，第一次用学规的形式提出了对教师和学生的道德规范要求。"博学""审问""慎思”“明辨”“笃行”是书院教条中提出的师生共勉的道德规范。

(六)王夫之的师德思想

明清之际的教育家王夫之认为，教学者要“正其志”，“善教人者，示以至善以亟正其志，志正，则意虽不立，可因事以裁成之”。“欲明人者先自明”，否则大义不知其纲，微言不知其隐，“实则昏昏也”，是不能担当教师之职的。

总的来说，在古代社会，教师职业道德不仅体现了教师个人的品质和修养，也反映了当时社会的价值观和道德观。尽管这种道德体系存在诸多问题和矛盾，但它在历史发展中起到了一定的作用，并为后世教师职业道德的形成和发展提供了借鉴。

二、近代社会的教师职业道德思想

近代社会的教师职业道德思想

中国近代教育发端于洋务运动时期。这一时期的教育变革由洋务派推动，为应对内忧外患的局势，从19世纪60—90年代，他们通过创办新式学堂、派遣留学生以及翻译外国书籍等途径，开启了对中国传统教育的现代化改造进程。中国近现代时期，教师职业道德思想得以发展。中国近代的教师职业道德思想主要体现在以下三个方面。①重视教育与教师的作用，倡导师德修养。这是近代中国教育家在传承中国古代教师职业道德思想的基础上进一步提出的，是近代中国教育家共有的师德观念。②提倡“经世致用”，强调付诸实际行动。这是近代教育家对教师提出的具有时代特色的职业道德要求。③强调尊重学生的人格与尊严，促进学生自然个性的发展。

(一)蔡元培的师德思想阶段

蔡元培(1868—1940)极为重视教师职业道德修养，他认为教师是众人的楷模。1917年年初，他就任北京大学校长，提出实行“囊括大典，网罗众家，思想自由，兼容并包”的办学方针，号召师生崇尚道德，整顿风纪，并对教师提出了具体要求：不嫖、不赌、不纳妾，洁身自好，自觉培养谦虚、正直、爱国、爱生等品质，传播自由、平等、博爱的思想。他率先开创了中国大学教师有组织地开展教师道德修养的先河，对提升教师职业道德水平起到了重要作用。

(二)陈独秀的师德思想

陈独秀(1879—1942)是我国近代著名的文化名人与教育家，他的教育思想对我国教育事业的发展产生了重要影响。陈独秀主张秉持“民主、平等”的教育理念，强调教师要关注学生的全面发展，培养学生的创新能力与实践能力。他认为，教师应摒弃传统的应试教育模式，采用启发式、探究式等现代教育方法，引导学生主动学习，培养学生的自主学习能力与合作精神。

(三)陶行知的师德思想

伟大的人民教育家陶行知先生(1891—1946)毕生致力于大众教育事业，他对教师职业道德进行了总结与概括，并从四个方面对教师的职业行为提出了要求。

第一，“信仰国家教育事业为主要生活”，强调教师必须忠于教育事业，以“为我们民族创造一个伟大的新生命”为使命，要“捧着一颗心来，不带半根草去”。

第二，对于“学生之能力需要应有彻底之了解”。他认为，“培养儿童如同园丁照料花草，首先要认识他们，发现他们的特点，给予适宜的肥料、水分、阳光，还要祛除害虫。如此，他们才能茁壮成长，否则难免枯萎”。他认为，要彻底了解学生，必须建立民主的师生关系，师生“共学，共事，共修养”。

第三，“对于将来担任之功课有充分的准备”。而要做好充分准备，首要任务就是学习。“唯有学而不厌的先生才能教出学而不厌的学生。”他认为“做教师的人，必须天天学习，天天进行再教育，才能享受教学之乐而无教学之苦”。

第四，要以身作则，为人师表。陶行知指出：“教师个人的一举一动、一言一行，都要修养到无愧于为人师表的程度。”他说，“教师的职责，是‘千教万教，教人求真’；学生的职责，是‘千学万学，学做真人’”。因此，教师要以身作则，尤其要有高尚的道德品质。

三、现代社会的教师职业道德

中国的现代教育始于19世纪下半叶，具体从19世纪60年代开始。这一时期，现代教育的核心是科学教育。它本质上不同于经验性教育或局限于见闻和感性活动的常识教育，突破了此前所谓文雅教育或古典文化教育的局限。现代社会要求教师系统地传授科学知识，培养学生追求真理、探索、创新、献身科学以造福人类的科学精神，教育方法遵循科学的认识论路线，做到理论联系实际，重视理论，重视观察、实验、操作和社会实践。在现代社会教师职业道德思想方面做出突出贡献的有两位思想家，即徐特立和钱穆。

(一)徐特立的师德思想

著名革命家、教育家徐特立先生(1877—1968)“以教书为职业，以教育为事业”。他先后创办了长沙师范学校和长沙女子师范学校，并长期在长沙多所学校任教。徐特立先生热爱教育事业，尤其重视师范教育和教师职业道德问题。他认为教师工作不仅是一个光荣且重要的岗位，更是一种崇高而愉悦的事业。他要求教师热爱自己的事业，专心致志，“一生都做教师，再也不想别的”，“为祖国培养新的一代”。

对于如何当好教师，徐特立提出了教书育人的要求。他说，中国自古以来，将教师分为两种：一种是有书本知识，会讲授古代经书，仅拿经书内容去教导学生的，称为“经师”；另一种是注重教导学生成为模范之人的，这样的教师称为“人师”。人师就是教人如何做人。他要求教师既是“经师”，又是“人师”，即既是有学问的人，又是有着高尚品格且能为人师表的人。

(二)钱穆的师德思想

钱穆(1895—1990)是中国近现代著名历史学家、思想家、教育家，被誉为国学大师。他学识渊博，著述丰富，在历史研究领域有着重大贡献。

钱穆的师德思想体现在他自身对教育和知识的热爱与尊重上，并且通过他的教诲和著作影响了无数学生和读者。作为一位自学成才的学者，他深知教育的重要性，始终坚持以身作则，用自己的行动践行师德。他强调教师不仅要有深厚的学识，还要有高尚的道德品质和对学生的关爱。他认为教师是传递知识和道德的重要载体，他们的言传身教对学生的成长有着深远影响。

四、当代教师职业道德的发展沿革

当代教师职业道德的发展沿革

中华人民共和国成立后，国家对教师职业道德的要求发生了全新的变化，将民国时期对教师的称谓“教员”改为“人民教师”，这一变化意味着国家对教师这一职业的道德有着特殊的约定。改革开放后，经过几代人的努力，我国逐步形成了比较成熟、系统、完备的师德体系，特别是进入新时代后，从国家层面构建起了规范教师职业行为与指导师德师风建设整体工作相结合的新时代师德师风建设制度体系，充分反映了新形势下经济、社会和教育发展对中小学教师应有的道德品质和职业行为的基本要求。中华人民共和国成立后，我国师德的发展大致可划分为以下四个阶段。

(一)建设酝酿期——规范专业阶段(1949—1978 年)

中华人民共和国成立初期，为教师职业道德提供了明确的规范和标准，使其从传统观念走向制度化，推动了教师职业的专业化发展，职业道德成为教师专业素养的重要组成部分，为后续教师职业道德的专业化、多元化和全球化发展奠定了基础。

(二)开放探索期——突出专业伦理阶段(1979—1990 年)

改革开放后，随着教育事业的发展，师德逐渐从政治化转向突出专业伦理，教师的专业素养和教育教学能力成为衡量师德的重要标准，教师不仅要具备良好的政治素质，还要具备扎实的专业知识和教育教学能力。1984 年，教育部和全国教育工会联合颁发了《中小学教师职业道德要求(试行草案)》，这是我国首个专门规范教师职业道德修养的重要文件，明确规定了教师应具备的良好道德品质和职业道德。

(三)深化改革期——兼容并蓄阶段(1991—2010 年)

随着社会主义现代化建设的深入推进，在全球化背景下，我国师德建设开始借鉴国际先进的教育理念和经验，形成了中西合璧的师德观，呈现兼容并蓄的特点，既保留了传统的师德要求，也吸收了现代教育理念的影响。尤其是进入 21 世纪，我国师德建设开始关注教育的整体性，强调教师要全面负责学生的道德、智力、体育、美育等方面的培养。为了适应时代发展的变化，我国于 1991 年颁布了《中小学教师职业道德规范》，并于 1997 年和 2008 年对《中小学教师职业道德规范》进行了修订，《中小学教师职业道德规范》(2008 修订)是目前我国中小学教师职业道德规范的蓝本和准则。

(四)内涵提升期——纵深发展阶段(2011 年至今)

2011 年以来，我国教育事业进入了全面提高质量的新阶段，面临着新的历史机遇和挑战，师德的内涵得到了更深层次的解读和建设。在这个阶段，国家进一步明确了师德建设的内涵和要求，提出了“四有”好老师的标准，即有理想信念、有道德情操、有扎实学识、有仁爱之心。同时，各地纷纷开展师德建设活动，推动师德建设向纵深发展。

我国政府高度重视师德建设，制定了一系列政策和措施。2018 年，教育部修订了《中小学教师违反职业道德行为处理办法》，同年，教育部还印发了《新时代高校教师职业行为十项准则》《新时代中小学教师职业行为十项准则》《新时代幼儿园教师职业行为十项准则》，为新时代的教师提供了道德行为的新标准。2019 年，教育部等七部门印发了《〈关于加强和改进新时代师德师风建设的意见〉的通知》，强调了师德师风建设的重要性，并提出了一系列具体的措施和要求；2020 年，教育部办公厅印发了《中小学教师培训课程指导标准(师德修养)》等 3 个文件，为中小学教师提供了师德修养的培训课程指导；2021 年，教育部发布了《关于高校教师师德失范行为处理的指导意见》《幼儿园教师违反职业道德行为处理办法》，为各类教育机构提供了明确的师德行为规范和处理机制。这些文件都体现了国家对于提升教师职业道德的重视，并规定了教师应遵循的行为规范和底线，为培养社会主义事业的合格建设者和可靠接班人提供了有力保障。

总的来说，当代师德的发展沿革是与教育改革和社会发展密切相关的，从传统的个人道德规范到社会责任和专业标准的转变，从以学生知识传授为中心到注重素质培养和全面发展，从以教师个人为主体到注重教师专业发展和职业化建设，不断适应教育现代化和社会进步的需求。

第三节　教师职业道德的价值与功能

长安大学教师许某学术不端问题

2022 年 8 月，经认定，许某在某期刊上发表的论文存在研究内容剽窃、过程中擅自标注他人国家自然科学基金面上项目的行为。许某的行为违反了《新时代高校教师职业行为十项准则》第七项规定。根据《中国共产党纪律处分条例》《事业单位工作人员处分规定》，教育部《关于高校教师师德失范行为处理的指导意见》等相关规定，给予许某党内严重警告处分，记过处分，撤销其教授任职资格，取消其研究生导师资格，取消其三年内在评奖评优、职务晋升、职称评定、申报人才计划、申报科研项目等方面资格。对所在学院党政主要负责人进行诫勉谈话，责成其作出检讨。

思考：教师职业道德的价值是什么？

(资料来源：中华人民共和国教育部官网，http://www.moe.gov.cn)

一、教师职业道德的价值

教师职业道德的价值

教师职业道德是教师行为的道德规范，也是教师职业素质的重要组成部分。它在维护教育公平、提高教育质量、促进学生全面发展方面发挥着重要作用。教师职业道德的价值主要体现在以下五个方面。

(一)教育价值

教师职业道德是教育活动中的重要规范，对于提高教育质量，培养社会主义建设者和接班人具有重要价值。通过遵守教师职业道德，教师能够更好地完成教育教学任务，帮助学生健康成长。教师职业道德能够引导教师以身作则，树立良好的师德形象，为学生提供良好的道德榜样。教师职业道德的教育价值主要体现在以下几个方面。

(1) 塑造良好的师生关系。教师职业道德要求教师关爱学生，尊重学生的个性和兴趣，关注学生的身心健康。这有助于建立和谐的师生关系，为学生提供一个良好的学习环境。

(2) 培养学生的道德品质。教师职业道德是教育工作者的行为准则，对学生具有示范作用。教师通过自身的言传身教，可以引导学生树立正确的价值观、道德观，培养学生的道德品质。

(3) 提高教育质量。教师职业道德要求教师热爱教育事业，不断提高自身的教育教学水平。这有助于提高教育质量，培养出更多优秀的人才。

(4) 促进学生的全面发展。教师职业道德要求教师关注学生的全面发展，包括身心健康、学业成绩、兴趣爱好等方面。这有助于激发学生的学习兴趣，培养学生的自信心和自尊心，促进学生的全面发展。

(二)文化价值

教师职业道德是教育工作者共同遵循的文化传统和价值观，是中华优秀传统文化的重要组成部分。它传承了中华优秀传统文化，弘扬了社会主义核心价值观，为构建和谐社会提供了有力的精神支撑。教师职业道德的文化价值主要体现在以下几个方面。

(1) 传承优秀文化。教师职业道德要求教师传承和弘扬优秀文化，培养学生的文化素养。这有助于传承优秀文化，提高国家的文化软实力。

(2) 传播先进理念。教师职业道德要求教师关注社会发展趋势，不断更新教育观念，引导学生树立正确的世界观、人生观和价值观。这有助于培养具有创新精神和实践能力的人才，推动社会的进步和发展。

(3) 促进文化交流。教师职业道德要求教师尊重多元文化，关注不同文化背景下学生的需求，促进不同文化之间的交流与融合。这有助于培养学生的跨文化交际能力，提高学生的国际竞争力。

(4) 增强文化自信。教师职业道德要求教师热爱本民族文化，增强文化自信，传承和发扬优秀传统文化。这有助于提高人民的文化自信，增强民族凝聚力。

(三)个人价值

教师职业道德对于教师个人的成长和发展具有重要意义。遵循教师职业道德，教师能够不断提高自身的道德修养和教育教学水平，实现自我价值和社会价值的有机统一。教师职业道德的个人价值主要体现在以下几个方面。

(1) 提高个人素质。教师职业道德要求教师具备高尚的道德品质、丰富的知识和良好的教育教学能力。通过遵循教师职业道德，教师可以不断提高自己的个人素质，成为更优秀的教育工作者。

(2) 塑造良好形象。教师职业道德要求教师具备高尚的道德品质，遵守社会公德，树立良好的师德形象。这有助于提高教师在社会中的地位和声誉，赢得学生、家长和社会的尊重和信任。

(3) 实现自我价值。教师职业道德要求教师关爱学生，关注学生的全面发展，为学生的成长和发展付出辛勤努力。通过帮助学生实现自身价值，教师也能体验到成就感和满足感，实现自我价值。

(4) 促进职业发展。教师职业道德要求教师不断自我反思、自我完善，提高自身的教育教学水平和道德品质。遵循教师职业道德，教师可以更好地与同事、家长和社会建立良好的沟通和合作关系，为自己的职业发展创造更多的机会和条件。

(5) 提升幸福感。遵循教师职业道德，教师可以为学生的成长和发展做出贡献，为社会的和谐稳定做出贡献。这有助于提升教师的幸福感和生活满意度。

(四)社会价值

教师作为社会的一员，其职业道德的表现也会影响到整个社会的道德风尚和价值观念。教师职业道德体现了社会对教师这一职业的期望和要求，有助于维护良好的教育秩序和社会风气。具有高尚的职业道德的教师能够树立良好的社会形象，为社会培养出更多优秀的人才。

教师职业道德的社会价值主要体现在以下几个方面。

(1) 促进社会公平。教师职业道德要求教师公正、公平地对待每一个学生，不因学生的性别、种族、家庭背景、学习成绩等因素而有所偏颇。这有助于营造一个公平的教育环境，让每个孩子都有平等的发展机会，从而促进社会公平。

(2) 提升社会道德水平。教师职业道德要求教师具备高尚的道德品质，如诚实守信、公正无私、关爱学生等。这些品质对于提升社会道德水平具有示范作用，有助于营造一个诚信、友善、和谐的社会氛围。

(3) 塑造良好社会风气。教师职业道德要求教师遵守社会公德，树立良好的师德形象，为社会传递正能量。这有助于营造一个和谐的社会氛围，促进社会的稳定和发展。

(4) 促进社会进步。教师职业道德要求教师关注学生的个性和兴趣，尊重学生的选择，激发学生的学习兴趣。这有助于培养具有创新精神和创造力的人才，推动科技、文化等各领域的发展，促进社会的进步和发展。

(五)法治价值

教师职业道德是教育法律法规的补充和完善，对规范教师行为、维护教育权益具有重要指导作用。遵循教师职业道德有助于提高教育法治化水平，促进教育事业健康发展。教师职业道德的法治价值主要体现在以下几个方面。

(1) 规范教师行为。教师职业道德要求教师遵守法律法规，尊重社会公德，树立良好的师德形象。这有助于规范教师的行为，维护教育秩序，保障教育事业的健康发展。

(2) 保障学生权益。教师职业道德要求教师关爱学生，关注学生的身心健康，关注学生的困难和问题。这有助于保障学生的合法权益，促进学生的全面发展。

总之，教师职业道德具有重要的教育价值、文化价值、个人价值、社会价值和法治价值，对于推动教育事业的发展和提高教育质量具有重要意义。

二、教师职业道德的功能

教师职业道德的功能

正人先正己

子曰：“其身正，不令而行；其身不正，虽令不从。”

［译文］孔子说：“统治者本身行为正当，不发命令，事情也行得通；他本身行为不正当，纵三令五申，百姓也不会信从。”

子曰：“苟正其身矣，于从政乎何有？不能正其身，如正人何？”

［译文］孔子说：“假若端正了自己，治国理政有什么困难呢？连本身都不能端正，怎么端正别人呢？”

思考：教师职业道德有什么功能？

(资料来源：杨伯峻. 孔子译注[M]. 北京：中华书局，1981.)

艺术家可以塑造人的形体，却无法塑造人的灵魂，但教师可以。教师职业道德，作为高于一般社会公众道德水准的职业道德，具有四个重要的功能，即规范功能、引领功能、激励功能和保障功能。

(一)规范功能

规范功能是指作为教师，职业道德为其提供了行为准则和规范，指导教师在教学和教育活动中的行为举止。职业道德的规范功能主要体现在以下三个方面。规范教师的行为举止，使其符合教育教学的要求和社会公德的要求。规范教师的语言行为，使其不说不负责任的话，不做不负责任的事。规范教师的思想道德修养，使其不断提高自身素质，成为学生的榜样。教师职业道德为教师提供了行为规范的基础，明确了教师应该如何对待学生、家长、同事以及社会中的其他成员。同时，它还制定了教师职业行为准则，明确新时代教师的职业规范，并对主要问题和突出问题划定基本底线，作为对广大教师的警示提醒。

(二)引领功能

引领功能是指通过教师的道德行为和专业素养来引导学生形成良好的价值观念和行为习惯，从而帮助他们健康成长，其强调的是教师应以身作则，树立良好的道德榜样。教师职业道德的引领功能主要体现在人格引领、行为引领、价值观引领三个方面。

(1) 人格引领。教师的道德修养和人格品质是他们职业生涯中的重要部分，对学生产生深远的影响。教师的人格魅力和道德风范可以成为学生学习和模仿的典范。

(2) 行为引领。师德规范了教师的职业行为和态度，使他们在教育教学过程中始终保持高度的专业性和道德水准。通过师德的内化，教师能自觉遵守行为准则，从事教育事业。

(3) 价值观引领。教师的道德修养和文化品位体现了深层次的价值观念，通过教育传授给学生，引导学生形成正确的价值观。

(三)激励功能

教师职业道德强调教师应该始终遵守职业道德，履行职业责任，从而为学生提供良好的教育教学环境，并促进学生的全面发展。此外，它还能鼓励教师持续自我提高，追求教育事业的更高水平。教师职业道德可以激发教师的工作热情和创造力，使他们更加投入到教育教学工作中。当教师感受到自己的工作得到社会的认可和尊重时，他们会更加珍惜自己的职业，更加努力地工作。

(四)保障功能

教师职业道德确保了教育教学活动的正常进行，为学生提供了一个良好的学习环境。它还有助于提高社会对教育工作者的信任和支持。教师职业道德不仅关注当前的教育教学活动，还关注教育的长远发展，为培养高素质的人才提供了保障。教师职业道德确保了教育教学工作的顺利进行，为学生提供了一个良好的教育教学环境。同时，它也为教师提供了一个公平、公正、公开的评价体系，使教师在工作中能够得到应有的尊重和回报。

本章小结

教师的职业道德是教师在其职业活动中必须遵守的道德规范和行为准则，以及与之相适应的道德观念、情操和品质。教师职业道德认知、教师职业道德情感、教师职业道德意志和教师职业道德行为是教师职业道德的四个重要组成部分，它们相互联系、相互作用，共同构成了教师职业道德的整体框架。教师职业道德与社会一般职业道德相比，具有意识的强烈自觉性、行为的独特示范性、内容的鲜明时代性、标准的高度严格性、影响的潜在深远性等特征。作为教师职业素质的重要组成部分，教师职业道德具有教育价值、文化价值、个人价值、社会价值和法治价值，发挥着规范功能、引领功能、激励功能和保障功能的作用。

课后习题

1. 孙老师常在表扬或批评学生时说：“你做得不错！要是像××同学一样，可就惨啦！”“千万不要像××同学一样！”“你就不能像××同学一样表现好点吗？”——孙老师的做法正确吗？他遵守/违反了哪些教师职业道德？为什么？(2019 年下半年中小学教师资格考试题)

2. 学校安排王老师外出培训学习，他说：“我都 50 多岁了，教学也完全没问题，还参加什么培训？把机会给年轻人吧。”——王老师的做法正确吗？他遵守/违反了哪些教师职业道德？为什么？(2019 年下半年中小学教师资格考试题)

3. 玲玲的圆珠笔不见了，赵老师让同学们在教室里帮玲玲寻找，当发现圆珠笔在婷婷课桌的抽屉里时，赵老师劈头盖脸地把婷婷批评了一通。赵老师的做法正确吗？他遵守/违反了哪些教师职业道德？为什么？(2020 年下半年中小学教师资格考试题)

4. 亦凡的妈妈要求梁老师把弱视的亦凡调到教室前排。梁老师答应了。可两周过去了，亦凡还坐在后排。见此情形，亦凡的妈妈带上礼物到梁老师家拜访。第二天，梁老师把亦凡的座位调到了前排。梁老师的做法正确吗？他遵守/违反了哪些教师职业道德？为什么？(2020 年下半年中小学教师资格考试题)

5. 师德楷模汪金权老师，几十年如一日，扎根大别山，爱生如子，爱岗敬业，为乡村教育奉献了毕生精力。这体现了哪些教师职业特点？(2020 年下半年中小学教师资格考试题)

好老师要有“捧着一颗心来，不带半根草去”的奉献精神，自觉坚守精神家园、坚守人格底线，带头弘扬社会主义道德和中华传统美德，以自己的模范行为影响和带动学生。

——节选2019年9月9日习近平同北京师范大学师生代表座谈时的讲话

第二章　教师职业行为与修养

课程目标

知识目标： 学生通过对教师职业行为、教师职业活动中人际关系的处理、教师职业修养的学习，理解教师职业行为的内涵、特征，明确教师职业行为规范的基本要求。

能力目标： 学生结合自身体验，学会正确处理教师职业活动中的人际关系。

素质目标： 学生在体验过程中，明确教师职业修养的含义、内容，掌握提升教师职业修养的路径。

重点与难点

学习重点： 正确认识教师职业行为规范的内涵与要求。

学习难点： 掌握教师提高职业修养的途径和方法。

核心概念

教师职业行为　教师职业修养

【政策链接 2-1】

《新时代中小学教师职业行为十项准则》(节选)

一、坚定政治方向。坚持以习近平新时代中国特色社会主义思想为指导，拥护中国共产党的领导，贯彻党的教育方针；不得在教育教学活动中及其他场合有损害党中央权威、违背党的路线方针政策的言行。

二、自觉爱国守法。忠于祖国，忠于人民，恪守宪法原则，遵守法律法规，依法履行教师职责；不得损害国家利益、社会公共利益，或违背社会公序良俗。

三、传播优秀文化。带头践行社会主义核心价值观，弘扬真善美，传递正能量；不得通过课堂、论坛、讲座、信息网络及其他渠道发表、转发错误观点，或编造散布虚假信息、不良信息。

四、潜心教书育人。落实立德树人根本任务，遵循教育规律和学生成长规律，因材施教，教学相长；不得违反教学纪律，敷衍教学，或擅自从事影响教育教学本职工作的兼职兼薪行为。

五、关心爱护学生。严慈相济，诲人不倦，真心关爱学生，严格要求学生，做学生良师益友；不得歧视、侮辱学生，严禁虐待、伤害学生。

六、加强安全防范。增强安全意识，加强安全教育，保护学生安全，防范事故风险；不得在教育教学活动中遇突发事件、面临危险时，不顾学生安危，擅离职守，自行逃离。

七、坚持言行雅正。为人师表，以身作则，举止文明，作风正派，自重自爱；不得与学生发生任何不正当关系，严禁任何形式的猥亵、性骚扰行为。

八、秉持公平诚信。坚持原则，处事公道，光明磊落，为人正直；不得在招生、考试、推优、保送及绩效考核、岗位聘用、职称评聘、评优评奖等工作中徇私舞弊、弄虚作假。

九、坚守廉洁自律。严于律己，清廉从教；不得索要、收受学生及家长财物或参加由学生及家长付费的宴请、旅游、娱乐休闲等活动，不得向学生推销图书报刊、教辅材料、社会保险或利用家长资源谋取私利。

十、规范从教行为。勤勉敬业，乐于奉献，自觉抵制不良风气；不得组织、参与有偿补课，或为校外培训机构和他人介绍生源、提供相关信息。

(资料来源：中华人民共和国教育部官网—公开，2018-11-16.)

第一节　教师职业行为

教师失德：吴某某侵害学生获刑，终身禁教

2022 年 12 月，吴某某因多次猥亵多名不满 12 周岁的学生被法院判处有期徒刑 14 年。吴某某的行为违反了《新时代中小学教师职业行为十项准则》第七项规定。根据《事业单位工作人员处分规定》、《中小学教师违反职业道德行为处理办法》(2018 年修订)，最高人民法院、最高人民检察院、教育部《关于落实从业禁止制度的意见》等相关规定，给予吴某某开除处分，取消其教师资格，列入教师资格限制库，终身不得重新申请认定教师资格，终身禁止其从事密切接触未成年人的工作。对所在学校校长进行诫勉谈话并作免职处理。

思考：教师职业行为的内涵、特征如何表现？

(资料来源：中华人民共和国教育部官网—新闻.)

一、教师职业行为的内涵

教师职业行为的内涵

教师职业行为是指教师在教育教学过程中所表现出来的行为和举止。它是教师职业道德的具体体现，也是影响教师教育教学质量的关键因素之一。教师职业行为具体包括教学行为、管理行为、交往行为、自我修养和社会服务。

(一)教学行为

教学行为是教师职业行为的核心，包括教学设计、教学实施、教学评价等方面。教师要做到教学目标明确，教学内容充实，教学方法灵活多样，教学组织严密，教学评价客观公正。

(二)管理行为

管理行为是教师职业行为的保障，包括班级管理、学生管理和教学资源管理等方面。教师要做到班级纪律严明，学生管理有序，教学资源得到充分利用。

(三)交往行为

交往行为是教师职业行为的延伸，包括与学生、家长、同事的交往等方面。教师要做到与学生沟通顺畅，与家长合作愉快，与同事团结互助。

(四)自我修养

自我修养是教师职业行为的基础，包括思想品德修养、业务能力修养、心理素质修养等方面。教师要做到为人诚实守信，为学严谨求实，为师爱岗敬业。

(五)社会服务

社会服务是教师职业行为的拓展，包括参与社会活动、开展社会调查、提供教育咨询等方面。教师要积极参与社会活动，关注社会问题，为社会发展贡献自己的力量。

教师职业行为不仅是教师职业道德的具体体现，也是影响教师教育教学质量的关键因素之一。教师要具备专业性、示范性、责任性、情感性和创造性等特征，并通过教学行为、管理行为、交往行为、自我修养和社会服务等方面来展现自己的职业行为。只有这样，教师才能培养出德智体美劳全面发展的社会主义建设者和接班人。

二、教师职业行为规范的基本要求

教师职业行为规范的基本要求

教师职业行为规范主要包括教师思想行为规范、教师教学行为规范、教师人际行为规范、教师仪表行为规范和教师语言行为规范等五个方面。

(一)教师思想行为规范

(1) 爱国主义精神。教师应具备坚定的爱国主义信念，为实现中华民族伟大复兴的中国梦而努力奋斗。

(2) 社会主义核心价值观。教师应积极传播社会主义核心价值观，引导学生树立正确的世界观、人生观和价值观。

(3) 敬业精神。教师应具备高度的敬业精神，全心全意为学生服务，为教育事业的发展贡献自己的力量。

(4) 遵纪守法。教师应严格遵守国家的法律法规，自觉维护社会公共秩序，为学生树立良好的榜样。

(5) 崇尚科学。教师应具备科学精神，坚持用科学的方法教育学生，培养学生的科学素养。

(二)教师教学行为规范

(1) 严谨治学。教师要遵循教育教学规律，确保教学活动的科学性和有效性，认真进行备课、上课、批改作业等教学环节，保证教学质量。

(2) 精心备课。教师要充分准备教学内容，设计好教学活动，提高教学的质量和效果。

(3) 教学方法多样。教师要根据学生的特点和需求，灵活运用多种教学方法和手段，激发学生的学习兴趣和积极性。

(4) 关注学生的学习过程。教师要关注学生的学习过程，及时了解学生的学习情况，有针对性地指导学生学习。

(5) 评价公正、客观。教师要对学生的学习成绩和表现给予合理的评价，并给学生提出合理的建议和要求。

(三)教师人际行为规范

(1) 尊重他人。教师要尊重他人的人格和尊严，与同事、家长和学生友好相处。

(2) 合作共事。教师要积极参与集体活动，与同事共同探讨教育教学问题，共同提高教育教学水平。

(3) 沟通交流。教师要善于倾听他人的意见和建议，善于表达自己的观点和想法，善于与同事、家长和学生沟通，交流教育教学经验和心得。

(4) 诚实守信。教师要诚实守信，言行一致，对待学生、家长和同事要真诚、负责。

(5) 宽容包容。教师要宽容包容他人的不足和错误，帮助他人改正错误。

(四)教师仪表行为规范

(1) 着装整洁。教师要穿着整齐、干净，展现良好的职业形象。

(2) 举止端庄。教师要举止得体、言谈得当，树立良好的师德师风。

(3) 表情自然。教师要面带微笑面对学生，传递积极、阳光的精神风貌。

(4) 注意礼仪。教师要注意礼仪礼貌，遵守社会公德，尊重他人。

(五)教师语言行为规范

(1) 语言表达清晰。教师在教学过程中，应使用清晰、简洁的语言，确保学生能够理解。

(2) 语言文明。教师应使用文明、礼貌的语言，与学生、家长和同事交流时，避免使用粗俗、侮辱性的语言。

(3) 语言激励。教师应使用激励性的语言，鼓励学生努力学习，提高学生的学习积极性。

(4) 语言引导。教师应使用引导性的语言，引导学生思考问题，培养学生的独立思考能力。

(5) 语言反馈。教师应及时给予学生语言反馈，帮助学生纠正错误，提高学生的学习效果。

教师的思想行为规范、教学行为规范、人际行为规范、仪表行为规范和语言行为规范是教师职业道德的基本要求。教师应严格要求自己，为学生树立良好的榜样，为培养社会主义事业的建设者和接班人贡献自己的力量。

第二节　教师职业活动中人际关系的处理

教师职业活动中人际关系的处理

高校教师违规授课：职业道德缺失的惩处

2018 年以来，某师范学院文学与新闻传播学院教师郑某某在微博上发布不当涉政言论，在授课过程中使用不当授课资料，与在校生保持不正当关系，其行为违反了《新时代高校教师职业行为十项准则》第一项和第六项规定。2022 年 1 月，根据《教师资格条例》《事业单位工作人员处分规定》和《教育部关于高校教师师德失范行为处理的指导意见》等相关规定，郑某某受到降低岗位等级(降到最低级)、调离教学岗位、撤销高校教师资格、列入教师资格限制库等处理。因教育管理失职，所在学院相关领导已被追究责任。

思考：教师在职业活动中应当如何处理人际关系？

(资料来源：百度—京报网.)

教师作为教育工作者，其工作性质决定了他们需要与学生、家长、同事和领导等多方构建良好的人际关系。良好的人际关系对教师的教育教学工作具有重要意义，有助于教师提升教学质量，促进学生的全面发展，增强教师的职业幸福感。

一、教师与学生的关系处理

师生关系是指学生和教师在教育、教学活动中结成的相互关系，包括彼此所处的地位、作用和相互对待的态度。学校的教育活动是师生双方共同的活动，是在一定的师生关系维系下进行的。良好的师生关系能够促进学生的学习和健康成长，对于教师而言，处理好师生关系也有助于其专业发展。教师与学生的关系处理要求如下。

(一)尊重学生，关爱学生

教师在与学生交往中，首先要做到尊重学生，关爱学生。每个学生都是独立的个体，具有自己的思想、情感和需求。教师应尊重学生的人格，关心学生的成长，关注学生的需求，关爱学生的生活。教师要站在学生的角度思考问题，理解学生的困惑，帮助学生解决问题。同时，教师要关注学生的心理健康，及时发现学生的心理问题，给予关爱和支持。

(二)平等对待，公正评价

教师在与学生交往中，要做到平等对待，公正评价。教师要摒弃“师道尊严”的传统观念，与学生建立平等的师生关系。在评价学生的学习成绩和表现时，要客观公正，不偏袒任何一方，让学生感受到公平正义，使学生在公平的环境中健康成长。

(三)以身作则，树立榜样

教师在与学生交往时，要以身作则，树立榜样。教师的言行举止会对学生产生潜移默化的影响。教师要严于律己，遵守社会道德规范，具备良好的职业道德，为学生树立一个值得信赖、可尊敬的形象。

(四)激发兴趣，培养能力

教师在与学生交往中，要关注学生的兴趣特长，激发学生的学习兴趣，培养学生的学习能力。教师要因材施教，针对学生的特点制定个性化的教学方案，帮助学生发挥潜能，提高学习效果。

二、教师与家长的关系处理

在教育界，曾经流传过一句人们耳熟能详的话，教育路上最融洽的关系是，老师用心教书，家长潜心育人，双方一起努力。这句话充分体现了家校共育的重要性。而在孩子成长的道路上，平衡好教师和家长的关系至关重要。教师与家长在关系处理上应注意以下几个方面。

(一)沟通互动，共同教育

教师在与家长交往中，要积极沟通，互动交流，共同参与学生的教育。教师要主动与家长保持联系，了解学生在家庭中的表现，及时反馈学生的学习和生活情况。同时，教师要倾听家长的意见和建议，与家长共同探讨教育问题，共同促进学生的成长。

(二)尊重家长，理解支持

教师在与家长交往中，要尊重、理解和支持家长。家长是学生的第一位教育者，对学生的教育有着重要的影响。教师要尊重家长的教育观念和方法，理解家长的苦衷和期望，给予家长充分的支持和帮助。

(三)合作共进，共同发展

教师在与家长交往中，要树立合作共进，共同发展的理念。教师要认识到，教育是一项系统工程，需要学校、家庭和社会的共同参与。教师要与家长建立良好的合作关系，共同为学生的全面发展创造良好的条件。

三、教师与同事的关系处理

教师与同事之间的关系非常重要，它不仅能够影响教师的职业生涯和生活质量，而且会影响日常的教学和工作效率。教师与同事关系处理应遵循以下原则。

(一)团结协作，互相支持

教师在与同事交往中，要团结协作，互相支持。教师要认识到，教育工作是一个团队协作的过程，需要同事之间的密切配合。教师要积极参与团队活动，与同事分享教育教学经验，共同提高教育教学水平。

(二)尊重差异，包容多样

教师在与同事交往中，要尊重差异、包容多样。每个教师都有自己的教育观念和教学方法，存在差异是正常的。教师要学会尊重和接纳这些差异，充分挖掘和利用这些差异，为教育教学工作提供丰富的资源。

(三)互学互鉴，共同进步

教师在与同事交往中，要互学互鉴、共同进步。教师要保持学习的热情和态度，向他人学习先进的教育教学理念和方法。同时，教师也要勇于分享自己的经验和成果，与他人共同提高教育教学水平。

四、教师与领导的关系处理

教师与领导的关系处理是指教师与学校中的各级领导者，包括校长、主任、年级组长、学科组长等业务管理者之间的关系处理。教师在与领导交往的过程中，既要适应对方的需要与特征，同时也要能动地影响对方，反映自己的需要和个性特征。教师与领导的关系处理可以从以下几个方面开展。

(一)服从领导，履行职责

教师在与领导交往中，要服从领导、履行职责。领导是学校教育教学工作的组织者和管理者，对教师的工作具有指导和监督作用。教师要遵守学校的规章制度，按照领导的要求开展教育教学工作，确保教育教学任务的顺利完成。

(二)沟通交流，反映问题

教师在与领导交往中，要及时沟通交流，反映问题。教师要把工作中遇到的困难和问题向领导汇报，寻求领导的支持和帮助。同时，教师也要积极参与学校的决策和管理工作，为学校的发展贡献自己的力量。

(三)争取领导的支持

领导的支持是做好工作的重要条件，因此，只有争取到领导的支持才能把工作做得更好。争取领导的支持可以从以下几个方面做起。

第一，尊重领导、相信领导。一个教师只有尊重领导、相信领导、听从领导的指挥，才能得到领导的支持。相反，一个与领导对立的教师很难得到领导的支持。

第二，努力工作，作出成绩。通常那些敬业爱岗、积极进取、事业心较强的教师更容易引起领导重视、得到领导支持。因此，作为一名教师，要想争取领导的支持，就要努力工作并取得一定的成绩，这是争取领导支持的基础。

第三，主动汇报，积极建议。要获得领导的支持，教师需要让领导了解自己的工作情况，包括遇到的现实问题和提出的对策建议，这样，领导才能明确表示态度，支持教师的工作。在此过程中，教师不仅要积极向领导汇报自己的工作情况与需要解决的问题，还应该把自己的一些具体建议或解决问题的方案提供给领导，以便领导作出选择和决策，得到领导的支持。需要注意的是，对领导一时未能给予支持的事情，教师要有耐心，等待时机再去争取，而不是立即表现出不满，背后议论或者发牢骚，这样容易造成误会，影响上下级的关系和团结，争取领导支持也就更加困难了。

第三节　教师职业修养

在职教师校外违规补课：职业道德与纪律处分

贵州省毕节市赫章县孙某和刘某某两名教师在校外培训机构违规有偿补课，违反了《新时代中小学教师职业行为十项准则》第十项规定。根据《事业单位工作人员处分规定》《中小学教师违反职业道德行为处理办法》(2018 年修订)等相关规定，给予孙某和刘某某降低岗位等级处分，年度师德师风考核不合格，调离教师岗位并调离原单位，不再从事一线教学工作，违纪所得上缴财政。当地县政府对县教育局领导班子进行了集体约谈，对学校进行全县通报批评，县教育部门和所在学校分管领导作了书面检讨。全县开展了在职教师在校外培训机构兼职兼薪的排查整治，全市组织开展了师德师风警示教育。

思考：什么是教师职业修养？

(资料来源：中华人民共和国教育部—新闻发布—工作动态.)

苏联教育家苏霍姆林斯基曾指出，教师的人格是进行教育的基石。可见，教师职业修养对教育者来说十分重要。从某种意义上讲，教师职业修养已不仅仅是个人意义上的品德问题，而更富有深刻的社会意义。它关系到千百万青少年的健康成长，关系到祖国的未来。

马兰花合唱团

阜平县城南庄镇马兰村的 44 名孩子组成“马兰花合唱团”登上了北京 2022 年冬奥会开幕式的舞台，用希腊语演唱了《奥林匹克圣歌》。这个合唱团就是以邓小岚义务支教 18 年的马兰村命名的，邓小岚的感人事迹由此广为流传。

邓小岚是忠诚的无产阶级革命战士、党的新闻战线重要领导者邓拓同志的大女儿。1943 年，邓小岚出生后被寄养在河北省阜平县马兰村附近的一户村民家中，因此她便与马兰村结下了不解之缘。18 年前，61 岁的邓小岚回到阜平县马兰村开始义务支教，为村里的孩子们义务教授音乐课程，让从未接触过音乐的孩子们从此爱上了音乐。据悉，她每年都有一半时间在马兰村度过，18 年来从未间断。

思考：教师职业修养的含义是什么？

(资料来源：马兰花线上文化帮扶项目志愿者招募.)

一、教师职业修养的含义

教师职业修养是指教师在教育教学过程中，通过不断学习、实践和自我完善，形成的一种符合教育教学规律、体现教育职业道德要求的良好品质和行为习惯。它是教师综合素质的重要组成部分，是教师履行职责、提高教育教学质量的基础和保障。教师作为传授知识、传播文明、塑造人才的重要角色，其职业素养不仅关系到学生的健康成长，也影响着社会的进步和发展。道德修养、知识修养、能力修养和心理修养是构成教师职业素养的四个基本要素。

(一)道德修养

道德修养是教师职业修养的核心内容，主要包括爱国主义精神、敬业精神、为人师表的品质、关爱学生的情感和公正公平的原则等。教师应当以身作则，成为学生学习的榜样和道德的楷模。在教学过程中，教师应坚持教育公平，尊重每一位学生的个性差异，关心学生的学习和生活，维护学生的合法权益。同时，教师还应积极参与社会公益活动，弘扬社会正气，传递正能量。教师只有具备高尚的道德品质，才能为学生树立良好的榜样，引导学生形成正确的价值观和人生观。

(二)知识修养

知识修养是教师职业修养的基础，主要包括专业知识、教育学、心理学、教育法律法规等方面的知识。教师需要不断学习，更新自己的知识结构，提高自身的文化科学水平。随着社会的发展和教育理念的变革，教师还需要掌握现代教育技术、课程改革等方面的知识。只有不断充实自己的知识储备，教师才能更好地适应教育发展的需要，满足学生的学习需求。

(三)能力修养

能力修养是教师职业修养的关键，主要包括教育教学能力、组织管理能力、沟通能力和创新能力等。教育教学能力是指教师设计和实施教学活动的能力，包括课程设计、教学方法的选择、教学评价等。组织管理能力是指教师管理班级、组织活动的能力。沟通能力是指教师与学生、家长、同事沟通交流的能力。创新能力是指教师在教育教学中不断探索、创新的能力。这些能力的培养需要教师在实践中不断学习、反思和锻炼。

(四)心理修养

心理修养是教师职业修养的重要组成部分，主要包括自我认知、情绪调节、人际沟通和心理素质等方面。教师要具备健康的心理，才能保持良好的教育教学状态，更好地为学生服务。同时，教师还要具备良好的心理素质，能够调节自己的情绪，应对工作中的压力，保持积极乐观的心态。在教学过程中，教师应善于激发学生的学习兴趣，调动学生的积极性，营造和谐的教学氛围。另外，教师还应关注自己的心理健康，通过参加心理培训、咨询等活动，提高自己的心理调适能力。

教师职业修养是教师个体全面发展的必然要求，是提高教育教学质量的关键因素，也是教师职业道德建设的重要内容。教师要不断加强道德教育、提高专业素养、加强实践锻炼和培养良好的心理素质，努力提高自身的职业修养，为学生提供高质量的教育教学服务。

二、教师职业修养的提升路径

自古以来，就有“学高为师，身正为范”的说法。崇高而美好的教师职业修养是做好本职工作的保证。提升教师职业修养是一个长期而系统的过程，涉及个人的自我完善、专业能力的增强以及心理素质的培养。

(一)加强理论学习

教师要不断提高自己的理论素养，深入学习教育学、心理学、教育法律法规等方面的知识，关注教育教学改革的动态，更新教育教学观念，提高教育教学水平。

(二)参加专业培训

教师要积极参加各种专业培训，提高自己的教育教学技能，掌握多种教学方法，灵活运用教学手段，提高教学效果。

(三)加强实践锻炼

教师要重视实践锻炼，通过参与教育教学活动，不断提高自己的教育教学能力。教师要关注学生的个体差异，因材施教，关注学生的心理健康，关心学生的成长，关爱学生的发展。

(四)培养良好的心理素质

教师要培养良好的心理素质，具备健康的情感态度，关心学生，关爱学生，尊重学生；具备较强的心理承受能力，能够面对教育教学中的困难和挑战；具备良好的人际交往能力，能够与学生、家长、同事建立良好的关系。

(五)加强自我反思

教师要加强自我反思，对自己的教育教学工作进行总结和评价，发现自己的不足，及时进行改进。教师要关注学生的反馈，了解学生的需求，调整教育教学策略，提高教育教学质量。

(六)树立终身学习的观念

教师要树立终身学习的观念，不断提高自己的知识水平和教育教学能力。

教师职业修养的提升是一个综合性的过程，需要教师在道德、知识、能力、心理等多方面不断努力和完善。通过上述路径的实施，教师不仅能提高自身的教育教学水平，还能更好地履行教育者的职责，为学生的全面成长和未来贡献自己的力量。

本章小结

教师职业行为是指教师在教育教学过程中所表现出来的行为和举止。教师职业行为包括教学行为、管理行为、交往行为、自我修养和社会服务等。教师职业行为是教师职业道德的具体体现，也是影响教师教育教学质量的关键因素之一。

教师职业修养是指教师在教育教学过程中，通过不断学习、实践和自我完善，形成的一种符合教育教学规律、体现教育职业道德要求的良好品质和行为习惯。它包括教师的道德修养、知识修养、能力修养和心理修养。教师职业修养是教师综合素质的重要组成部分，是教师履行职责、提高教育教学质量的基础和保障。教师要不断加强道德教育、提高专业素养、加强实践锻炼和培养良好的心理素质，努力提高自身的职业修养，为学生提供高质量的教育教学服务。

课后习题

1. 丰子恺回忆说，他在求学时，一次李叔同先生上课时发现有一个学生老看闲书，另一个学生则随地吐痰。李先生早已发觉，却未当场批评，而是在下课时轻声说："××和××等一下再走。"在其他学生离开教室后，李先生缓缓地说："下次你们不要看闲书，也不要随地吐痰了。"说完，他微微鞠了一躬。此后，全班同学都为李先生的雍容和"爱人以德"的风范所折服，也改掉了上课时的一些不良习惯。你从上述材料中领悟到哪些教师职业行为规范？

2. 从当班主任的第一天起，俞老师就要求自己做一名孩子们喜爱的班主任。每一届新生入校前他总是从孩子们的"读""写"等细节入手，想方设法创设情境，让孩子们在体验中逐渐学会了阅读，端正了书写姿势。他还带孩子们到超市体验购物，让孩子们学会选择物品、自觉排队；带孩子们乘坐公交车，学会购票、文明乘车；带孩子们到养老院打扫卫生，做一名小小志愿者。平时，孩子们无论遇到什么事，总是愿意告诉俞老师。一次外出游学，小涛悄悄告诉俞老师自己有时会尿床，俞老师便安排小涛和自己住一个房间，每到半夜尽早提醒小涛上厕所，这成了他俩的秘密。俞老师还在班上成立了"少年科学院"，尝试以各种实验激发孩子们的兴趣，有时候为准备一个实验，他要查阅许多资料，充分准备，让孩子们在每一次实验中都有收获。结合《新时代中小学教师职业行为十项准则》的相关内容分析材料中俞老师的职业行为。

做学生锤炼品格的引路人，做学生学习知识的引路人，做学生创新思维的引路人，做学生奉献祖国的引路人。

——习近平

第三章 《中小学教师职业道德规范》(2008 年修订)解读

课程目标

知识目标： 学生通过六大内容的学习，明确《中小学教师职业道德规范》(2008 年修订)的内容与意义。

能力目标： 学生结合自身体验，身体力行，掌握教师职业道德规范在社会中的表现。

素质目标： 学生掌握提升教师职业道德规范的途径和方法，践行师德规范。

重点与难点

学习重点： 正确认识教师职业道德规范的内涵与要求。

学习难点： 掌握提升教师职业道德规范的途径和方法。

核心概念

爱国守法　爱岗敬业

【政策链接 3-1】

改革开放以来，教师职业道德建设备受重视。我国于 1984 年颁布了《中小学教师职业道德要求(试行草案)》，1991 年颁布了《中小学教师职业道德规范》，并于 1997 年、2008 年对《中小学教师职业道德规范》进行了修订。《中小学教师职业道德规范》(2008 年修订)的基本内容如下。

一、爱国守法。热爱祖国，热爱人民，拥护中国共产党领导，拥护社会主义。全面贯彻国家教育方针，自觉遵守教育法律法规，依法履行教师职责权利。不得有违背党和国家方针政策的言行。

二、爱岗敬业。忠诚于人民教育事业，志存高远，勤恳敬业，甘为人梯，乐于奉献。对工作高度负责，认真备课上课，认真批改作业，认真辅导学生。不得敷衍塞责。

三、关爱学生。关心爱护全体学生，尊重学生人格，平等公正对待学生。对学生严慈相济，做学生良师益友。保护学生安全，关心学生健康，维护学生权益。不讽刺、挖苦、歧视学生，不体罚或变相体罚学生。

四、教书育人。遵循教育规律，实施素质教育。循循善诱，诲人不倦，因材施教。培养学生良好品行，激发学生创新精神，促进学生全面发展。不以分数作为评价学生的唯一标准。

五、为人师表。坚守高尚情操，知荣明耻，严于律己，以身作则。衣着得体，语言规范，举止文明。关心集体，团结协作，尊重同事，尊重家长。作风正派，廉洁奉公。自觉抵制有偿家教，不利用职务之便谋取私利。

六、终身学习。崇尚科学精神，树立终身学习理念，拓宽知识视野，更新知识结构。潜心钻研业务，勇于探索创新，不断提高专业素养和教育教学水平。

第一节 爱国守法

爱国守法

苏联教育家苏霍姆林斯基说，热爱祖国，这是一种最纯洁、最敏锐、最高尚、最强烈、最温柔、最有情、最温存、最严酷的感情。一个真正热爱祖国的人，在各个方面都是一个真正的人。孟德斯鸠也说，我所谓共和国里的美德，是指爱祖国，也就是爱平等而言。这并不是一种道德上的美德，也不是一种基督教的美德，而是政治上的美德。由此可见，爱国守法是从政治层面提出的要求。2008年教育部印发的《中小学教师职业道德规范》提出，爱国守法是教师职业的基本要求，倡导教师热爱祖国，热爱人民，拥护中国共产党领导，拥护社会主义。全面贯彻国家教育方针，自觉遵守教育法律法规，依法履行教师的职责与权利。不得有违背党和国家方针政策的言行。2013 年印发的《教育部关于建立健全中小学师德建设长效机制的意见》(教师〔2013〕10 号)和 2018 年印发的《教育部关于印发〈中小学教师违反职业道德行为处理办法〉(2018年修订)的通知》(教师〔2018〕18 号)，均对加强中小学教师师德建设作出了明确规定。

一、爱国的含义

爱 国

我国当代杰出的科学家中，有三位姓钱的人物：钱学森、钱三强和钱伟长，人称“三钱”。他们都是出国留学后，怀着报效祖国的赤子之心回来的。其中，钱学森的经历最为惊险。

钱学森在美国度过了 20 年，在航空科学领域取得了卓越成就，成为著名的火箭专家，为美国的军事科学做出了贡献。1949 年，他得知新中国成立的消息，非常兴奋，决定回国参加建设。可是美国方面敌视中国，怕钱学森回国对他们不利，就千方百计地阻挠。美国海军次长甚至恶狠狠地说：“我宁肯把他枪毙了，也不让他离开美国。他知道的太多了，一个人可顶五个师的兵力！”于是，美方无中生有，诬陷钱学森是中国间谍，将他逮捕关押，后来虽然释放了，但仍然对他进行严密监视。

钱学森没有屈服，向美方提出严正抗议，回国的决心更加坚定。他在家里放好三只小箱子，随时准备启程。后来在中国政府的干预下，被美方扣留了 5 年的钱学森，终于在 1955

年搭乘轮船回国了。他来到天安门广场，兴奋地说：“我相信我一定能回来，现在终于回来了！”

钱学森回国后，为我国导弹和航天事业做出了巨大贡献，成为有声望的科学家之一。

思考：爱国的含义是什么？

(资料来源：本书作者整理编写.)

(一)爱国的内涵

爱国一词，最早见于汉·荀悦《汉纪·惠帝纪》：“封建诸侯各世其位，欲使亲民如子、爱国如家。”《晋书·刘聪传》中也有记载：“臣闻古之圣王爱国如家，故皇天亦佑之如子。”爱国是公民必须具备的道德情操，是中华民族重要的传统之一，也是社会主义核心价值观的主要组成部分。爱国是各族人民重要的精神支柱。

人民教师是爱国主义教育的先行者，在教育教学过程中，人民教师应厚植爱国情怀。2019年11月，中共中央、国务院印发了《新时代爱国主义教育实施纲要》。该纲要总的指导思想是：坚持以马克思列宁主义、毛泽东思想、邓小平理论、“三个代表”重要思想、科学发展观、习近平新时代中国特色社会主义思想为指导，增强“四个意识”、坚定“四个自信”、做到“两个维护”，着眼培养担当民族复兴大任的时代新人，始终高扬爱国主义旗帜，着力培养爱国之情、砥砺强国之志、实践报国之行，使爱国主义成为全体中国人民的坚定信念、精神力量和自觉行动。

人民教师热爱祖国，首先要对自己的国家和人民有深切的了解。其次，教师要努力学习中国历史、中国革命史、中国共产党党史、中国改革开放史，在中华民族5000多年的悠久历史及灿烂文明中，汲取营养和智慧，传承和弘扬中华优秀传统文化，增强民族自尊心、自信心和自豪感；在伟大的中国革命史中，继承革命传统，弘扬革命精神，传承红色基因；在中华民族从站起来、富起来到强起来的伟大进程中，深刻认识历史和人民选择中国共产党、选择马克思主义、选择社会主义道路、选择改革开放的历史必然性，深刻认识我们国家和民族从哪里来、到哪里去。最后，教师要努力学习党的政治理论、习近平新时代中国特色社会主义思想、国家法律法规、爱国人物先进典型事迹，不断提升个人的政治修养，使自己的爱国之志更加坚定，爱国情怀更加深厚。

(二)爱国主义教育的要求

在基础教育教学过程中，新时代爱国主义教育要求人民教师聚焦青少年开展爱国主义教育，充分发挥课堂教学的主渠道作用。培养社会主义建设者和接班人，首先要培养学生的爱国情怀。

(1) 教师要将青少年作为爱国主义教育的重点对象，把爱国主义精神贯穿于学校教育的全过程，推动爱国主义教育进课堂、进教材、进头脑。在普通中小学、中职学校，将爱国主义教育内容融入语文、道德与法治、历史等学科教材的编写和教育教学中；在普通高校，将爱国主义教育与哲学社会科学相关专业课程有机结合，加大爱国主义教育内容的比重。创新爱国主义教育的形式，丰富和优化课程资源，支持和鼓励以多种形式开发微课、微视频等教育资源和在线课程，开发体现爱国主义教育要求的音乐、美术、书法、舞蹈、戏剧作品等，进一步增强吸引力和感染力。

(2) 办好学校思想政治理论课。思想政治理论课是爱国主义教育的主阵地。教师要紧紧抓住青少年阶段的“拔节孕穗期”，理直气壮地开好思想政治理论课，引导学生把爱国情、强国志、报国行自觉融入坚持和发展中国特色社会主义事业、全面建成社会主义现代化强国、实现中华民族伟大复兴的奋斗之中。按照政治强、情怀深、思维新、视野广、自律严、人格正的要求，加强思想政治理论课教师队伍建设，让有信仰的人讲信仰，让有爱国情怀的人讲爱国。推动思想政治理论课改革创新，发挥学生主体作用，采取互动式、启发式、交流式教学，增强思想性、理论性和亲和力、针对性，在教育灌输和潜移默化中，引导学生树立国家意识，增进爱国情感。

(3) 教师组织推出爱国主义精品出版物。针对不同年龄、不同成长阶段的青少年，坚持精品标准，加大创作力度，推出反映爱国主义内容的高质量儿童读物、教辅读物，让广大青少年自觉接受爱国主义熏陶。积极推荐爱国主义主题出版物，大力开展爱国主义教育读书活动。结合青少年的兴趣点和接受习惯，大力开发并积极推介体现中华文化精髓、富有爱国主义气息的网络文学、动漫、有声读物、网络游戏、手机游戏、短视频等。

(4) 广泛组织开展实践活动。大中小学的党组织、共青团、少先队、学生会、学生社团等，要把爱国主义内容融入党日、团日、主题班会、班队会以及各类主题教育活动之中。广泛开展文明校园创建活动，强化校训、校歌、校史的爱国主义教育功能，组织开展丰富多彩的校园文化活动。组织大中小学生参观纪念馆、展览馆、博物馆、烈士纪念设施，参加军事训练、冬令营、夏令营、文化科技卫生“三下乡”、学雷锋志愿服务、创新创业、公益活动等，让学生更好地了解国情民情，强化责任担当。密切与城市社区、农村、企业、部队、社会机构等的联系，丰富拓展爱国主义教育校外实践领域。

(5) 弘扬爱国奋斗精神。我国知识分子历来有浓厚的家国情怀，有强烈的社会责任感。深入开展“弘扬爱国奋斗精神、建功立业新时代”活动，弘扬“两弹一星”精神、载人航天精神等，大力组织优秀知识分子学习宣传，引导新时代知识分子把自己的理想同祖国的前途、把自己的人生同民族的命运紧密联系在一起，立足本职、拼搏奋斗、创新创造，在新时代做出应有的贡献。广泛动员和组织知识分子深入改革开放前沿、经济发展一线和革命老区、民族地区、边疆地区、贫困地区，开展调研考察和咨询服务，深入了解国情，坚定爱国追求。

(6) 激发社会各界人士的爱国热情。社会各界的代表性人士具有较强的示范效应。要坚持信任、尊重、团结、引导的原则，增进和凝聚政治共识，夯实共同思想政治基础，不断扩大团结面，充分调动社会各界人士的爱国热情和社会担当。通过开展职业精神和职业道德教育、建立健全相关制度规范、发挥行业和舆论监督作用等，引导社会各界人士增强道德自律、履行社会责任。坚持我国宗教的中国化方向，加强宗教界人士和信教群众的爱国主义教育，引导他们热爱祖国、拥护社会主义制度、拥护中国共产党的领导，遵守国家法律法规和方针政策。加强“一国两制”实践教育，引导包括香港特别行政区同胞、澳门特别行政区同胞、台湾同胞和海外侨胞在内的人们增强对国家的认同，自觉维护国家统一和民族团结。

(三)爱国主义教育的主要内容

当前，中国特色社会主义进入新时代，中华民族伟大复兴正处于关键时期。新时代加强爱国主义教育，对于振奋民族精神、凝聚全民族力量，决胜全面建成小康社会，夺取新时代中国特色社会主义伟大胜利，实现中华民族伟大复兴的中国梦，具有重大而深远的意义。为此，人民教师需要了解爱国主义教育的主要内容，在教育教学过程中开展爱国主义教育，培养学生的爱国主义精神。爱国主义教育的主要内容如下。

(1) 马克思列宁主义、毛泽东思想、邓小平理论、“三个代表”重要思想、科学发展观、习近平新时代中国特色社会主义思想。

(2) 中国共产党史、新中国史、改革开放史、社会主义发展史、中华民族发展史。

(3) 中国共产党带领人民团结奋斗的重大成就、历史经验和生动实践。

(4) 中华优秀传统文化、革命文化、社会主义先进文化。

(5) 国旗、国歌、国徽等是国家的象征和标志。

(6) 祖国的大好河山、壮美风光。

(7) 国家统一和民族团结、国家安全和国防等方面的意识和观念。

(8) 英雄烈士和先进模范人物的事迹。

二、守法的含义

国外虐童事件

2017年8月，美国内华达州一所幼儿园的一名教师因涉嫌虐待一名5岁幼童被警方逮捕。监控录像显示，这名教师一把将孩子扔了出去，尽管她辩解称自己在和学生做游戏，但她同样面临虐童罪指控，已被警方逮捕。因为在美国，虐童罪是重罪，虐童者最高会面临终身监禁的处罚。

思考：守法的内涵是什么?

(资料来源：观察者网，社会新闻栏目，2017年11月25日.)

(一)守法的内涵

守法是指一切国家机关及其工作人员、政党、社会团体、企事业单位和全体公民，自觉遵守法律规定，将法律要求转化为自身行为，从而使法律得以实现的活动。守法是法的实现的最基本形式。法的遵守包括正确行使权利、积极履行义务和遵守禁令。对于人民教师而言，守法就是全面贯彻我国的教育方针，自觉遵守教育法律法规，不违背党和国家的方针政策。

教师在教学过程中，必须自觉遵守教育法律法规。当前，我国与教师教育相关的法律法规包括：《中华人民共和国未成年人保护法》(2020年修订)(以下简称《未成年人保护法》(2020年修订))、《教师法》(2009年修正)《教育法》(2021年修正)、《教师资格条例》、《新时代高校教师职业行为十项准则》、《新时代中小学教师职业行为十项准则》、《新时代幼儿园教师职业行为十项准则》、《中小学教师职业道德规范》(2008 年修订)、《中华人民共和国爱国主义教育法》(以下简称《爱国主义教育法》)。

教师在教学过程中，不得违背党和国家的法律法规和方针政策。当前，我国党和国家的法律法规和方针政策包括：2018 年 3 月 11 日第十三届全国人民代表大会第一次会议通过的《中华人民共和国宪法》(以下简称《宪法》)；2020 年 5 月 28 日第十三届全国人民代表大会第三次会议通过的《中华人民共和国民法典》；2021 年年初，中共中央印发的《法治中国建设规划(2020—2025 年)》与《法治政府建设实施纲要(2021—2025 年)》《法治社会建设实施纲要(2020—2025 年)》等。

(二)守法的要求

对于人民教师而言，守法就是在教学过程中，做到热爱祖国，热爱人民，拥护中国共产党领导、拥护社会主义，全面贯彻党的教育方针，自觉遵守教育法律法规，依法执教，不得违背党的教育方针政策。

1. 热爱祖国，热爱人民

热爱祖国，热爱人民是中华民族的优秀传统，是每个公民、每位教师的神圣职责和基本义务，是社会主义核心价值观的重要组成部分。第十四届全国人民代表大会常务委员会第六次会议通过的《中华人民共和国爱国主义教育法》提出，中国是世界上历史最悠久的国家之一，中国各族人民共同创造了光辉灿烂的文化、共同缔造了统一的多民族国家。国家在全体人民中开展爱国主义教育，培育和增进对中华民族和伟大祖国的情感，传承民族精神、增强国家观念，壮大和团结一切爱国力量，使爱国主义成为全体人民的坚定信念、精神力量和自觉行动。

2. 拥护中国共产党的领导

人民教师要坚定信念，始终同党和人民站在一起，自觉做中国特色社会主义的坚定信仰者和忠实实践者。要不断加强理论修养，自觉运用马克思主义的立场、观点、方法来观察世情、国情、党情，正确认识和分析社会问题，以政治担当、家国情怀和职责使命，为学生世界观、人生观和价值观的养成提供最坚实的信念基础。要牢固树立课程思政的意识，立足专业特点，挖掘各类课程中蕴含的思政教育元素，正确处理知识传授与价值引领的关系。要主动引导学生在思想上筑牢理想信念的根基，用学识、阅历、经验和实际行动教育引导学生热爱和拥护中国共产党，引导学生自觉把个人理想追求融入党和国家的事业之中。

3. 拥护社会主义

方向决定道路，道路决定命运。我国教育事业要高举中国特色社会主义伟大旗帜。中国特色社会主义道路是实现教育现代化、建设教育强国、办好人民满意教育的必由之路。拥护社会主义要求广大教育工作者既要自觉成为中国特色社会主义的坚定信仰者、忠实实践者和积极传播者，加深对中国特色社会主义的思想认同、理论认同、情感认同，促进全体师生在理想信念、价值理念、道德观念上紧密团结在一起，又要把中国特色社会主义的道路自信、理论自信、制度自信、文化自信转化为建设教育强国的自信。

2018 年 9 月 10 日，在全国教育大会上，习近平总书记第一次把塑造新人确立为人民教育与人民教师所要肩负的时代重任。人民是阅卷人，时代是出卷人。我国教育事业已进入新时代。新时代的教育要求人民教师必须以中国特色社会主义文化涵养时代新人，以社会主义核心价值观培育时代新人。教师塑造灵魂、塑造生命、塑造新人，要在坚定理想信念上用心，在厚植爱国主义情怀上发力，在加强品德修养上聚力，在增长知识见识上努力，在培养奋斗精神上竭力，在增强综合素质上奋力，通过全方位的教育引导与精心培育，为学生的成长成才铺就坚实道路，助力他们成为有理想、有道德、有文化、有纪律的新时代栋梁之材，担当起民族复兴的伟大使命与历史重任。

4. 全面贯彻党的教育方针

教育方针是教育工作的根本指导思想，是教师进行教育教学工作的行动指南。教育工作者需要全面贯彻党的教育方针，明确教育方针的内容。2021 年，第十三届全国人民代表大会常务委员会第二十八次会议审议，将《教育法》第五条我国的教育方针正式修改为："教育必须为社会主义现代化建设服务、为人民服务，必须与生产劳动和社会实践相结合，培养德智体美劳全面发展的社会主义建设者和接班人。"至此，我国正式将党的教育方针落实为国家法律规范。

党中央进一步完善党的教育方针，使培养什么人、怎样培养人、为谁培养人的方向更加鲜明、内容更加完善、要求更加明确，充分体现了党的创新理论成果，在我国教育史上具有标志性意义和深远影响。在教育过程中，人民教师要对标党的教育方针，深入落实立德树人的根本任务，抓住全面提高人才培养能力这个重点，将党的教育方针有效融入教育行政管理、办学治校和教育教学全过程，把牢政治方向、清理制度规范、校正误区偏差，使各级各类教育更加符合教育规律和人才成长规律。

5. 自觉遵守教育法律法规，依法执教

对教师来说，守法是依法执教的重要内容。教师在教育教学实践过程中，既要遵守国家发布的教育法律法规，同时也要遵守教育部发布的教育规章制度。具体包括：《未成年人保护法》(2020 年修订)《教师法》(2009 年修正)《教育法》(2021 年修正)《教师资格条例》《新时代高校教师职业行为十项准则》《新时代中小学教师职业行为十项准则》《新时代幼儿园教师职业行为十项准则》《中小学教师职业道德规范》《爱国主义教育法》等法律法规。

6. 不得违背党的教育方针政策

人民教师不得违背党的教育方针政策，不准散布违背党的理论和路线方针政策的言论，不准公开发表违背党中央决定的言论，不准泄露党和国家秘密，不准参与非法组织和非法活动，不准制造、传播政治谣言及丑化党和国家形象的言论。人民教师要不断提高政治觉悟，不折不扣地贯彻落实党的教育方针，严禁公开与党唱反调。党的理论、路线、方针政策和决定一旦被确立为党的共同意志，所有党员对外就必须用一个声音来说话，而决不允许发出各种杂音、噪声，更不允许专门挑党已有明确规定的主张来说三道四。

此外，人民教师不准搞封建迷信，不准参与邪教，不准纵容和支持民族分裂势力、宗教极端势力、暴力恐怖势力及其活动，严格落实这些要求。人生如屋，信念如柱；柱折屋塌，柱坚屋固。理想信念动摇是最危险的动摇，理想信念滑坡是最危险的滑坡。每一个党员干部都要为实现共产主义远大理想而奋斗，在党言党，在党忧党，在党为党，做到对党绝对忠诚，而不能到宗教中寻找自己的价值和信念，更不能步入歧途，堕入邪教，纵容和支持非法犯罪活动，走上不归路。

第二节 爱岗敬业

爱岗敬业

教师有偿补课

2018 年，河北省石家庄市第十二中学教师刘某开办“金冠艺术培训中心”，诱导学生参加有偿补课。刘某利用晚上和周末为本校及校外学生进行有偿补课。根据相关规定，对刘某作出行政警告处分，扣除其一年奖励性绩效工资、取消其两年内评优评先资格，并在全校范围内作检查的处理。对学校主要负责人进行通报批评、诫勉谈话。

(资料来源：中华人民共和国教育部官网—新闻.)

《中小学教师职业道德规范》(2008 年修订)是正式的成文规范，对中小学教师提出了基本的专业品德要求。教师仅仅在思想上认识这些基本的专业品德要求是不够的，必须以这些基本专业品德要求为指导，将规范要求转化为实际的专业行为。这里的教师专业行为，不是指教师在职业活动中任意采取的行为，而是根据教师专业品德规范所规定的职业行为。《中小学教师职业道德规范》(2008 年修订)第二条“爱岗敬业”中要求教师：忠诚于人民教育事业，志存高远，勤恳敬业，甘为人梯，乐于奉献。对工作高度负责，认真备课上课，认真批改作业，认真辅导学生。不得敷衍塞责。

一、爱岗敬业的内涵

著名的教育家陶行知先生曾说过，学高为师，德高为范。作为一名光荣的人民教师，教育家陶行知先生认为不仅要具有广博的知识，还要有高尚的道德和创新的理念。

陶行知先生有一句名言：“捧着一颗心来，不带半根草去。”教师的职业有苦也有乐，平凡中见伟大，只有爱岗敬业，不断地完善自我，才能在教育活动中有所收获。

爱岗就是指人员应该热爱自己的本职工作，安心于本职岗位，稳定、持久地在岗位上耕耘，恪尽职守地做好本职工作。敬业则是指人员应该充分认识本职工作在社会经济活动中的地位和作用，认识本职工作的社会意义和道德价值，具有职业的荣誉感和自豪感，在职业活动中具有高度的劳动热情和创造性，以强烈的事业心、责任感从事工作。

莫振高的教育扶贫事例

莫振高，学生口中的“莫爸爸”“校长爸爸”，是广西都安高中的原校长。都安是全国贫困县，这个大山里的瑶乡，有众多因贫困上不起学的孩子。于是，莫振高将“让瑶乡儿女走向世界”作为自己的座右铭。任教 30 多年间，他跑遍每一位贫困生的家，将了解的情况一一记录在册，并用自己微薄的工资资助了近 300 名学生，圆了他们的大学梦。然而，自己的工资毕竟有限，面对众多的贫困学生，这位从未向别人伸手的“莫爸爸”走上了“化缘"之路。他利用休息时间，来到全国各地的机关、企事业单位，做演讲、做动员，只为通过社会力量，帮助更多的瑶乡儿女走出大山。就这样，莫振高一共筹集了3000多万元善款，让1.8万名贫困学子圆了大学梦。因积劳成疾，莫振高于2015年3月9日突发心脏病逝世。"莫爸爸"的"化缘"之路改变了数以万计贫困孩子的命运，现在他已桃李满天下，九泉之下也可含笑。

(资料来源：本书作者整理编写.)

二、爱岗敬业的工作要求

梁启超先生说，百行业为先，万恶懒为首。没有职业的懒人，简直是社会上的蛀虫，简直是掠夺别人勤劳结果的盗贼。所以，人必须有业，必须敬业，而不管这个"业"是总统还是车夫，这是职业的神圣。爱岗敬业是教师职业的本质要求。

(1) 要有端正的教学态度，严肃认真地对待教学工作中的每一项内容。

(2) 钻研业务，熟悉教材，认真备课；要善于激发学生的求知欲，组织好课堂教学，营造生动活泼的课堂气氛，避免对学生进行"灌输式"教学。

(3) 精心编排练习，认真批改作业，及时纠正错误。定时做好教学质量检查工作，及时查漏补缺。

(4) 按时上课下课，不迟到、不缺课、不拖堂。

(5) 上课语言文明、清晰流畅、表达准确、简洁；板书整洁规范，内容简练精确。

(6) 既要严格要求学生，又要尊重学生，对待学生要一视同仁。热情、耐心地回答学生的提问。不讽刺、挖苦学生。

(7) 教学计划应符合教学进度，不能随意删增内容、加堂或缺课，不能占用学生的自习课或复习考试时间，增加学生的学习负担。

三、爱岗敬业的人际要求

中小学教师违规补课受处罚

2021年教育部公开曝光8起违反教师职业行为准则典型案例。其中包括：2021年2月，天津市咸水沽二中肖某某在课堂上发表通过家长收入水平质疑家长素质以及歧视、侮辱学生等言论。

思考：这个案例反映了这位教师在爱岗敬业的人际要求方面存在什么问题？

(资料来源：中华人民共和国教育部官网—新闻.)

陶行知说，先生不应该专教书，他的职责是教人做人；学生不应该专读书，他的职责是领悟人生之道。爱岗敬业的人际要求如下。

(1) 教师对学生要做到：热爱学生，关心学生，尊重学生；严格要求，耐心教导，循循善诱，不偏不倚；不以师生关系谋取私利。

(2) 教师对同事要做到：互相尊重，切忌忌妒；相互学习，取长补短；平等相待，不卑不亢；乐于助人，关心同事。

(3) 教师对领导要做到：体谅领导，服从安排；顾全大局，遵守纪律；互相理解，互相支持；秉公办事，团结一致。

(4) 教师对家长要做到：尊重家长，理解家长；经常家访，互通情况；密切配合，教育学生。

四、爱岗敬业的仪表要求

教师统-一着装(略有改动)

2023 年 2 月，关于教师统一着装的舆情信息登上了热搜。这个问题的热度，应该源于辽宁丹东市教育局对市人大代表《关于加强教师着装仪容管理建议》的答复。

丹东市教育局的答复如下。

教师群体统一穿着职业装，不仅是加强教师着装仪容管理十分有效的措施，对树立教师形象、促进教育发展也有十分重要的意义。这也将是未来的主要发展趋势。

思考：教师需要统一着装吗？

(资料来源：紫牛新闻，https:/wap.yzwb.net，2023-02-24.)

苏联教育家马卡连柯曾说，很难想象一个肮脏的、马马虎虎的人，他竟能注意自己的行为。英国哲学家培根则说，一个打扮并不华贵却端庄严肃而有美德的人是令人肃然起敬的。

爱岗敬业的仪表要求如下。

(1) 衣着整洁，朴实大方，服饰要符合职业特点，体现教师为人师表的良好形象。

(2) 举止稳重大方、潇洒自然、彬彬有礼，切忌轻浮粗俗、拘谨呆板。避免“脏、露、透、短、紧、异”的着装风格。

(3) 发式、穿戴、化妆应大方、整齐、清洁，不穿拖鞋、背心、短裤、吊带衫、超短裙进校园。男教师不留长发或剃光头、蓄胡须，女教师不化浓妆、涂染指甲、染艳丽彩发，不佩戴分散学生注意力的饰品。

第三节 关 爱 学 生

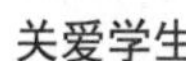
关爱学生

老师眼里的关爱学生

周老师是小学一年级的班主任，对学生要求十分严苛。为了让学生欣欣加快写字速度，专注学习，她在放学后牺牲自己的时间陪欣欣留在教室里练习写字。她还不让欣欣上美术等副科课程。在午饭时，周老师不让欣欣吃饭，要求她先写完作业才能吃饭。课间她也不让欣欣和同学玩耍。

思考：周老师这种行为算是关爱学生吗？

(资料来源：本书作者整理编写.)

根据瑞士著名心理学家皮亚杰的观点，教师对学生的关爱直接影响儿童健康道德人格的形成。特别是 3～7 岁儿童，处于他律道德阶段，这个阶段的个体一般会绝对遵从父母、权威者或年龄较大的人。他们的自尊以他人评价为主，并以此来调节自身行为的心理体验。老师不恰当的关爱行为，会严重影响儿童的身心健康，甚至影响其成年后的健康人格成长。

关爱学生是师德的灵魂。亲其师，信其道。没有爱，就没有教育。教师必须关心、爱护全体学生，尊重学生人格，平等、公正地对待学生，对学生严慈相济，做学生的良师益友，保护学生安全，关心学生健康，维护学生权益。正如赞科夫所说，教师对学生的爱，首先应当表现在教师毫无保留地贡献出自己的精力、才能和知识，以便在对自己学生的教学和教育上，在他们的精神成长上取得最好的成果。没有教师对儿童的爱的阳光，学生就会混成模糊不清的一团。

一、关爱学生的内涵

关爱学生体现在教师对学生的仁爱。仁爱从范围上划分可以分为三种递进的层次：第一种，仁爱体现为亲人之爱；第二种，体现为对他人之爱；第三种，体现为对万物之爱。

在教学实践中，基础教育阶段教师对学生的仁爱不仅是爱护自己，更是以仁爱育仁爱，率先垂范，在行为上为学生做示范。上课时，中小学教师尊重每个学生、平等对待每个学生，爱护学生，这样言传身教，学生也学会了仁爱与尊重。对于学习有困难的学生，基础教育阶段教师要让学生感受到他的爱，通过启发感召的方式，潜移默化地帮助学生健康发展。对于违反纪律的学生，基础教育阶段教师同样采用仁爱观，帮助学生明确行为目标，采用赏识、激励的方式，乐于帮助学生成长。基础教育阶段教师宽容待人、友好助人的行为也会成为学生学习的榜样，促进所有学生仁爱心的培养。

引导案例

陶行知的四颗糖经典教育故事

教育家陶行知在担任小学校长时，有一天看到一个学生用泥块砸自己班上的同学，他立即喝止他，并要求他放学后到校长室去。放学后，陶行知来到校长室，发现这个学生已经等在门口了。出乎意料的是，陶行知却掏出一块糖送给他，并对他说，这是奖励给你的，因为你按时来到了这里，而我却迟到了。学生惊讶地接过糖。接着，陶行知又掏出一块糖放到他手里，说：“这块糖也是奖励给你的，因为我不让你再打人时你立即住手了，这说明你很尊重我，我应该奖励你。”那个同学更加惊讶了。陶行知又掏出第三块糖塞到他手里，说：“我调查过了，你用泥块砸那些男生，是因为他们不守游戏规则，欺负女生。你砸他们，说明你很正直善良，有作斗争的勇气，应该奖励你啊！”那个同学感动极了，他流着泪后悔地说："陶校长，你打我两下吧！我错了，他们毕竟是我的同学啊！"陶行知又掏出了第四块糖，是因为他的知错就改。

(资料来源：本书作者整理编写.)

二、关爱学生的要求

数学老师的行为后果

三毛初二时，数学成绩一向很差劲。有一次，她发现数学老师每次出的考题都是从课本后面的习题中挑选出来的。三毛发现了这个秘密，于是每次考试前她都提前把题目背下来，因此那段时间考试她一连考了 6 次满分。

数学老师很纳闷，"学渣"三毛的成绩是如何突飞猛进的。于是，数学老师把三毛叫到办公室，拿出了一张试卷给她，让她当场考试。因为没有提前准备，三毛根本做不出来，于是数学老师便认为三毛的满分成绩是"动了手脚"。

在之后的数学课上，老师当着全班同学的面羞辱她："我们班里有个同学最喜欢吃鸭蛋，今天老师请她吃 2 个。"然后把三毛叫上讲台，数学老师拿起蘸有墨汁的笔，在三毛的眼睛周围画了两个大黑圈，并要求三毛把脸面向同学，让同学们好好看看，甚至下课后，还逼着三毛到操场上走了一圈，让全校人都看一看。第二天上学时，三毛经过学校的走廊，想起遭遇的屈辱，一下子晕了过去。经过这件事，三毛出现了严重的心理障碍，病情一天比一天严重。她开始封闭自己，不再与人交流，最终离开了学校。

此后 5 年的时间里，三毛只和爸爸、妈妈和教她画画的顾福生先生说话。她再也没有跟任何人有过交集。

思考：这位数学老师是否意识到自己行为的后果？关爱学生对老师有什么要求呢？

(资料来源：百度网，https://mbd.baidu.com/s?id=1721649010832213567&wfr=spider&for=pc，2021-10-18.)

《中小学教师职业道德规范》(2008 年修订)中，关爱学生的具体要求为："关心爱护全体学生，尊重学生人格，平等公正对待学生。对学生严慈相济，做学生良师益友。保护学生安全，关心学生健康，维护学生权益。不讽刺、挖苦、歧视学生，不体罚或变相体罚学生。"

(一)关心爱护全体学生，尊重学生人格，平等公正对待学生

苏联教育家苏霍姆林斯基说过，儿童的尊严是人类心灵里最敏感的角落，保护儿童的自尊心就是保护儿童的潜在力量。每个人都有尊严，无论身份地位人人平等。教师应该尊重并信任每个学生，培养学生健康人格，不违背儿童发展道德规律。

第一阶段：前道德阶段(出生至 3 岁)。这个阶段的个体对问题的考虑是以自我为中心的。他们并不理解规则的含义，分不清公正、义务和服从。一切都依照自己的"意志"来行事，他们的行为既不是道德的，也不是非道德的。

第二阶段：他律道德阶段(3～7 岁)。这个阶段的个体一般会遵从父母、权威者或年龄较

大的人。他们认为听话就是“好”，不听话就是“坏”，从而对规则开始有了自己的理解。他们的自尊以他人评价为主，并以此来调节自身行为的心理体验。

第三阶段：自律或合作道德阶段(7～12岁)。这个阶段的个体已认识到规则是由人们根据相互之间的协作而创造的，因而它是可以依照人们的愿望加以改变的；在与权威或同伴相处时，能较好地评价自己的观点和能力，并能较现实地判断他人，这个阶段的儿童能与同年龄儿童平等地参加游戏，彼此明白自己的立场与对方的立场，共同制定规则，遵守规则，独立进行游戏比赛。这个阶段的显著特征是将之前的懵懂的礼貌上升为对他人权利的重视和尊重。

第四阶段：公正阶段(12岁以后)。这个阶段的个体不再刻板地按固定的规则进行简单的判断，而是从对等、平等、公平乃至社会正义的角度考量具体情况，从关心和同情出发去判断是非、调节行为。他们的道德人格趋于成熟和理性，当然，其道德人格社会化的程度受制于前三个阶段的道德体验。

从道德阶段成长理论的角度来看，教师必须懂得心理学和教育学理论，按照学生身心发展规律调整自己的教学。否则，一旦伤害了学生的自尊心，毁坏了学生成长的力量，其后果不堪设想。

(二)对学生严慈相济，做学生的良师益友

学校教育是学生社会化的重要场所，这里表现为教师对学生的表扬与批评、惩罚都要公平。表扬与批评在教育过程中是相辅相成的，教师要赏罚分明，否则，认识不到自己缺点的学生是很可怕的。我们不提倡一味表扬式(赏识教育)的教育，当然并不是全盘否定它，而是说当今的孩子不能一味地表扬，廉价的表扬也是一种伤害。表扬和批评都应该公平公正。教师要制定表扬和批评的制度和原则，让表扬有理有据，批评让人心服口服。

惩罚是教育不可缺少的要素，适当的惩罚有助于学生的社会化发展。国内许多学者也是这样认为的，没有惩罚的教育不是完整的教育。教育的过程就是实现个体的个性化和个体社会化相统一的过程。教育中还有一种特殊现象，即“贴标签”，学生之间存在着学业上的差异，当这种差异达到一定程度时，学生之间便会出现学业上的分层，如优、良、中、差等。这种基于分层程度的学业差异常常被教师自觉或不自觉地贴上某种具有价值判断色彩的标签，如“好生”与“差生”、“学业优者”与“学业差者”等。众所周知，学业状况只是学生整体情况的组成部分之一，“学业优者”与“好生”、“学业差者”与“差生”并非对等概念，也不符合科学逻辑。

教师在实际的教育中要保证学生平等的主体地位应该做到以下几点。第一，建立师生之间相互关怀的关系。依据诺丁斯的关怀理论，师生关系不再是“管与被管，教与被教”的关系，而是“共生共学，相互促进”的关系，在实际的教育过程中，教师要重视师生间的情感与互动需求。第二，建立民主、规范统一的班级管理模式。第三，创设具有生活质感的真实的教学情境。第四，构建动态、开放的学校生活，使教师教知识，学生听知识，课堂场域变得有活力。

(三)保护学生安全，关心学生健康，维护学生权益

根据马斯洛的需求层次理论，人的需求依次由较低层次到较高层次排列，分别为：生

理需要、安全需要、爱和归属需要、尊重需要和自我实现需要。生理需要和安全需要是人生存最基本的需要。而爱和归属感需要、尊重需要是人发展的基本需要。需求层次理论有两个基本出发点，一是每个人都有生理需要，生理需要是一个人生存基本的需要，生理需要获得满足后，发展的需要才能得以实现。如果一个人的基本生理需要、安全需要无法实现，那么另一层次的发展需要也无法出现。二是每个人的发展需要爱、归属感和尊重，当一个人无法获得爱、归属感，不被尊重，自我实现则难以达到。而一个人想要获得发展，则生理需要、安全需要获得满足是前提。当最基本的生存需要得到满足之后，人才能实现发展，最终达到自我实现。

将需要层次理论应用到学生身上，学生的生理需要、安全需要，可以归纳为中小学生身心健康和人身安全需要得到满足，主要体现在以下两点。其一，中小学生在校园里基本的生理需要得到满足，如允许学生如厕、喝水、课间休息、自由活动等。其二，中小学生在校园里能拥有安全的校园环境，例如，禁止学生在校园中携带危险品，否则学生人身安全受到威胁。而中小学生的爱和归属、尊重、自我实现的需要，可以解释为中小学生的精神需要和公共利益需要。具体表现在教育过程中，基础教育阶段教师平等地爱护每个学生，不偏袒个别学生，不以任何原因歧视、侮辱个别学生，不讽刺、挖苦、歧视学生，不体罚或变相体罚学生。尊重每个学生，不按成绩划分学生等级、排座位、排考场。保障基础教育公共利益，不利用自己职务谋取私利。

(四)不讽刺、挖苦、歧视，不体罚或者变相体罚学生

学生处于身心成长的关键时期，内心敏感且脆弱。教师不经意间地讽刺、挖苦，像冰冷的雨水浇灭学生心头热情的火苗，可能让一个原本积极向上的孩子瞬间变得自卑怯懦，陷入自我否定的泥沼，不敢再在课堂上展现自我，学习兴趣也会大打折扣。体罚或变相体罚更是如同暴风雨般，给学生身体带来直接伤痛，在心灵种下恐惧的种子。在恐惧的笼罩下，学生的心理健康极易受损，出现焦虑、厌学等情绪，成长之路布满阴霾，未来发展令人担忧。

教育绝非简单的知识灌输，其核心在于启迪心智、塑造灵魂。教师若用讽刺、挖苦来应对学生的问题，无疑是南辕北辙，切断了师生间信任的桥梁，阻碍了知识的传递。体罚或变相体罚同样治标不治本，虽能暂时制止错误行为，却无法让学生明白犯错的根源，难以培育其自律和品德。相反，以爱为舟、尊重作桨，循循善诱，才能开启学生求知的大门，助其主动探寻真理、完善自我，契合教育的真谛，推动学生实现全面成长。

教师队伍承载着社会的教育期望，其形象备受关注。一旦出现讽刺、挖苦、歧视或体罚、变相体罚的行为，受伤害的不只是当事学生，整个教育的行业公信力也会遭受重创。家长由此会对学校教育产生疑虑，家校合作的根基会动摇，而良好的家校共育环境是学生成长的保障。为守护教育净土，给学生营造温馨的成长家园，教师必须时刻警醒，摒弃不当行为，用温暖和关怀为学生的未来保驾护航。

第四节 教 书 育 人

李改梅：23 年班主任生涯 用爱与耐心点亮学生未来

23 年来，李改梅不仅是孩子们英语学习的引路人，更是班主任岗位上的坚守者。她深信“以人为本”的教育哲学，将孩子们的身心发展视为教育的根本。在李老师的教学生涯中，她始终认为，教育的真谛不仅在于知识的传授，更在于帮助学生树立正确的世界观、价值观和人生观。

“教育，是一场漫长而神圣的征途，它考验着每一位教师的耐心与担当。”李老师的话语如晨钟暮鼓，传递出她对教育事业的无限热忱与坚定承诺。岁月虽在她的面庞上留下痕迹，但她的内心依旧洋溢着青春的活力与乐观，这份永不褪色的热情也在无形中激励着每一位学生心灵的成长。

(资料来源：黄河新闻网运城频道.)

一、教书育人的含义

(一)教书

教书是指教师要教授学生必备的知识，涵盖学科知识、生活技能、人际关系以及自我认知等方面。学科知识是学生在校学习的核心内容，涉及数学、科学、人文社科等多个领域。生活技能是学生在日常生活中需掌握的技能，如烹饪、打扫、理财等。人际关系是指学生要学会与他人相处的能力，包含沟通、合作、解决冲突等。自我认知是指学生对自己的了解与认识，包括情绪管理、自我评估等。此外，教师在教学过程中要留意知识点的平衡，避免出现偏科或忽视其他领域学习的情况。

(二)育人

育人意味着教师要教导学生必要的做人品质，具体包括：仁爱、正义、礼敬、理智、诚信。

第一，教师育人的体现之一是培养学生成为仁爱之人。从伦理角度来看，仁爱在范围上可分为三种递进层次：其一，仁爱表现为对亲人之爱；其二，表现为对他人之爱；其三，表现为对万物之爱。教师在教学过程中，要培育学生的仁爱之心，引导他们从爱父母扩展到爱他人，最终升华到爱国家、爱万物。

第二，教师育人的体现之二是培养学生成为正义之人。教师在教学实践中要培养学生对是非、善恶的道德认知和价值评判能力。“其身正，不令而行；其身不正，虽令不从。”教师若要做到正义，首先自身应以身作则，对学生负责，发挥言传身教的表率作用，这也是对自己所从事的教育事业负责。只有老师成为正义的化身，才能担当起正义的引领者，引导学生践行正义。

第三，教师育人的体现之三是培养学生成为礼敬之人。“礼敬”即礼貌尊敬之意，孔子说：“非礼勿视，非礼勿听，非礼勿言，非礼勿动。”礼是管控人的视、听、言、动这些官能的关键力量，是修身和教化的工具，能让人“修身践言”“行修言道”。一个人若没有礼貌，就会失去分辨是非的标准。首先，教师要培养学生与人交往时言语有礼。白居易曾言“平易近人，人心归之”。其次，教师要培养学生尊重他人，行为有礼。正如《荀子·修身》中所说：“容貌、态度、进退、趋行，由礼则雅，不由礼则夷固僻违，庸众而野。”最后，教师要培养学生怀有恭敬之心，诚实无欺，举止文雅、谈吐和气。正如吕坤在《呻吟语·存心》中提出：“只是心不放肆，便无过差。”

第四，教师育人的体现之四是培养学生成为理智之人。理智是指一个人对于是非判断的理性原则。顾名思义，理智是兼具理性和智慧。从科学研究的角度而言，理智是指一个人运用一定的理论去分析事件发生、发展的过程与结果，理性的人能够客观清晰地判断是非对错。而智慧通常指一个人具有的聪明才智和智商。

第五，教师育人的体现之五是培养学生成为诚信之人。诚信是一种行为准则，也是一种责任和义务。教师培养学生遵守诚信原则，就是要让学生诚实守信，言行一致，不欺骗他人，不侵犯他人利益。诚信既是一种价值观念，也是一种情感体验。教师还要培养学生的诚信情感，让学生做到表里如一，真实可信。

二、教书育人的要求

最美教师支月英

支月英，一位令人敬仰的人民教师。19岁时，她告别家乡，毅然奔赴江西偏远山区，开启了艰辛的支教生涯。那里山路崎岖，学校仅是破旧的土坯房，教学物资匮乏。但支月英没有退缩，她化身“全能教师”，语文、数学、音乐样样精通，课堂生动有趣。在生活中，她又成了孩子们的“暖心妈妈”，为他们缝补衣衫、烹制热饭。寒来暑往，几十载如一日，她扎根深山，用爱心与坚守，培育出一批又一批学子走出大山，追逐梦想。其事迹经央视新闻、人民日报等权威媒体广泛报道，让无数人知晓这位教育脊梁的伟大奉献。

(资料来源：央视网关于支月英报道，https://news.cctv.com/2017/02/08/VIDE6XJmY9R5QZ6u654YtHfG170208.shtml，2017-02-08.)

《中小学教师职业道德规范》(2008年修订)第四条“教书育人”的基本内容是：遵循教育规律，实施素质教育。循循善诱，诲人不倦，因材施教。培养学生良好品行，激发学生创新精神，促进学生全面发展。不以分数作为评价学生的唯一标准。

(一)遵循教育规律，实施素质教育

教师在教育过程中要遵循教育的四个基本规律。第一，间接经验与直接经验相结合的

规律：学生从课本上学到的都为间接经验，同时也应鼓励学生从实践中获取知识。第二，掌握知识和发展智力相统一的规律：掌握知识和发展智力是相互依存、相互促进的。第三，传授知识与思想教育相统一的规律：知识教育与品德教育缺一不可。第四，教师的主导与学生的主体相统一的规律：教学过程中既要充分注重教师的教，也要充分调动学生学的积极性，使教师的主导作用与学生的主体作用有机结合，取得良好的教学效果。

按照素质教育的要求创新教学形式，提高教育质量。引导学生自主、自觉学习，鼓励学生参加体育锻炼、社会实践，发展个人兴趣爱好。培养学生的社会责任感、创新精神和实践能力。

(二)循循善诱，诲人不倦，因材施教

教师在教育学生的过程中，应该有步骤、有顺序地循循善诱、诲人不倦，启发引导学生。世界著名教育家维果斯基认为，学生有两种发展水平：一是现有水平；二是即将达到的发展水平。这两种水平之间的差距，即为“就是最近发展区”。教师在指导学生的过程中，应着眼于学生的最近发展区，因材施教，把潜在的发展水平变成现实的发展水平，并创造新的最近发展区，使教学走在发展的前面。

(三)培养学生良好品行，激发学生创新精神，促进学生全面发展

教师是学生良好品行的启蒙者。从道德品质优秀的教师身上，学生吸取的是关爱、平等、尊重、诚实等；反之，学生吸取的是冷漠、散漫、虚伪、自私等。教师工作的基本目标就是引导学生个体的成长，启迪他们对人生和世界的美好情怀，如爱、希望、信心、善良、诚实、正直等，通过塑造良好的品行，为他们的一生奠定良好的精神基础。

教师要善于激发学生的创新精神。创新是一个民族进步的灵魂，创新教育是一种旨在培养个性、增强学生创新意识的教育。当前，知识更新迅速，各种新理念、新发明不断涌现，教育的目的就是培养创新型人才。教师应培养学生的创新思维，使学生的各种能力得到全面发展，培养出具有创新精神和实践能力的学生。

教书育人的目的是促进学生全面发展。教师不仅要传授知识，更要通过教育培养学生健全人格，引导学生树立正确的价值观。

(四)不以分数作为评价学生的唯一标准

霍华德·加德纳(Howard Gardner)于20世纪90年代提出了多元智能理论。根据多元智能理论，学生的智能是多元的，主要由语言智能、数学—逻辑智能、空间智能、身体运动智能、音乐智能、人际智能、自我认知智能和自然认知智能八项组成，每个学生都拥有不同的智能优势组合。因此，教师在教育理论和实践中不能仅用一个标准来评价学生。

合理的评价会促进学生的发展，而不合理的评价则会阻碍学生的发展。将分数作为评价学生的唯一标准，违背了教育发展规律，与素质教育的理念背道而驰。教师评价学生应以学生为本，以育人为本，一切为了学生健康全面地发展。教师应全面了解学生，尊重学生的差异，运用不同的评价标准，重过程，轻结果，以促进每个学生的全面发展。

第五节 为人师表

为人师表

师者如范·桃李成蹊

陈老师学识渊博，教学时旁征博引。他每日坚持阅读和写作，常与学生分享读书心得和创作感悟。在他的感染下，有的学生养成了阅读习惯，还尝试写作、投稿并发表。在他的示范引领下，学生们学会关爱他人、奉献社会，以陈老师为榜样，积极践行正能量行为。

(资料来源：本书作者整理编写.)

一、为人师表的含义

为人师表是指在人品和学问方面成为他人学习的榜样。这一概念出自《北齐书·王昕书》："杨愔重其德业，以为人之师表。"学为人师，行为世范，教师作为学生学习的表率，具体体现在以下三个方面。一是言行表率，教师应言行文明，举止有度，在社会生活中的行为符合道德规范和法律规范化的要求，具有内在的自觉性。二是语言表率，教师在教学中应使用规范、准确性、激励性和启发性语言。三是仪表表率，教师应衣着朴素整洁、美观大方，具有职业感，不穿奇特古怪、艳丽花哨的服装，举止稳重端庄，态度和蔼可亲，关切诚恳，外表风度从容典雅，具有良好的个性美，为学生做仪表上的表率。

【案例 3-1】

著名教育家张伯苓

我国著名教育家张伯苓，1919 年之后相继创办了南开大学、南开女中、南开小学。他十分注意对学生进行文明礼貌教育，并且身体力行，为人师表。

一次，他发现有个学生的手指被烟熏黄了，便严肃地劝告那个学生："吸烟对身体有害，要戒掉它。"没想到那个学生有些不服气，俏皮地反问："那您吸烟就对您的身体没有害处吗？"张伯苓对于学生的质疑，歉意地笑了笑，立即让工友将自己所有的吕宋烟全部取来，当众销毁，并折断了自己用了多年的心爱的烟袋杆，诚恳地说："从此以后，我与诸位同学共同戒烟。"

果然，从那以后，他再也不吸烟了。

(资料来源：个人图书馆，http://www.360doc.com/content/19/0314/19/7069533_821506309.shtml. 2019-03-14.)

二、为人师表的要求

《中小学教师职业道德规范》(2008 年修订)第五条"为人师表"的基本内容是：坚守高尚情操，知荣明耻，严于律己，以身作则。衣着得体，语言规范，举止文明。关心集体，团结协作，尊重同事，尊重家长。作风正派，廉洁奉公。自觉抵制有偿家教，不利用职务之便谋取私利。

师爱如光·爱润桃李

广西科技大学土木建筑工程学院教师陈宇良，因曾获助学金改变命运，毕业后回母校任教，并捐赠100万元设立“希望科学+基金”帮助家庭困难学生，还在日常中关心学生，用自身行动传递爱与正能量，为学生树立榜样。

(资料来源：广西科技大学官网，https://www.gxust.edu.cn/.)

(一)坚守高尚情操，知荣明耻，严于律己，以身作则

教师应该在教学活动中坚守高尚情操。捷克教育家夸美纽斯认为，教师应该是道德卓越的优秀人物。教师高尚的道德情操应表现为忠诚于人民的教育事业，具有敬业乐教、无私奉献、勇于创新的精神和热爱学生、公正无私、追求真理的道德境界，以及正直诚实、和蔼善良、勤奋坚毅的道德素质和宽容谦虚、克己自制、乐于合作的道德修养。

苏联教育家霍姆林斯基强调，学校里所做的一切都应包含深刻的道德意义。教师应该在教学过程中知荣明耻，以热爱祖国为荣，以危害祖国为耻；以服务人民为荣，以背离人民为耻；以崇尚科学为荣，以愚昧无知为耻；以辛勤劳动为荣，以好逸恶劳为耻。

教师应该在教学过程中严于律己，以身作则。为保证教育、教学工作正常进行，教师在教育活动中必须遵守教师的职业纪律。在规定的时间节点内，根据学校设施条件和个人职称专业，安排学生入座、发放学习资料、备课授课、批改作业、引导辅导学生学习、组织听课练习，组织考试、传授科学文化基本知识，开展学术交流、主持学术活动，提高学生的观察学习、记忆认知、动手沟通、操作等综合实践能力，培养学生特长，促进德智体美劳全面发展，掌握技能技术。

(二)衣着得体，语言规范，举止文明

教师的仪表是教师留给学生的主要印象，教师穿衣应该“忌脏、忌露、忌透、忌短、忌紧、忌异”。教师的衣着应当整洁得体。教师仪表整洁得体、朴素大方，能直观地反映教师的精神风貌，给学生以审美熏陶。苏联教育家马卡连柯曾经指出，从口袋里掏出揉皱了的脏手帕的教师，已经失去当教师的资格了。

语言规范是指教师应使用现代的规范化语言。教师应仔细斟酌使用字词句，规范使用语音、词语和语法。丰富的科学知识都是通过教师的语言进行传授的，语言质量的高低、效果的好坏关系着教育质量。

教师必须高度重视自己的言行举止、仪表风度，这深刻影响着学生的健康成长。教育事业要求教师的言谈举止、仪表风度一要健康文明，体现社会主义精神文明建设的要求；二要真诚和谐，不矫揉造作；三要亲切，使学生感到有种无形的吸引力。教师通过自己的言谈举止去打动学生，影响学生，全面提高教育效果。

(三)关心集体，团结协作，尊重同事，尊重家长

马克思说，只有在集体中，个人才能获得全面发展其才能的手段，也就是说，只有在集体中才可能有个人自由。学校是教育者有计划、有组织地对受教育者进行系统的教育活动的集体组织。教师应该关心集体，自觉维护集体荣誉和利益，发扬集体良好作风，在工作和教学过程中，有大局意识、协作精神。

教师要正确处理与同事和家长的关系。教师之间只有互相协作、互相学习，才能共同提高、共同进步，培养出合格的人才。教师一定要平等公正、以礼相待，尊重家长，切忌趾高气扬，更不能伤害家长的自尊。鲁迅提出，一滴水只有放进大海里才永远不会干涸，一个人只有当他把自己和集体事业融合在一起的时候才能最有力量。教师只有关心集体，团结协作，尊重同事，尊重家长，才能不断提升自我。

(四)作风正派，廉洁奉公

一位作风正派，廉洁奉公的教师能够使教育更加公正和公平，使学生能够享受更多的教育资源，从而促使学生的身心得到更好的、更全面的发展。同时，作风正派，廉洁奉公也是教师职业道德的本质要求。“天地君亲师”，体现了古人尊师重教的传统。教师之所以受人尊重，是因为他们是人类文明的传播者，他们的职业是神圣的，担负着培育下一代的艰巨任务，因为他们是人师，是人之楷模。“学为人师，行为世范。”教师的道德情操不仅对学生具有潜移默化的渗透感染和陶冶作用，更是人们学习敬仰的典范。因此，社会期望教师具有比其他行业更高的道德情操，在社会公德、职业道德以及家庭美德等方面，都要求教师能作出表率。作风不良，不廉洁，就很难为人师表。教师作风正派，廉洁奉公是从教的一个重要条件，是教师“育人”的品德基础，它要求教师对自己的职业秉持一种神圣的感情和执着的献身精神，爱岗敬业，乐于奉献。在面临社会的各种诱惑时，严格约束自己，在工作中做到廉洁从教，抵制不良风气。

(五)自觉抵制有偿家教，不利用职务之便谋取私利

当前，教师利用校内资源开展课外有偿补习的现象愈加普遍。在此情形下，基础教育阶段教师的身份发生了转变，出现了双重角色，他们既是基础教育公职人员，同时又是个别学生的私人补课教师。依据自我耗损理论，当一个人的心理能量被一种事务占用时，必然会对其他事务产生影响。由此可以推断，当一部分基础教育阶段教师将更多精力投入课外辅导时，势必会忽视本职工作。根据牛顿第三定律，在相互作用的两个物体之间，作用力与反作用力大小相等。基础教育阶段教师的双重职业角色也会导致其对所教学生的态度发生变化，出现亲疏有别、区别对待、课内不讲课外讲等现象。此外，基础教育阶段教师私自开展补习形成风气，还加重了许多贫困家庭的经济负担，导致没钱补课的贫困家庭子女学习机会不平等，造成了补习学生与不补习学生之间的受教育机会不均等。

根据英国学者边沁、美国学者潘恩以及法国著名唯物主义哲学家爱尔维修关于个体与公共之间关系的论述，引申到基础教育领域，学生个人利益与整个教育公共利益之间是对立统一的关系。一旦侵犯了基础教育公共利益，必然也会损害基础教育中每个学生的利益。

第六节 终身学习

引导案例

学无止境 师者先行(节选)

信阳市第五初级中学董老师，拥有25年教龄，始终坚持不懈学习。初入教坛时，他便受到前辈的感染，奠定了敬业的基调。后来担任地理教研组长，他积极钻研多媒体教学，引领团队开展教研活动。备课过程中，他广泛研究教材教参，观摩优质课程。他以终身学习的实际行动，培育出众多优秀学生，成为师生共同学习的楷模。

(资料来源：信阳市第五初级中学教师董红：学无止境，行以致远. https://www.163.com/dy/article/JJ2E5G4R0534NF5N.html，2024-12-10.)

一、终身学习的含义

终身学习是由法国著名终身教育思想家、职业教育家和成人教育家保罗·朗格朗(1910—2003)提出的。他所著的《终身教育引论》一书系统地阐述了这一思想。朗格朗指出，终身学习的内容涵盖了男女之间、父母与孩子之间的情感教育，以及公民教育、体育教育、审美教育、职业教育等各个方面。终身学习的目的在于培养现实的人，提升现代人对快速变革世界的适应能力，改善人们的生活质量，促进国家之间的和平与谅解，让每个人都热爱和平。终身学习就是要将学校教育和成人教育紧密结合起来，使其成为一个具有整体性和完备性的教育体系。终身学习的重点应逐渐从教育内容转向教学方法，以逐步提高教育效率。

【案例3-2】

以学为剑：金庸一生的求知征程

2010年9月，86岁的香港武侠小说作家金庸经过刻苦学习，获得了英国剑桥大学的博士学位。

其实，金庸原本已被剑桥大学授予荣誉博士学位。然而，他希望申请攻读一个真正的博士学位。校方告知他不必如此，因为荣誉博士的地位通常高于一般教授和院士，甚至高于校长，没必要为了学位而大费周章。

但金庸并未同意，依然坚持攻读博士学位。

2005年10月，81岁的金庸辞去了浙江大学文学院院长的职位，离开香港，开启了他在剑桥大学的求学生涯。

他表示，我到剑桥求学并非为了学位，而是因为我觉得自己的知识还不够，很想与剑桥的教授们进行切磋。

(资料来源：本书作者整理编写.)

二、终身学习的要求

《中小学教师职业道德规范》(2008年修订)中，对终身学习的具体要求是：崇尚科学精神，树立终身学习理念，拓宽知识视野，更新知识结构。潜心钻研业务，勇于探索创新，不断提高专业素养和教育教学水平。

(一)崇尚科学精神，树立终身学习理念，拓宽知识视野，更新知识结构

教师应崇尚科学精神，这体现在教育教学过程中，对待工作和学生要有求真、求实、追求真理、理性怀疑、民主自由、开放多元和求证检验的态度。

教师应树立终身学习理念，终身学习是当代社会的重要特征，教师在推动全民学习、构建学习型社会的过程中应发挥引领作用。中小学教师的终身学习主要体现在主动发展的意识和不断反思、制定发展规划的能力上。同时，教师还需关注国内外教育发展动态，紧跟教育理论和知识学习的步伐，不断充实和完善自己，让学习成为生活中的一种习惯。

教师应拓宽知识视野，教师的知识视野包括所具有的知识广度和深度，以及对不同领域知识的了解和掌握能力。拓宽知识视野需要不断学习和探索，同时要保持开放的心态和好奇心。教师可以通过向书本、生活、大自然、同行，甚至向学生学习等途径来拓展知识领域，进而提升自己的认知水平和思维能力。教师应着重掌握以下三种知识：教育知识、学科知识和通识知识。教育知识包括教育学知识和心理学知识。教育学知识有助于教师运用教育规律，根据教育内容选择有效的教育途径和方法，以达到最佳教育效果。心理学知识能帮助教师系统把握学生心理现象发生、发展的基本规律，敏锐察觉学生的心理变化。学科知识是指本学科的专业知识、专业发展趋势和改革动向，以及本学科的前沿知识。通识知识涵盖自然科学和人文社会科学等多个领域的知识，以及跟上信息化时代发展步伐所需的相关知识。

(二)潜心钻研业务，勇于探索创新，不断提高专业素养和教育教学水平

教师潜心钻研业务，是指不断提升从事教育专业活动所应具备的独特业务体系，包括专业知识、专业技能、专业道德和专业情感。教师的专业知识包括专业本体性知识、条件性知识、实践性知识和一般的文化知识。教师的专业技能包括教学技巧和教育教学能力等。教师的专业道德是指教师在职业生活中应具备的道德品质和遵循的道德规范。教师的专业情意是指教师在教育职业活动中应具备的情感与意志品质修养，体现在教师的专业理想、专业道德、专业性向、专业自我四个方面。

教师要不断提高专业素养，即应具备三大职业素养：政治素养、人品素养和学识素养。教师要有理想信念，政治立场要坚定，善于从政治角度看待问题，在大是大非面前保持政治清醒。这就要求教师对马克思主义理论和中国特色社会主义理论体系进行深入钻研、坚定信仰并积极践行。让有信仰的人讲信仰是思政课教师最基本的职业操守。教师人格要端正，有人格魅力才有吸引力。只有学生亲近教师，才会相信教师所传授的道理。作为教师，要有堂堂正正的人格，用高尚的人格感染学生、赢得学生，用真理的力量感召学生，以深厚的理论功底赢得学生，自觉做为学为人的表率，做让学生喜爱的人。教师要严格自律，自觉弘扬主旋律，积极传递正能量。此外，教师不断完善学识素养也是不可或缺的重要部

分，要深入钻研教育学、心理学，提高自身教育教学水平。

本章小结

教育部印发的《中小学教师职业道德规范》(2008 年修订)，对于激励和引导广大教师向全国教育系统的模范教师，特别是向抗震救灾英模教师学习，树立崇高的职业理想，自觉规范思想行为和职业行为，成为让人民满意的教师，具有重要的现实意义。该规范对教师的职业道德起到指导作用，是调节教师与学生、教师与学校、教师与国家、教师与社会相互关系的基本行为准则。需要注意的是，该规范并非涵盖教师的全部道德行为和教育教学工作要求，不能取代学校的其他各项规章制度。各地教育行政部门和学校在学习贯彻时应注意将其与教育法规的学习相结合。

课后习题

请结合材料，从教师职业道德的角度，评析于老师的教育行为。

葛某和李某在课间因一件小事发生争吵，葛某挨了两拳，正要还手时，上课铃响了，李某迅速跑进教室。葛某觉得自己吃了亏，怒不可遏，站在教室门口指着李某大声叫嚷："有本事你给我出来，我非把你揍扁不可！"此时，来上数学课的于老师看到了这一幕。于老师愣了一下，随即和蔼地对葛某说："你看老师拿了这么多作业本，你能帮老师发给同学们吗？"葛某虽然还在生气，但还是很快接过作业本发了下去。于老师又对全班同学说："刚才葛某虽然和别人闹了点小矛盾，但是他为了不影响上课，愉快地帮助我们发作业，这非常好！我相信他下课后会正确处理这件事情的。"葛某听到老师的表扬，转怒为喜，上课也十分认真。

下课后，于老师请李某帮他把教具拿回办公室，并趁机询问了事件发生的过程。听完李某的诉说，于老师耐心地对他说："你们双方都有责任，但打人会给别人造成伤害，如果是你被打了，你会有什么感受呢？我们已经是中学生了，要学会用智慧友好地解决与他人的冲突。老师相信你会处理好这件事的。"之后，李某主动找葛某道歉，两人重归于好。

(资料来源：2018 年下半年中小学教师资格考试题.)

凡举事必循法以动，变法者因时而化，若此论，则无过务矣。

——《吕氏春秋》

第四章　教育政策概述

课程目标

知识目标：学生通过学习教育政策的内涵、教育政策与教育法规，以及教育政策的特点和作用，掌握教育政策的定义、类型、特点及其重要性。

能力目标：通过案例解读，学生掌握教育政策与教育法规的区别。

素质目标：学生能够根据政党和国家的教育发展目标和任务，处理好教育内外关系，践行教育规范和准则。

重点与难点

学习重点：正确认识教育政策的内涵与特点。

学习难点：掌握教育政策与教育法规的区别。

核心概念

教育政策　教育法规

【政策链接 4-1】

《教师法》(2009 年修正)第八章“法律责任”中第三十七条明确规定如下内容。

教师有下列情形之一的，由所在学校、其他教育机构或者教育行政部门给予行政处分或者解聘:

(一)故意不完成教育教学任务给教育教学工作造成损失的;

(二)体罚学生，经教育不改的;

(三)品行不良、侮辱学生，影响恶劣的。

教师有前款第(二)项、第(三)项所列情形之一，情节严重，构成犯罪的，依法追究刑事责任。

思考：教师违反了教育法规会有什么后果?

对于准教师而言，学习教育政策与教育法规时，会提出一系列的疑问。教育政策是什么？谁制定了教育政策，教师违反了教育政策会有什么后果？教育法规又是什么？教师违反教育法规的后果是什么？教育政策与教育法规的区别是什么？它们在教育关系中发挥何种功能？本章将引导大家走进教育政策，主要介绍以下内容：什么是教育政策，教育政策的类型有哪些？教育政策有哪些特点和作用？教育政策的结构体系是什么？

第一节 教育政策的内涵及类型

北京十一学校："双减"浪潮中多元教育的卓越领航者(节选)

在"双减"政策背景下，北京十一学校积极探索实践。在作业管理方面，学校根据学生的不同学习能力和进度，为学生提供个性化作业。例如，数学学科老师会利用大数据分析每个学生的知识掌握情况，针对学生的薄弱环节布置分层作业，基础稍差的学生着重巩固基本概念和运算，而学有余力的学生则会得到拓展性的数学思维挑战作业。

在课后服务方面，学校充分利用自身资源，开展了丰富多彩的社团活动。学校有金工、木工、陶艺等手工制作社团，让学生在动手实践中培养创造力；还有模拟联合国、辩论社等人文社科类社团，提升学生的表达和思辨能力；体育方面有攀岩、射箭等特色社团。这些社团活动的开展，一方面吸引学生主动留校参与，减少了学生参加校外培训的时间，另一方面也拓宽了学生的视野，促进学生全面发展。

同时，学校改变了教学评价方式。不再单纯以考试成绩作为唯一评价指标，而是综合考量学生在课堂表现、作业完成质量、社团活动贡献等多个维度的表现。这样的引导方式让学生和家长都意识到，学生的成长是多元的，并非仅靠大量课外辅导提升成绩这一条路，契合"双减"政策下减轻学生负担、促进学生全面健康成长的理念。

(资料来源：让每一个学生都能被看见——北京十一学校推动教育高质量发展观察，光明网. http://m.toutiao.com/group/7123009338981122575/?upstream_biz=doubao，2022-07-22.)

案件评析：

北京十一学校在"双减"政策下的实践举措具有多方面的积极意义与深远影响。在作业管理上的个性化作业设计，精准地回应了"双减"中减轻学生作业负担的要求。通过大数据分析为不同层次学生定制作业，既避免了基础学生因难题产生的畏难情绪，又让学有余力者能持续拓展思维，提高了作业的有效性，使学习更贴合每个学生的节奏，真正做到因材施教，这有助于激发学生的学习内驱力。

丰富多样的课后服务社团活动是该校的一大亮点。从手工制作到人文社科再到特色体育社团，为学生提供了广阔的兴趣探索空间。这不仅充实了学生的课余时间，减少了他们流向校外培训的可能性，更重要的是在实践与交流中培养了学生的综合素养，如创造力、表达力、团队协作能力等，促进学生全面发展，契合现代教育对复合型人才的需求。

教学评价方式的变革意义非凡。摒弃单一成绩评价，转向多维度综合考量，打破了"唯分数论"的传统观念。这使学生不再只专注于考试成绩，而是在课堂表现、作业质量、社团活动等多方面积极努力，有利于培养学生的综合素质和个性特长，也引导家长和社会从更全面的视角看待学生成长，为素质教育的深入推进提供了有力支撑。

总体而言，北京十一学校的案例为其他学校落实“双减”政策提供了优秀的范例，展示了如何在减轻学生负担的同时，通过创新教育教学方式和评价体系，实现教育质量的提升与学生的全面发展，对推动整个教育生态的良性变革有着积极的示范与引领作用。

一、教育政策的基本概念

教育政策的基本概念

政策作为政党和国家领导、管理社会的手段，其作用越来越大，人们对它的研究也越来越深入，由此产生了一门专门研究政策现象的学科——政策学。此学科至今虽尚未形成较为完善的体系，但人们对它的研究却日益深入，方兴未艾。

教育政策是国家政策体系的一部分，是国家政策在教育领域的反映，是一个相对独立的政策子体系。掌握政策的含义是理解教育政策的前提。

(一)政策的内涵

政策是政党和国家为了实现特定目标而制定的，用以调控社会行为和发展方向的规范和准则。

政策的内涵十分丰富，表现形式多样。政策作为一门科学，是从 20 世纪 50 年代发展起来的。不同学者从不同的角度对政策的本质进行了解释和假设，大致可分为三类。第一类观点认为政策是某种有目的地进行价值分配，以处理问题或实现既定目标。例如，政策科学的倡导者美国学者拉斯韦尔和亚伯拉罕•卡普兰认为，“公共政策是一种含有目标、价值与策略的大型计划”。哈曼和我国学者孙光等支持这种观点。第二类观点认为政策是某种行为准则、计划、法规、文件、方案或者措施等，即某种由人们来执行或者遵守的“文本”。例如，美国学者伍德罗•威尔逊认为，“政策是由政治家，即具有立法权者制定的而由行政人员执行的法律和法规”。我国学者王福生、林德金、陈振明等都赞同这种对政策的解释。第三类观点认为政策是一个“动态”的、不断发展变化的、复杂的过程。例如，詹姆斯•安德森认为，“政策是一个有目的的活动过程，而这些活动是由一个或者一批行为者，为处理某个问题或有关事务而采取的有目的的行为过程”。

从中外学者对“政策”内涵的界定和解读可以看出，从广义上讲，政策是个人、团体或政府等为了达到某个目标，实现某种目的所提出的各项有计划的活动的总称。从狭义上讲，政策是政府、政党和其他政治团体等具有公共权力的主体在一定的历史条件下和社会环境中，为了实现其政治、经济、文化、社会、科技、教育等各项发展目标而提出的政治性的行为依据和准则。它是一系列计划、法律、措施、规章、规则、条例、策略和方法的总称。狭义内涵的“政策”等同于“公共政策”，二者具有相同的范畴结构和方法体系。本书所讨论的政策是狭义的政策。公共政策就其本质而言，是一种对人们行为产生引导与约束作用的价值准则与规范，具备以下三个方面的特点。第一，正式性与强约束性。正式性是指这种价值准则与规范是由正式组织机构制定与颁布的。强约束性是指这种价值准则与规范比较稳定，对每个成员都具有约束与影响作用，具有一定的强制性。第二，由掌握公共权力的机构制定与组织实施。掌握公共权力的机构主要是国家机关，包括立法机关、司法机关和行政机关。第三，广泛的社会适用性。公共政策具有非常广泛的社会适用性，其社会适用性的大小与制定主体密切相关。

政策是一种手段和策略。任何政党或国家，要想达到自己的目的，就必须采取一定的政策。政策属于上层建筑范畴，它是由经济基础决定的，并为经济基础服务。在阶级社会中，政策具有阶级性，任何一种政策都是阶级利益和阶级意志的体现。

(二)教育政策的内涵

随着现代国家的兴起和现代教育的发展，教育的公共性特征、教育活动的公共性质、教育问题的公共性日益增强；教育研究对象及方法论越来越成为公共议题，体现出复杂性思维特质；教育理论研究中公共理论的介入和教育实践与社会变革的关联不断得到强化。与此相对应的是，国家在承办教育、管理教育、评价教育等教育发展方面的权利和义务日趋增大，教育政策作为国家、政府、政党利用其公共权力制定的公共政策在教育领域的作用日益增大。

教育政策是政党和国家为了一定历史时期的教育发展目标和任务，通过一定的程序制定的，用来调控社会行为和发展方向及教育内外关系的，关于教育的行为准则和规范。

教育政策从性质上看属于公共政策的范畴，教育在现代是一个公共性的问题，某些教育政策甚至还具有社会政策的属性，如免费师范生政策等。

(三)教育政策概念的四层含义

(1) 从制定主体来讲，教育政策的制定主体可以包括政党组织，也可以是国家立法机关和国家行政机关。

(2) 从内容上来讲，教育政策作为党和国家基本政策的一个重要组成部分，是依据党和国家在一定历史时期的基本任务、基本方针，由政党和国家制定的，而不是个人制定的。教育政策是一定历史时期的产物，是一种行动准则、行动依据，也是规范人们相关教育行为的准则，表现为：教育路线、教育战略、教育规划、教育决定、教育法律法规等形式。

(3) 从执行角度来讲，教育政策的执行方式主要是依靠党的力量或党的纪律，运用号召、宣传、教育、解释、动员等方法贯彻落实，其强制力是有限的。

(4) 从规范效力上来讲，由国家立法机关和国家行政机关制定的教育政策具有普遍的约束力，而由党政机关制定的教育政策则只对政党组织及其党员有效。

二、教育政策的类型

教育政策的类型

【政策链接 4-2】

2021 年 7 月 24 日，中共中央办公厅、国务院办公厅印发《关于进一步减轻义务教育阶段学生作业负担和校外培训负担的意见》，一场前所未有的“双减”改革就此启动。“双减”着眼建设高质量教育体系，强化学校教育的主阵地作用，校外培训治理已取得明显进展，这对于根治基础教育的诸多痼疾，对整个中国教育来说，意义极为深远。一年多来，聚焦强化学校教育的主阵地作用，教育部针对落实“双减”工作，细化政策措施，健全工作机制，大力推进“双减”，教育生态正在逐步重塑。

思考：该政策类型是什么？

“政策”一词在实际运用中，从不同的角度有不同的用法。根据各种政策在性质、内容、要求和适用范围等方面的区别，可以从不同层次、不同方面、不同角度进行分类。

(一)按基本内容和所处地位，政策可分为总政策、基本政策和具体政策

总政策是指政党和国家在一定历史阶段内为实现特定任务而制定的指导全局的总原则。它具全局性，考虑长远利益，是政治利益和经济利益的最集中、最根本体现。在党和国家实行的全部政策中，总政策处于最高层级，一般也称为“总路线”或“基本路线”。

【政策链接 4-3】

2020 年 10 月，中共中央、国务院印发《深化新时代教育评价改革总体方案》。该总体方案遵循教育规律，发展素质教育，引导树立科学的教育发展观、人才成长观、选人用人观，并针对性地推出了相应改革举措，推动构建服务全民终身学习的教育体系。

基本政策是指党和国家在一些重要工作领域所贯彻的政策。它是在一些关系全局的重大问题上具有根本性质的行为准则，是总政策在某一方面或某个领域的具体化，一般也被称为“基本国策”或“方针”“原则”等。例如，独立自主的和平外交政策、“一国两制”的祖国统一政策、人口政策、科技政策和教育政策等。基本政策与总政策的区别在于：总政策是跨领域，指导全局的综合性政策；而基本政策具有区域性和阶段性的特点。

具体政策是针对某一具体问题而制定的具体原则、具体措施、界限性规定以及实施细则等，通常被称为“策略”或“措施”等。具体政策是基本政策的具体化或延续，总政策、基本政策的落实最终要依靠具体政策来完成。由于具体政策所涉及的都是具体问题，因此具有时效短、变动快、灵活度大等特点。

例如，2021 年 7 月，教育部等九部门启动实施中西部欠发达地区优秀教师定向培养计划(即“优师计划”)，依托部属师范大学和地方高水平师范院校，每年为 832 个脱贫县和中西部陆地边境县定向培养 1 万名左右本科层次师范生。2022 年 4 月，教育部等八部门印发《新时代基础教育强师计划》(教师〔2022〕6 号)，立足“十四五”规划、面向 2035 年，提出新时代建强基础教育教师队伍的思路举措，并将“优师计划”作为加强中西部欠发达地区教师队伍建设、推动师资优质均衡的重要措施之一。

在总政策、基本政策和具体政策三者之间，基本政策是承上启下的关键环节。它既是总政策的具体化，又是制定具体政策的依据，所以，它的地位和作用十分重要。

(二)按制定机关的不同层次，政策可分为中央政策与地方政策

例如，广东省江门市在“双减”工作中实现了“五个率先”。其一，率先在全省实现全流程在线办理非学科类校外培训机构办学许可审批。2023 年 7 月，其依托政务服务一体化平台开发的审批模块上线运行，让群众可通过线上申办办学许可证。其二，率先在全省发出首批非学科类校外培训机构办学许可“电子身份证”，该“电子身份证”与纸质证照具有同等法律效力。其三，率先在全省全面进驻各级行政服务中心综合窗口办理，形成“线上快办和线下兜底”的审批模式。其四，率先在全省制定非学科类校外培训机构办学许可审批规范性文件，即《江门市非学科类校外培训机构办学许可证审批实施细则》，明确了审批标准和流程等。其五，率先在全省建立校外培训社会监督工作机制，选聘了包括专家

学者、教师职工、离退休老同志以及党代表、人大代表、政协委员、媒体记者等在内的首批 31 名校外培训社会监督员，并多次组织开展监督行动。

通过“五个率先”，江门市简化了申办手续，规范了审批流程，明确了部门责任，形成了长效机制，有力推动了“双减”政策的落地落实落细。截至 2024 年 1 月底，该市各级教育行政部门已为 374 家校外培训机构发放办学许可证，还有一批校外培训机构正在申请办证之中，成效显著，其相关做法也入选了教育部全国“双减”工作 100 个优秀案例。

(三)依据制定教育政策的主体，政策可分为党的教育政策和国家的教育政策

1. 党的教育政策

党的教育政策是由党的机关制定的有关教育方面的政策。党的机关可分为以下三个层次。

(1) 党的最高领导机关：党的全国代表大会和它所产生的中央委员会负责制定全国性重大的教育政策。

(2) 党的地方领导机关：党的地方各级代表大会和它们所产生的委员会负责制定地区性重大的教育政策。

(3) 党的基层组织：党的基层委员会、总支部委员会、支部委员会，其任务是宣传和执行政策，不具备制定政策的权力。

例如，为贯彻落实党的十八届三中全会通过的《中共中央关于全面深化改革若干重大问题的决定》提出的“强化体育课和课外锻炼，促进青少年身心健康、体魄强健”总体部署和《国务院办公厅关于强化学校体育促进学生身心健康全面发展的意见》(国办发〔2016〕27 号)等文件精神，相关部门部署落实“十三五”时期强化学校体育的各项任务，推动新时期学校体育工作健康发展。

“教育是国之大计、党之大计。”自党的十八大以来，实施“新高考”改革，启动“双减”改革，推动建立“职教高考”制度，推进“双一流”建设，破除“五唯”，落实立德树人根本任务……一项项教育政策稳步推进，中国教育事业不断迈向新高度。

2. 国家的教育政策

国家的教育政策是由权力机关和行政机关制定的有关教育方面的政策。

(1) 最高国家权力机关：全国人民代表大会常务委员会——制定国家教育政策的重要机关。例如，2022 年 5 月 1 日，新修订的《中华人民共和国职业教育法》正式施行。这是该法自 1996 年颁布施行 26 年来的首次大幅修订。新法明确“职业教育是与普通教育具有同等重要地位的教育类型”，“国家建立符合职业教育特点的考试招生制度”，“高等职业学校可以按照国家有关规定，采取文化素质与职业技能相结合的考核方式招收学生”。党的十八大以来，我国职业教育与普通教育相互融通，为学生不同成长阶段提供多样化选择、多路径成才的畅通渠道。“职教高考”制度正在加快建立，“文化素质+职业技能”考试招生办法正在不断完善。

(2) 地方国家权力机关：地方各级人民代表大会及其常务委员会（县级以上）——制定本行政区域的教育政策。

【政策链接 4-4】

各地贯彻落实中央和教育部关于中西部地区计划政策

内蒙古自治区将选聘8000余名高校毕业生参加“村官计划”“三支一扶”“西部志愿者计划”“农村牧区义务教育特岗计划”和“民生工作志愿者计划”。上海市实施“郊区镇校教师计划”，招募1800名上海高校毕业生到本市郊区普通教育系统(含学前教育)任教；实施“卫生人才储备计划”，新建三级综合性医院和社区医疗机构招募上海高校优秀毕业生作为人才储备。重庆市加大“农村乡镇人才队伍建设计划”实施力度，将农村义务教育阶段教师特设岗位计划由原来的 800 名扩大到 4000 名，使到基层就业的毕业生总数达9000人。

(资料来源：关于建立选聘高校毕业生到村任职工作长效机制的意见. 北京师范大学“强师工程”，http://www.moe.gov.cn:8080/jyb_sjzl/s3165/202409/t20240910_1150083.html.)

(3) 国务院，是最高国家权力机关的执行机关，是最高国家行政机关，统一领导全国各级行政机关的工作。例如，2014 年，国务院印发了《关于深化考试招生制度改革的实施意见》，启动了新一轮考试招生制度改革。2014 年，浙江、上海率先启动，新高考改革从试点逐步向各省市推进。2022 年，四川、陕西、河南、宁夏、青海、内蒙古等第五批 8 省启动新高考改革，“新高考”先后经历了五个批次。截至 2024 年 6 月，仅有新疆、西藏仍然保留老高考，全国有 29 个省(区、市)启动了高考综合改革，各地结合实际制定改革实施方案并有序组织实施，形成了分类考试、综合评价、多元录取的考试招生模式。至此，全国除新疆、西藏外，均已进入“新高考”周期，迈入“新高考”时代。

(四)按适用范围，政策可分为对外政策和对内政策

对外政策包括外交政策、对外开放政策、对外经济技术贸易政策及侨务政策等；对内政策包括政治、经济、思想、文化、社会生活等几大类，其中每一大类中又包括若干政策。

例如，2020 年，教育部等八部门印发了《关于加快和扩大新时代教育对外开放的意见》。其正是在各项政策的引领和推动下，我国不断完善教育对外开放的总体布局，进行统筹规划、重点推进，逐步形成了更全方位、更宽领域、更多层次、更加主动的教育对外开放局面。

(五)按适用时间划分，政策可分为短期政策、中期政策和长期政策

一般来说，总政策和基本政策属于长期或中期政策，而具体政策属于短期政策。

例如，2017 年 1 月，教育部、财政部、国家发展改革委联合印发《统筹推进世界一流大学和一流学科建设实施办法(暂行)》；9 月 21 日，首轮“双一流”建设高校及建设学科名单公布，42 所高校入选一流大学建设高校，其中 A 类 36 所，B 类 6 所；95 所高校入选一流学科建设高校。

(六)按本身的性质和要求划分，政策可分为稳定性政策和探索性政策

政策本身都必须具有一定的稳定性，但由于性质和要求不同，稳定性也存在差异。其

中，绝大多数政策属于稳定性政策，这些政策是实践经验的结晶，经过实践检验是正确且成熟的，具有较高的稳定性。还有一些政策，本身尚不成熟，还需要在实践中进一步发展和完善，这就是探索性政策。

例如，2022 年 1 月 26 日，教育部、财政部、国家发展改革委印发《关于深入推进世界一流大学和一流学科建设的若干意见》，并公布第二轮“双一流”建设高校及建设学科名单，涵盖了 147 所建设高校，433 个建设学科(不含自定学科)。

“双一流”建设既是时代的强音，也是时代的命题，关乎教育强国和人才强国建设。2021 年，“双一流”建设高校在读研究生 195.4 万人，承担了全国超过 80%的博士生和近 60%的硕士生培养任务，是培养基础研究人才的主力军和科技创新人才的生力军。

第二节 教育政策与教育法规

金昌市“双减”之路：政策法规引航，教育治理见成效

在教育政策方面，教育部出台“双减”政策后，金昌市积极响应，大力推广全国校外教育培训监管与服务综合平台的应用，加强对校外培训机构多方面的监管，以此保障人民群众的合法权益，推动教育行业的健康发展。

在教育法规方面，《校外培训行政处罚暂行办法》为校外培训机构的管理提供了明确的法律依据。金昌市教育行政部门工作人员向各机构宣讲该法规及监管平台的重要性，要求机构服从监管。

甘肃省金昌市还采取了一系列正向引导措施。通过线上线下联动宣传推广平台，如“赶集市”集中推广、“进家门”一对一讲解、“新媒体”线上宣传等方式，提高群众对校外培训家长端 App 的知晓率，引导家长通过平台选课购课。同时，将激励约束结合对机构进行跟踪管理，以服务的心态减轻机构负担，健全管理队伍提供技术支持，对平台使用规范的机构给予减少检查、优先评优等激励，促进机构主动配合监管。此外，通过动态跟踪数据实现闭环监管，采用日通报、周调度，线上巡查与线下检查相结合的方式，确保培训机构办学规范、数据真实可靠。

通过这些教育政策与教育法规的协同作用以及正向引导措施，金昌市的校外培训机构治理取得了显著成效，其经验做法也得到了教育部的肯定与推介。

案例分析

金昌市在落实教育政策与法规以治理校外培训机构方面成效显著，其多维度举措值得深入剖析。从政策法规响应层面来看，面对“双减”政策这一宏观导向，金昌市迅速行动，积极构建与政策相适配的本地执行框架。借助全国校外教育培训监管与服务综合平台，将政策要求转化为可操作的监管细则，例如，对校外培训机构的课程设置、师资资质、收费标准等进行全面规范。《校外培训行政处罚暂行办法》的实施则为监管提供了法律威慑力，使违规行为有法可依，双管齐下确保校外培训行业在政策法规的轨道内运行。

在宣传推广策略上，金昌市的做法创新且多元。线上线下融合的宣传模式极大地提高了政策法规及监管平台的社会知晓度。“赶集市”“进家门”等活动深入基层，贴近群众，让家长直观感受到政策法规对自身权益的保障。新媒体的运用则扩大了宣传覆盖面，使更多潜在的校外培训消费者能及时获取信息。这种全方位宣传不仅是信息传递，更是一种观念引导，让家长树立正确的教育消费观，积极参与到校外培训监管中。

激励约束机制的建立彰显了管理智慧。金昌市以服务者的姿态介入，在减轻机构负担的同时强化管理。对积极配合平台使用、规范办学的机构给予奖励，如减少检查频次、优先评优等，这属于正向激励，激发了机构自我规范的内生动力。而对于违规者，依据法规进行处罚，形成鲜明对比，引导机构权衡利弊，主动走向合规经营的道路。

动态数据跟踪是保障监管精准性的关键。金昌市通过日通报、周调度以及线上线下结合的巡查方式，构建起实时、动态的监管体系。数据不会说谎，通过对办学数据、培训数据等多维度数据的精准分析，及时发现问题、解决问题，实现监管闭环，防止违规行为死灰复燃，确保政策法规执行不打折扣。

金昌市的案例为其他地区提供了可借鉴的范例，展示了如何在教育政策法规的框架下，通过创新宣传、激励约束、数据驱动等手段，实现校外培训机构治理的规范化、科学化与长效化，推动教育生态向健康、公平、有序方向发展。

(资料来源：金昌市教育局关于8起违规校外培训治理的通报，
http://jyt.gansu.gov.cn/jyt/c070701/202408/173971234.shtml.)

一、教育法规的含义

教育法规是有关教育方面的法律、条例、规章等规范性文件的总称，也是对人们的教育行为具有法律约束力的行为规则的总和，是现代国家管理教育的基础和基本依据。教育法规是指国家制定或认可，并由国家强制力保证实施，调整教育活动中各种教育法律关系的行为规范的总和。教育法规的制定主体是一切具有立法权的国家机关，不仅有最高立法机关，还有地方立法机关和行政机关。因此，教育法规是一个泛指的概念。在我国，它既包括全国人民代表大会及其常务委员会所制定的教育法律，也包括国务院制定的教育行政法规和国务院所属各部委制定的部门规章，还包括地方权力机关和地方行政机关制定的地方性教育法规和行政规章。

二、教育法规的基本类型

(一)教育法律

教育法律是指国家立法机构依据一定的立法程序制定或认可的教育方面的规范性法律文件，主要指国家权力机关制定或认可的有关教育的成文法。

(二)教育条例

教育条例是指国家权力机关及行政机关制定或认可的教育方面的规范性法律文件。它们是为调整特定教育活动中的关系而作出的规定。在我国，全国人民代表大会、国务院、国务院各部委、地方国家行政机关都有权制定和批准有关教育条例。

(三)教育规章

教育规章是指国家行政机关或省、自治区、直辖市的国家权力机关为执行《宪法》，根据国家或本行政区域的具体情况和实际需要，在法定权限内制定的有关教育的专门的规范性文件。教育规章也可以是针对已经颁行的教育法律制定的补充性实施“办法”或“细则”。

三、教育政策与教育法规的区别

教育政策与教育法规的区别

教育政策作为国家政策的一部分，与教育法规有着明显的区别，主要体现在以下几个方面。

(一)制定主体不同

教育法规是由国家权力机关和国家行政机关按法定程序制定的；而教育政策的制定主体既可以是政党组织，也可以是国家立法机关和国家行政机关。

(二)执行方式不同

教育法规以国家的强制力为后盾，任何组织和个人都必须遵守，不得违反。它不是可做、可不做的行为，而是必须做的行为；也不是可以这样做或可以那样做的行为，而是必须这样做或必须那样做的行为，这种实施方式带有强制性。

教育政策的执行方式主要是依靠党的力量或党的纪律，运用号召、宣传、教育、解释、动员等方法来贯彻落实。教育政策的贯彻执行，更多地依靠宣传教育，依靠思想政治工作，依靠党组织的领导干部、工作人员发挥模范带头作用，其强制力是有一定限度的。

(三)规范效力不同

教育法规是一种社会规范，规定了人们的权利和义务。因此，有关社会成员和行政人员都必须遵守执行。由国家立法机关和国家行政机关制定的教育政策具有普遍的约束力；而党政组织制定的教育政策则只对政党组织及其党员有效。

(四)制定程序不同

教育法规必须严格按照法定程序制定；而党的教育政策则是通过党的领导机关会议等形式，在充分开展民主讨论、广泛征求意见的基础上，通过集体讨论研究形成的。

(五)表现形式不同

教育法规制定后，通常以条文形式呈现，它作为法律规范有着特殊的形式，对法规的适用条件和具体情况、具体行为规则以及违反者所应承担的后果作出确切的表述。在语言表达方式上，法规条文一般都是直接陈述句，且主谓分明，语意清晰，让人们一看就明白谁必须做什么，谁不得做什么，谁可以做什么。

教育政策通常以党组织机关的指示、决议、意见、通知等形式表现出来，其文体格式多样，内容大多较为原则性，突出指导性，富有号召力。

(六)稳定程度和调整范围不同

教育法规一般是在总结当前国家的教育政策执行情况和经验的基础上，广泛集中群众智慧和意见之后确定下来的，它具有长期性、稳定性，不宜随意变动。教育法规一般就教育活动的根本方面和教育的基本关系加以约束、规范，其调整的范围比教育政策调整的范围要小。教育政策则随着教育工作形势、任务的改变而适时地调整、修正，以使其完善。教育政策制定的灵活性和及时性还决定了教育政策调整的范围更广泛，它可以及时渗透到教育领域的各个方面，发挥其调节、导向作用。

四、教育政策与教育法规的关系

现行的教育政策与教育法规在本质上是一致的，具有深刻的内在联系。这种联系主要表现在三个方面。其一，教育政策与教育法规都是国家管理教育的重要手段，它们为教育活动中的行为提供了准则与依据。其二，一般来说，教育法规，尤其是教育法律是建立在教育政策的基础上，成熟稳定的教育政策会被制定为教育法律。其三，教育政策的实施需要“法”的保障，只有合法化的教育政策才能成为真正可供遵循、实施的政策，同时政策实施的全过程都要依法进行。那么如何正确处理好实施教育法规与执行教育政策的关系？这主要体现在以下几个方面。

(一)制定和实施教育法规应以教育政策为指导

教育政策不仅指导教育立法的过程，体现在教育法律规范之中，而且指导教育法规的实施。在一些教育法规中，常设有“总则”部分，这部分某些条文的实质就是政策性的说明。例如，《教育法》等教育法规中关于立法宗旨的表述，与《中共中央关于教育体制改革的决定》和《中共中央关于加强社会主义精神文明建设若干重要问题的决议》中提出的提高全民族素质的根本指导思想及其有关原则都是一致的。可见，教育法规的制定往往要以教育政策为依据，教育法规的实施也要以教育政策为指导。

(二)教育政策的落实应以教育法规为保障

将教育政策上升为教育法规，使之成为人们理解和执行教育政策的规范，排除了理解和执行政策中的主观随意性，即不因党和国家行政机关领导人的更换及其个人注意力的转移而受到影响，从而使教育法规以其特有的强制性成为推动教育政策贯彻落实的保障，成为实践教育政策的最强有力的手段。新中国成立 70 多年的历史经验证明，将教育政策与法规结合起来加以贯彻实施，是教育改革与发展的动力与保障。

(三)推行教育政策不能超越教育法规所规定的范围

尽管教育法规的制定和实施应当以党和国家的教育政策为指导，但这并不意味着教育政策可以随意左右教育法规的制定或超越教育法规规定的范围。在贯彻落实教育政策时，必须自觉维护教育法规的尊严，必须有助于教育法规的实施。在处理教育政策与教育法规的关系时，应注意避免两种倾向：一是片面强调教育政策的主导作用、决定作用；二是片面扩大、夸大教育法规的作用。前者在实践中容易形成重政策、轻法规、以政策性文件取代教育法规的情况，只讲依政策办事，不讲依法办事；而后者则只讲依法办事，而忽略教育政策在教育活动中的重要作用。这两种倾向，都应当注意防范和克服。

第三节　教育政策的特点和作用

教育政策引领下偏远地区教育的蜕变之路

某地为促进教育均衡发展，出台政策对偏远地区教师给予高额补贴，并优先保障其职称评定与培训机会。李老师所在的偏远学校师资严重不足，政策实施后，新教师纷纷前来，教学质量显著提升。该校学生在升学考试中成绩大幅进步，毕业后也更愿意回乡建设，这体现了教育政策引导资源配置、促进教育公平与社会发展的特点和作用，让偏远地区教育重焕生机。

该案例中，教育政策通过补贴与职称评定倾斜，有效引导师资流向偏远地区。这既解决了师资不足问题，提升教学质量，又体现教育政策资源调配作用。学生成绩进步及回乡意愿增强，凸显其促进教育公平和社会发展的意义，彰显政策在教育领域的关键影响力。

【案例 4-1】

某省实施“高职百万扩招”政策，面向退役军人、下岗失业人员等群体招生。张大哥退役后一直就业困难，得益于该政策，他进入高职院校学习新技术。毕业后凭借一技之长顺利就业，收入稳定。此案例凸显教育政策的针对性、适应性与惠民性等特点，为特定人群提供发展新路径。

一、教育政策的特点

教育政策作为国家总体政策的一部分，除具备政策的一般性特征外，还具有以下几个典型特点。

(一)政治性和原则性

政治性是教育政策的根本特征。教育作为一项培养未来社会公民和统治阶级接班人的社会事业，具有鲜明的上层建筑特质。任何国家和政党的教育政策，都必然以满足其自身的利益和政治意图为前提，它规定人民应做什么，不应做什么、提倡什么或鼓励什么。

(二)目的性和可行性

教育政策是人们根据一定的需要而制定的，是人们主观意识的体现和主观能动性的产物，具有明确的目的性。明确的目的性是教育政策的基本特征，不存在没有目的性的教育政策。同时，要使教育政策的目的变成现实，就要充分考虑教育政策的可行性。因为再好的目的，如果脱离了现实条件，就难以实现，注定要失败，这要求我们在制定教育政策时，必须将其目的性和可行性联系起来考虑，使两者有机结合。

(三)稳定性和可变性

教育政策的制定需要充分考虑社会发展的历史阶段及所处的各种情况，在一定时期和范围内，保持相对的稳定，有利于教育活动正常、稳定地运行。如果教育政策朝令夕改，变化频繁，就会使人无所适从，教育政策也会失去作为规范和准则的作用，影响民众对教育政策的信任程度和执行政策的坚定性。但随着政治、经济、科技等外部环境和条件的变化，以及教育自身内部的变化，教育政策需要与之相适应，做出相应的调整。

(四)合法性和权威性

教育政策是党和国家依据《宪法》的授权，为实现人民的教育意志而制定的教育准则。党和国家行为的“合宪性”决定了它们所颁布的教育政策的合法性以及由此具有的权威性。

(五)系统性和多功能性

教育是相对独立的社会活动，其自身构成一个结构严谨、作用复杂的体系，教育体制政策、教育经费政策、教师政策、教育质量政策共同构成了国家基本的教育政策。同时，任何教育政策都是在与其他政策相互作用的过程中发挥其功能的，它们相互支持、相互制约，组成了有关社会发展的整体政策。教育政策既是一般政策系统中的一个有机组成部分，同时自身又组成了一个相对独立的体系。这决定了教育政策所指的行动必然涉及教育事业的方方面面，从而决定了教育政策的功能必定是多方面的，而非单一零散的。

二、教育政策、法规的功能

教育政策、法规的功能是指教育政策、法规对教育改革和发展所发挥的功效与作用。制定与实施教育的政策和法规，既要着眼教育改革和发展的实践需要，也要直接为教育实践服务。任何教育政策、法规的实施，均会给教育实践带来影响。这种影响或有强烈与微弱之分，或有深刻与浅显之别，或有持续与即时之异。然而，无论教育政策、法规的影响有着怎样的不同，都是其功能的显现。

(一)保障性功能

所谓保障性功能，是指教育政策、法规客观上起着维护与保障教育事业发展的作用。在现实生活中，人们常说“有了政策、法律的保障”，这反映出人们对政策、法规所具有的保障性功能的普遍认同与期待。对教育事业的发展而言，如果没有必要的政策与法律做保障，那么它的发展就会困难重重、举步维艰。教育政策、法规的保障性功能主要表现在以下几个方面。

首先，制定教育政策、法规是为了使教育事业的改革与发展有政策可依，有法律可依。这是由制定政策、法规的基本目的所决定的。为什么要制定教育政策与法规？或者为什么要制定这样或那样的教育政策与法规？这是因为教育实践存在“政策缺失”或“法律缺失”，有着依据教育政策、法规的现实需要。教育政策、法规的制定，本身就意味着为教育事业的改革和发展提供政策与法律上的支持与保障。

其次，实施教育政策、法规，是为了保障教育事业能够按照政策、法规所确立的目标并沿着政策、法规所指引的路径向前发展。无论是宏观的教育政策与法规(如国家教育总政策与教育法)，还是各项具体的教育政策与法规，均带有鲜明的实践性特征。教育政策、法规指向教育实践，教育的实践过程也就成为实践教育政策、法规的过程。教育政策因而为教育的改革与发展提供坚实的实践保障。

从总体上看，教育政策、法规的保障性功能重点体现在：保障教育事业在社会发展中应有的地位，保障教育改革与发展的明确方向，保护全社会(包括团体和个人)支持教育事业发展的积极性与热情，等等。保障性功能是教育政策、法规的基本功能。

(二)规范性功能

所谓规范性功能，是指教育政策、法规为教育事业的发展提供了某种标准与范式，起着某种规定性的作用。教育政策、法规的规范性功能是由政策、法规本身固有的特点决定的。作为一种政策文本，它提供的是一种行动的标准。政策总是带有鲜明的规范性或规定性，它规定着应该做什么、不应该做什么，应该怎样做、不应该怎样做。作为法规，其规范性功能更是题中之义。《管子·七臣七主》中提到，法者，所以兴功惧暴也；律者，所以定分止争也；令者，所以令人知事也。法律政令者，吏民规矩绳墨也。在教育事业发展过程中，教育政策、法规的规范性功能与作用是普遍存在的。教育政策、法规的规范性功能主要表现在以下两方面。

首先，指引作用，即指教育政策、法规具有对人的教育行为起着导向、引路的作用。教育政策、法规对人的教育行为的指引，是一种规范指引，这种指引具有稳定性和连续性的特点。执行教育政策、法规就是按确定的规范行事。

其次，评价作用，即指教育政策、法规对他人的教育行为的评价标准所起的作用。任何教育政策、法规，当它成为一种行为规范时，这种规范也就具有判断、衡量他人行为标准的作用。人们在执行教育政策、法规时，事实上总是自觉或不自觉地用政策、法规的规范对照自己的行为，或衡量自己的行为，同时也用这种规范对照他人的行为，或衡量他人的行为。例如，当人们在询问某种教育行为是否符合政策、符合法律的行为时，实际上这种询问也就隐含着把教育政策、法规的规范性作为一种评价标准。因此，教育政策、法规的规范性功能也突出地表现为其所具有的评价作用。

(三)激励性功能

所谓激励性功能，是指教育政策、法规客观上起着一种激励、鼓舞、促进教育事业不断向前发展的作用。激励性功能是教育政策、法规的力量所在。教育政策、法规是否能真正发挥激励性功能或将激励性功能发挥到何种程度，取决于政策、法规的品质或质量。只有品质优良的政策、法规才能对人与社会的教育行为产生良好的影响。而品质优良的教育政策、法规则应是“符合民意”“顺乎民心”，代表人民的教育意志与愿望，真正顺应教育改革与发展的潮流与趋向。教育政策、法规的激励性功能主要表现在以下两个方面。

首先，它能在广泛的层面上得到大众的认同与响应。真正代表人民利益的教育政策、法规必然是最具有激励性功能的。因为这种政策、法规是人们所期盼与渴望的，它往往蕴含着对传统政策的必要调整与改革，同时又用法律的形式保障人们对教育事业的合理追求。当它得到人们真心实意拥护时，必然会焕发出巨大的热情与力量。例如，1977 年，我国教育界及时终止“推荐选拔”制度，实施恢复高考政策。这一重大的政策调整顷刻间在全国产生强烈的影响，它唤起无数青年学子追求科学、追求知识的热情，并使国家人才培养迅速步入正常轨道。

其次，它能激发人民对于教育政策、法规实施的积极参与。从拥护政策、法规，到积极、自觉地践履政策、法规，这是政策、法规产生威力的深刻表现。例如，20 世纪 80 年代以来，我国制定了一系列关于基础教育的政策、法规，尤其是颁布了《中华人民共和国义务教育法》，这些政策、法规真切地代表着人民群众的根本利益，体现着教育权利与机会的平等，因此它能在最广泛的层面上唤起人们的积极参与，有力地保障了我国基础教育的顺利实施。

(四)制约性功能

所谓制约性功能，是指教育政策、法规有着限制或禁止某种教育行为的作用。“制约性功能所要达到的目标是制约、禁止政策制定者所不希望的行为发生。”正如我们在教育政策、法规的规范性功能中所讲到的，教育政策、法规总是含有某种规定性，规定着应该怎样做和不应该怎样做。这里所说的不应该怎样做就是一种制约，所以制约性功能也可看作规范性功能的一种特有的表现。教育政策、法规的制约性功能首先表现在它以明令禁止的方式限制某种不被允许的教育行为。有的教育政策、法规本身就是一种禁令，例如《禁止使用童工规定》《关于加强中小学收费管理工作的通知》等。这类政策、法规的限制性功能十分明显。在非禁令性的教育政策中，也存在着种种对不被允许的教育行为的限制。这样的实例不胜枚举。教育政策、法规的制约性功能同时表现为立法制约。任何教育法律，其本身均包含着对违反教育法律行为的制约。制定与颁行教育法规，是为了从根本上保障教育事业的发展。教育法律的保障性作用也包含着对阻碍、干扰教育发展的行为的限制与制约。教育法律中对权利与义务的限定、对适用范围的限定、对法律责任的追究等，都鲜明地表现出法律的制约性，因而教育法律是极具制约性功能的。

(五)管理性功能

所谓管理性功能，是指教育政策、法规对教育工作具有管理的作用。教育工作离不开教育管理，而教育管理则在很大程度上是通过执行教育政策、法规进行的。离开教育政策、法规谈教育管理，或者离开教育管理谈执行教育政策、法规都是不可思议的。教育政策、法规的管理性功能是通过计划、控制、协调等方式进行的。教育政策、法规的管理性功能对教育实践具有十分重要的意义。

首先，教育政策、法规的管理性功能体现在通过政策、法规对教育工作进行规划与部署，以保证教育活动有目的、有秩序地进行，同时也保证教育活动合法地进行。党和国家的宏观教育发展规划与教育计划以文献形式予以发布，这种文献本身就是政策性文献。

其次，教育政策、法规的管理性功能体现在通过政策、法规对教育活动实施有效的控制。政策控制是指在政策上，对政策制定者所希望发生的教育行为予以鼓励，以调动与激发人们对于教育的积极性与创造性；对不希望发生的教育行为予以防范，以避免不应该发生的行为发生。法规控制则重在保障教育行为的合法性，并避免不合法的教育行为的发生。教育政策、法规的管理性功能所体现的控制是与前述规范性功能、制约性功能所具有的控制相联系的。

最后，教育政策、法规的管理性功能也体现在通过政策、法规协调教育活动中的各种利益关系，以保证教育活动和谐地进行。管理是一种协调，协调需遵循一定的准则与原则，这种准则与原则突出地表现为政策性与合法性。任何教育政策、法规均涉及利益的调整和利益关系的分配。而在教育实践活动中，利益的冲突与碰撞在所难免。协调好教育活动中各种利益的关系，对于教育活动的顺利推进无疑十分重要。这种协调需要依据政策、法律，需要有效地发挥政策、法律的功能与作用。

以上对教育政策、法规的功能做了一个初步的分析，这种分析是从正向的、积极的方面入手的。然而，在不同的社会制度与不同的经济、文化背景下，教育政策、法规的制定会呈现不同的模式与特征。“好”的教育政策、法规可能会产生良好的影响与作用，“不好”的教育政策与法规则会产生消极的影响与作用。因此，教育政策、法规的功能在整体上具有双重性特征，即有正向功能与负向功能之分。认识功能的这种分野，一方面，有利于在执行政策、法规时尽量趋利避害，张扬正面功能，克服负面功能；另一方面则需要更多地反思政策、法规本身，促进政策、法规的完善。

本章小结

教育政策是政党和国家为了一定历史时期的教育发展目标和任务，通过一定的程序制定的，用来调控社会行为和发展方向及教育内外关系的，关于教育的行为规范和准则。

教育法律是由国家权力机关和国家行政机关按法定程序制定的。教育法规以国家的强制力为后盾，任何组织和个人都必须遵守，不得违反。它不是可做、可不做的行为，而是必须做的行为；也不是可以这样做或可以那样做的行为，而是必须这样做或必须那样做的行为，这样的实施方式带有强制性。教育政策的执行方式主要是依靠党的力量或党的纪律，运用号召、宣传、教育、解释、动员等方法贯彻落实。教育政策的贯彻执行，更多地依靠宣传教育，依靠思想政治工作，依靠党组织的领导干部、工作人员模范带头作用的发挥，其强制力是有一定限度的。

课后习题

1. 某网站在对用户发帖进行审核时，发现有用户发布了一条可能影响未成年人身心健康的信息。依据《未成年人保护法》(2020 年修订)，该网站应当采取的措施是(　　)。

A. 作出提示或者通知用户予以提示

B. 立即停止向该用户提供网络服务

C. 删除相关记录并向当地公安机关报告

D. 删除、屏蔽、断开链接等

2. 12 岁的赵某仗着自己身高体壮，经常欺负那些身体瘦弱的同学，对他们动辄打骂、恐吓。对于赵某，公安机关可以采取的措施是(　　)。

A. 予以训导　　B. 要求其参加特定的专题教育

C. 予以训诫　　D. 要求其参加校内服务活动

3. 教师熊某体罚学生造成该生重伤，被人民法院处以有期徒刑。下列说法正确的是(　　)。

A. 熊某将永远不能再取得教师资格　　B. 熊某刑期内不能再取得教师资格

C. 熊某三年内不能再取得教师资格　　D. 熊某五年内不能再取得教师资格

4. 《义务教育法》(2018 年修正)第一条规定，为了保障适龄儿童、少年接受义务教育的权利，保证义务教育的实施，提高全民族素质，根据(　　)和教育法，制定本法。

A. 宪法　　B. 刑法

C. 未成年人保护法　　D. 预防未成年人犯罪法

5. 我国中等及中等以下各类学校实行的是(　　)。

A. 校长负责制　　B. 党支部领导下的校长负责制

C. 党支部负责制　　D. 民主集中制

6. 《义务教育法》(2018 年修正)第七条第一款规定，义务教育实行国务院领导，省、自治区、直辖市人民政府统筹规划实施，(　　)。

A. 地市级人民政府为管理的体制　　B. 县级人民政府为主管理的体制

C. 乡级人民政府为主管理的体制　　D. 镇级人民政府为主管理的体制

7.《学生伤害事故处理办法》有关学生伤害事故责任的规定所体现的归责原则是(　　)。

A. 过错责任原则　　B. 无过错责任原则

C. 过错推定原则　　D. 公平责任原则

8. 因学校教师或者其他工作人员在履行职务中的故意或者(　　)造成的学生伤害事故，学校予以赔偿后，可以向有关责任人员追偿。

A. 过失　　B. 重大过失　　C. 疏忽过失　　D. 玩忽职守

9. 小学生高某在学校组织的校外活动中不慎受伤，经教育行政部门调解，高某父母与学校就事故处理达成了协议，但事后学校拒不履行协议，对此高某父母可以采取的措施是(　　)。

A. 依法提起诉讼　　B. 依法申请行政复议

C. 依法提出申诉　　D. 依法申请行政仲裁

10. 下列行为属于《中华人民共和国预防未成年人犯罪法》所规定的未成年人“不良行为”的是(　　)。

A. 抄袭他人作业　　B. 多次旷课

C. 纠集他人扰乱治安　　D. 打扰他人休息

人类的所以能进步，国家的所以能富强，社会的所以能安定，根本就都在于政治。

——郁达夫

第五章 《新时代中小学教师职业行为十项准则》解读

课程目标

知识目标： 学生通过十项准则学习，掌握《新时代中小学教师职业行为十项准则》的内容和意义。

能力目标： 学生通过学习本章内容，掌握《新时代中小学教师职业行为十项准则》的社会表现。

素质目标： 学生通过案例分析，掌握践行《新时代中小学教师职业行为十项准则》的途径和方法。

重点与难点

学习重点： 正确认识新时代中小学教师职业行为十项准则的内涵与要求。

学习难点： 掌握践行新时代中小学教师职业行为十项准则的途径和方法。

核心概念

坚定政治方向　爱国守法

【政策链接 5-1】

新时代中小学教师职业行为十项准则(节选)

2018 年，教育部印发《新时代中小学教师职业行为十项准则》，明确新时代教师职业规范，划定基本底线，深化师德师风建设。该准则要求各地各校立即部署并扎实开展准则的学习贯彻工作，采取多种形式帮助广大教师全面理解和把握准则内容，引导广大教师将教书育人和自我修养相结合，时刻做到自重、自省、自警、自励，自觉成为以德立身、以德立学、以德施教、以德育德的楷模。要把准则要求落实到教师招聘、聘用、考核等具体管理工作中，实行师德失范“一票否决”。要以有力措施坚决查处师德违规行为，对于有严重侵害学生行为的教师，一经查实，要撤销其所获荣誉、称号，依法依规撤销教师资格、解除教师职务、清除出教师队伍，同时还要将其信息录入全国教师管理信息系统，任何学校不得再聘任其从事教学、科研及管理等工作。

教师是人类灵魂的工程师，是人类文明的传承者。长期以来，广大教师贯彻党的教育方针，教书育人，呕心沥血，默默奉献，为国家发展和民族振兴作出了重大贡献。教育部特制定以下准则。

一、坚定政治方向。

二、自觉爱国守法。

三、传播优秀文化。

四、潜心教书育人。

五、关心爱护学生。

六、加强安全防范。

七、坚持言行雅正。

八、秉持公平诚信。

九、坚守廉洁自律。

十、规范从教行为。

为使准则更好地落地执行、取得实效，教育部同时还制定印发了《关于高校教师师德失范行为处理的指导意见》，修订了《中小学教师违反职业道德行为处理办法》，对违反师德行为的认定、查处等作出具体规定，明确学校的主体责任以及师德师风建设失职失责情形，建立违规行为的受理处理机制和责任追究机制。

第一节　坚定政治方向

坚定政治方向

2018年，教育部印发的《新时代中小学教师职业行为十项准则》第一项提出，坚定政治方向。坚持以习近平新时代中国特色社会主义思想为指导，拥护中国共产党的领导，贯彻党的教育方针。不得在教育教学活动及其他场合有损害党中央权威、违背党的路线方针政策的言行。

一、坚定政治方向的含义

感动中国2018十大人物：张玉滚(节选)

感动中国组委会的颁奖词如下。

扁担窄窄，挑起山乡的未来；板凳宽宽，稳住孩子们的心。前一秒劈柴生火，下一秒执鞭上课。艰难斑驳了岁月，风霜刻深了皱纹，有人看到你的沧桑，更多人看到你年轻的心。

张玉滚的先进事迹如下。

张玉滚大学毕业后，放弃在城市工作的机会，回到家乡，从一名每月拿30元补助、年底再分100斤粮食的民办教师干起，一干就是17年。学校地处偏僻，路没修好时，他靠一根扁担，一挑就是5年，把学生的课本、文具挑进了大山。他是这里的全能教师，手执教鞭能上课，掂起勺子能做饭，握起剪刀能裁缝，打开药箱能治病。由于常年操劳，“80后”

的他鬓角斑白、脸上布满皱纹。

思考：什么是政治方向？

(资料来源：光明日报，https://www.12371.cn/2019/02/20/VIDE1550633761619124.shtml.)

(一)坚定政治方向的内涵

根据《中国大百科全书》，政治方向是指集中反映一个民族或一个国家根本利益和共同意志的目标方向。政治方向带有鲜明的阶级性。“坚定政治方向”作为《新时代中小学教师职业行为十项准则》中的第一项准则，是中小学教师职业行为符合新时代要求的先决条件，是中小学教师政治素养合格、担当时代重任的必然要求，是在教育事业中坚持党的全面领导的重要保障。新时代中小学教师面临新的形势，必须坚持正确的政治方向。中小学教师必须明确，社会主义教育必须坚持教育为人民服务、为中国共产党治国理政服务、为巩固和发展中国特色社会主义制度服务，始终做到为党育人、为国育才。

(二)中国特色社会主义建设需要具备的能力

习近平总书记在《习近平新时代中国特色社会主义思想学习纲要》中提出，新时代坚持和发展中国特色社会主义建设需要具备如下能力。

1. 把马克思主义哲学作为看家本领

“马克思主义哲学深刻揭示了客观世界特别是人类社会发展的一般规律，在当今时代依然有着强大生命力，依然是指导我们共产党人前进的强大思想武器。”只有坚持辩证唯物主义和历史唯物主义，才能不断把对中国特色社会主义规律的认识提高到新的水平。

2. 坚持实事求是

实事求是，是马克思主义的根本观点，是中国共产党人认识世界、改造世界的根本要求，是我们党的基本思想方法、工作方法、领导方法。习近平总书记强调：“坚持实事求是，就是坚持一切从实际出发来研究和解决问题，坚持理论联系实际来制定和形成指导实践发展的正确路线、方针和政策，坚持在实践中检验真理和发展真理。”坚持实事求是，基础在于搞清楚“实事”，即了解实际、掌握实情；关键在于“求是”，即探求和掌握事物发展的规律。

3. 提高科学思维能力

习近平总书记指出，面对十分复杂的国内外环境，肩负繁重的执政使命，如果缺乏理论思维，是难以战胜各种风险和困难的，也是难以不断前进的。要提高战略思维、历史思维、辩证思维、创新思维、法治思维、底线思维能力，不断增强工作的科学性、预见性、主动性和创造性。

4. 保持战略定力

保持战略定力，要毫不动摇坚持和发展中国特色社会主义。在道路、方向、立场等重大原则问题上，旗帜要鲜明，态度要明确，不能有丝毫含糊。在前进道路上，要咬定青山不放松，坚持独立自主，既不走封闭僵化的老路，也不走改旗易帜的邪路，而是坚定不移走中国特色社会主义道路。保持战略定力，要坚持稳中求进工作总基调，冷静观察、谨慎从事、谋定后动。

5. 坚持问题导向

“每个时代总有属于它自己的问题，只要科学地认识、准确地把握、正确地解决这些问题，就能够把我们的社会不断推向前进。”问题无处不在、无时不有，关键在于是否善于发现问题。要从历史和现实相贯通、国际和国内相关联、理论和实际相结合的宽广视角，聚焦我国发展和我们党执政面临的重大理论和实践问题，进行深入思考和全面把握。原则问题要旗帜鲜明，发展问题要方向清晰，难点问题要明确回答，实际问题要重点解决。善于透过现象看本质，从繁杂问题中把握事物的规律性，从苗头问题中发现事物的倾向性，从偶然问题中揭示事物的必然性。善于抓主要矛盾和矛盾的主要方面，明确有效破解问题的主攻方向，带动全局工作，推进事业全面发展。

6. 重视调查研究

调查研究是谋事之基、成事之道。没有调查，就没有发言权，更没有决策权。调查研究是对客观实际情况的调查了解和分析研究，目的是把事情的真相和全貌调查清楚，把问题的本质和规律把握准确，把解决问题的思路和对策研究透彻。开展调查研究，务求“深、实、细、准、效”。

7. 发扬钉钉子精神

习近平总书记指出，干事业好比钉钉子。钉钉子往往不是一锤子就能钉好的，而是要一锤一锤接着敲，直到把钉子钉实钉牢，钉牢一颗再钉下一颗，不断钉下去，必然大有成效。如果东一榔头西一棒子，结果很可能是一颗钉子都钉不上、钉不牢。要发扬钉钉子精神，不折腾、不反复，切实把工作干出成效。

8. 依靠学习走向未来

学习应该是全面的、系统的、富有探索精神的，既要抓住学习重点，也要注意拓展学习领域。学习的目的在于运用。读书是学习，使用也是学习，并且是更重要的学习。要通过学习增强工作本领，提高解决实际问题的水平。发扬理论联系实际的马克思主义学风，带着问题学，既向书本学习，又向实践学习；既向人民群众学习，向专家学者学习，也向国外有益经验学习。做到干中学、学中干，学以致用、用以促学、学用相长，千万不能夸夸其谈、陷于“客里空”。

二、坚定政治方向的要求

网上教师“失德”有多真

据《半月谈》记者调查，2020 年前后，一些自媒体将涉及幼儿园师德的陈年旧案重新包装后发布到网络上，制造出同类师德问题频发的假象，从而挑动社会的不满情绪。仅在

2021 年，就有 7 起幼儿园虐童、性侵等不实举报引发了舆情。例如，昆明某幼儿园老师强迫女童吃排泄物的事件引发了大范围的舆情，这反映出恶意炒作会给家长带来恐慌，破坏了家校之间的信任。

涉教师不实负面网络舆情主要表现为以下四种情形。

一是不实举报。此类情况多发于家长对教师的教学、管教行为不满。此外，由于学生个人问题产生的不实举报也时有发生。例如，南京某高校学生在校就读期间因违反校规校纪而未能获得国家奖学金，对分管相关工作的辅导员心存不满，毕业后伪造聊天记录诬告该辅导员。

二是引导舆论。此类情况多发于学生在校受伤、死亡等严重事件，家长为争取赔偿等利益，制造舆论影响实际责任认定。例如，福州一名学生举手 7 次后死亡的案件，家长对一审判决不满，在二审开庭前，修改剪辑监控录像并发布到网络，引导舆论认定教师冷漠导致学生死亡。

三是教师污名化。负面个案经舆论发酵后，一些网民会将对极少数教师师德的不满扩大到整个教师群体，给教师群体贴上各种负面标签，从而放大并引导社会对教师群体产生偏见。

四是恶意炒作。一些自媒体为吸引流量，对涉教师新闻进行歪曲解读，明显存在蹭热度造谣的行为。

思考：你如何看待教师被污名化现象？

（资料来源：“当老师，第一位是要保护自己”，不实举报、污名化教师可以休矣！《半月谈》2023 年第 8 期.）

教师的一言一行，不仅受到家长的关注，更受社会关注，这就形成“聚光灯”效应。特别是公立学校教师，在一些人眼中，近乎承担着无限责任。教育部全国中小学幼儿园师德师风建设专家委员会主任、北京师范大学党委书记程建平表示，如果不能有效制止污名化教师、恶意炒作引导舆论行为，广大教师和学校面临深陷负面舆论旋涡的境地，将在一定程度上降低教师职业的吸引力，让履职尽责的教师寒心，需要引起全社会的高度重视。全社会应抵制污名化教师的行为，共同建设清朗的网络空间。

教师失德事件及网络失实信息的最终澄清，教师“其身正”是关键。但在互联网时代，教师不仅需要在思想上坚定正确的政治方向，更要在行动上坚持以习近平新时代中国特色社会主义思想为指导，拥护中国共产党的领导，贯彻党的教育方针。

(一)坚持以习近平新时代中国特色社会主义思想为指导，拥护中国共产党的领导，贯彻党的教育方针

1. 坚持以习近平新时代中国特色社会主义思想为指导

中国共产党第十九届中央委员会第六次全体会议通过的《中共中央关于党的百年奋斗重大成就和历史经验的决议》指出，党确立了习近平同志党中央的核心、全党的核心地位，确立了习近平新时代中国特色社会主义思想的指导地位。习近平提出的新时代坚持和发展中国特色社会主义建设所需要具备的八项能力，为人民教师坚持正确的政治方向提出了新

的行动指引。作为人民教师，学为人师，行为世范，应该具备新时代坚持和发展中国特色社会主义建设所需要的八项能力。

第一，教师在教学过程中，应把马克思主义哲学作为看家本领。坚持辩证唯物主义和历史唯物主义。第二，教师在教学过程中，应坚持实事求是。第三，教师在教学过程中，应提高科学思维能力。第四，教师在教学过程中，应保持战略定力。第五，教师在教学过程中，应坚持问题导向。第六，教师在教学过程中，应重视调查研究。第七，教师应发扬钉钉子精神。第八，教师应依靠学习走向未来。

2. 拥护中国共产党的领导

人民教师要坚定拥护中国共产党的领导。毛泽东指出："中国共产党是全中国人民的领导核心。没有这样一个核心，社会主义事业就不能胜利。"习近平总书记强调："中国共产党的领导是中国特色社会主义最本质的特征，是中国特色社会主义制度的最大优势。"这些重要论述深刻阐明了党的坚强领导对社会主义事业发展的决定性作用。

3. 贯彻党的教育方针

教育工作者需要全面贯彻党的教育方针，明确其内容。经第十三届全国人民代表大会常务委员会第二十八次会议审议，《教育法》(2021 年修正)第五条将我国教育方针正式修改为："教育必须为社会主义现代化建设服务、为人民服务，必须与生产劳动和社会实践相结合，培养德智体美劳全面发展的社会主义建设者和接班人。"

(二)不得在教育教学活动中及其他场合有损害党中央权威、违背党的路线方针政策的言行

1. 不得在教育教学活动中及其他场合有损害党中央权威的言行

习近平总书记指出："在国家治理体系的大棋局中，党中央是坐镇中军帐的'帅'，车马炮各展其长，一盘棋大局分明。"坚决维护党中央权威和集中统一领导，是坚持党的领导的核心要义。

身为人民教师，应坚决维护党中央权威，不得在教育教学活动中及其他场合有损害党中央权威和违背党的路线方针政策的言行。决不允许散布违背党的理论和路线方针政策的意见，决不允许公开发表违背中央决定的言论，决不允许泄露党和国家秘密，决不允许参与各种非法组织和非法活动，决不允许制造、传播政治谣言及丑化党和国家形象的言论。

2. 不得在教育教学活动及其他场合有违背党的路线方针政策的言行

从事基础教育的人民教师，要坚持党的路线方针政策，不得在教育教学活动及其他场合有违背党的路线方针政策的言行。党的路线方针政策是教师职业必须遵守的行为底线，任何地点、任何时间与任何人都不得违背。

第二节 自觉爱国守法

最美教师

在第38个教师节到来之际，中央宣传部、教育部向全社会公开发布2022年“最美教师”先进事迹。

熊有伦、牛雪松、周荣方、李建国、何燕、蒙芳、陈炜、韩龙、祝响响、管延伟等个人，以及高校银龄教师支援西部计划教师团队，都是来自教育一线的教师和群体。他们中既有坚守在边远艰苦地区的乡村教师和支教教师代表，又有职业教育中达到国家技能大师水平的“双师型”教师典型；既有优秀退役军人到欠发达地区担任乡村教师代表，又有在体育教育领域默默奉献，培育为国争光运动员的教师典型；既有深受大学生喜爱的思政课教师代表，也有致力于核心技术自主创新的高精尖教师典型……他们涵盖了高教、职教、基教、幼教、特教等各级各类教育，师德表现和教书育人成效突出、事迹感人，具有广泛的代表性和示范性，充分展示了教师队伍有理想信念、有道德情操、有扎实学识、有仁爱之心的良好精神风貌。“最美教师”获得者表示，他们将不忘立德树人初心，牢记为党育人、为国育才使命，自觉践行“四有”好老师标准，努力成为“经师”和“人师”相统一的“大先生”，着力培养担当民族复兴大任的时代新人。

思考：你如何理解自觉爱国守法？

(资料来源：新华社，http://www.moe.gov.cn/jyb_xwfb/gzdt_gzdt/s5987/202209/t20220909_659774.html?eqid=e2999e7c0009f23900000000564342690.)

2018年，教育部印发的《新时代中小学教师职业行为十项准则》第二项提出，中小学教师要自觉爱国守法。忠于祖国，忠于人民，恪守宪法原则，遵守法律法规，依法履行教师职责；不得损害国家利益、社会公共利益，或违背社会公序良俗。

一、自觉爱国守法的内涵

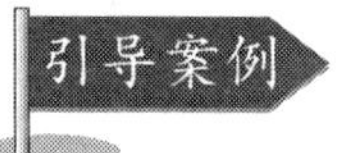

逐梦西部天地宽——大学生志愿服务西部计划扫描(节选)

“到西部去，到基层去，到祖国最需要的地方去……路在脚下，心是火炬，建功立业志不移……”当主题歌《到西部去》的激昂节奏响起，总会让西部计划志愿者们心潮澎湃。

眼下，2022年大学生志愿服务西部计划正在全国各地火热招募中。过去20年间，一批批西部计划志愿者，走出校门，奔向西部，深入基层，逐梦前行。他们让青春之花绽放在祖国最需要的地方，在实现中国梦的伟大实践中书写别样精彩的人生，成为当代青年投身基层、服务人民、建功立业的生动写照。

思考：什么是自觉爱国守法？

(资料来源：中华人民共和国中央人民政府官网.)

爱国守法是社会主义公民基本道德规范之一。爱国守法主要指爱国主义和遵纪守法，强调公民应培养高尚的爱国主义精神，自觉地学法、懂法、用法、守法和护法。爱国主义在当前的具体要求是：热爱伟大的社会主义祖国；热爱祖国的领土、领空、领海，保卫祖国的安全，争取早日实现祖国统一；反对霸权主义，维护世界和平；把对祖国的忠诚，同对社会主义制度的热爱和为建设有中国特色的社会主义现代化而奋斗终生的奉献精神结合起来。守法，是指按照法律规范进行活动，即全体公民依照法律规范行使权利，履行义务。守法是爱国的基本要求，爱国首先体现在遵守国家法律上。

【案例 5-1】

名师支援决胜脱贫攻坚

2021 年 2 月，我国脱贫攻坚战取得了全面胜利。作为我国边境县和世居少数民族最多的原集中连片特困地区，滇西片区基础薄弱，扶贫扶智对社会发展具有基础性作用。“一步跨千年”的背后，一批批优秀的支教团队来到滇西，改变了当地的教育面貌。云南省怒江傈僳族自治州位于云南省西北部，地处中缅边境、滇藏接合部，是“三区三州”中贫困发生率最高的地区之一。集民族、山区、边境、贫困、边缘、散居于一体，98%以上的面积是高山峡谷，致贫原因复杂。“十三五”期间，怒江州校舍面积增加 57.86 万平方米，校园实现网络全覆盖，所有县市通过国家义务教育均衡发展评估验收。全州实行从幼儿园到高中共 14 年免费教育，适龄儿童少年因贫失学辍学的现象已成为历史。

(资料来源：让孩子们上学的路不再遥远，光明日报.)

二、自觉爱国守法的要求

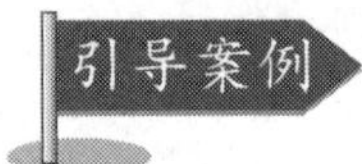

支教事迹感动中国

2004 年 7 月，讲述徐本禹在贵州山区支教的帖子《两所乡村小学和一个支教者》出现在网络上，顿时引起社会和媒体广泛关注。这一年，徐本禹作为大学生志愿者的典型，被评为“感动中国”年度人物。

颁奖词说，“如果眼泪是一种财富，徐本禹就是一个富有的人，在过去的一年里，他让我们泪流满面。从繁华的城市，他走进大山深处，用一个刚刚毕业大学生稚嫩的肩膀，扛住了倾颓的教室，扛住了贫穷和孤独，扛起了本来不属于他的责任。也许一个人的力量还不能让孩子眼睛铺满阳光，但爱，被期待着。徐本禹点亮了火把，刺痛了我们的眼睛”。

2005 年 9 月，徐本禹结束贵州支教，返回华中农业大学继续研究生学业。工作后，徐本禹也一直致力于推动青年志愿者工作的发展，鼓励青年志愿者帮助更多的人。

徐本禹的事迹引发了全国关注，很多人也把目光聚焦到贫困学生和改善当地教学条件上，在好心人的帮助下，当地学校的教学条件发生了翻天覆地的变化。徐本禹带动了一批批青年学子投身支教事业。

2005 年，华中农业大学“本禹志愿服务队”成立。10 多年来，“本禹志愿服务队”志愿者人数超过 45000 名，公益项目涵盖支教、扶贫、环保、关爱特殊群体等多个领域，志愿服务遍及鄂、黔、滇、闽、冀五省。一届又一届成员接过徐本禹传递的爱心接力棒，将青春挥洒在大山里，为大山里的孩子插上希望的翅膀。

思考：自觉爱国守法的要求是什么？

(资料来源：身边的榜样 | 有一种青春叫奉献——徐本禹的支教人生. 共产党员网(12371.cn)https://fanwen.xiaoludi.com/article/7429.html，2019-04-19.)

2018 年，教育部印发的《新时代中小学教师职业行为十项准则》第二项提出，中小学教师要自觉爱国守法。忠于祖国，忠于人民，恪守宪法原则，遵守法律法规，依法履行教师职责；不得损害国家利益、社会公共利益，或违背社会公序良俗。

(一)忠于祖国，忠于人民，恪守宪法原则，遵守法律法规，依法履行教师职责

新时代中小学教师应忠于祖国，忠于人民，恪守宪法原则。习近平总书记曾指出：“爱国，是人世间最深层、最持久的情感，是一个人立德之源、立功之本。”习近平总书记强调，同人民一道拼搏、同祖国一道前进，服务人民、奉献祖国，是当代中国青年的正确方向。新时代中小学教师应遵守法律法规，依法履行教师职责。新时代中小学教师应遵守的法律法规包括以下几方面。第一，教育法律法规包括《教育法》《义务教育法》等，这些法律法规规定了教育的基本原则和义务教育的相关内容。第二，师德法律法规。包括《教师法》等，这些法律法规规定了教师的权利和义务，以及教师应遵守的道德规范。第三，学生权益保护法规。包括《预防未成年人犯罪法》《关于禁止体罚和变相体罚学生的规定》等，这些法律法规保护了学生的合法权益。第四，学校管理法规。包括各种关于学校管理、学生纪律、校园安全、教育评估等方面的法规和政策。第五，隐私和数据保护法规。这些法规规定了学生信息的收集、存储和使用方式。

(二)不得损害国家利益、社会公共利益，或违背社会公序良俗

1. 不得损害国家利益

教师不得损害国家利益。国家利益是指一个国家内有利于其绝大多数居民的共同生存与进一步发展的诸因素的综合。国家利益的主体是国家。《中华人民共和国民法典》(以下简称《民法典》)第一百三十二条规定，民事主体不得滥用民事权利损害国家利益、社会公共利益或者他人合法权益。另外，第五百三十四条规定，对当事人利用合同实施危害国家利益、社会公共利益行为的，市场监督管理和其他有关行政主管部门依照法律、行政法规的规定负责监督处理。国家利益包括三个重要的方面：领土完整、国家主权完整和文化完整。作为中国公民的教师有责任和义务，捍卫中国的国家利益，利用合法的手段增加中国的国家利益和社会利益，为祖国造福。

2. 不得损害社会公共利益

教师不得损害社会公共利益。中小学教师常见的违反公共利益行为包括教师因利益冲突，向学生指定校外补习班或指定学生报考某个私立高中；教师私下为学生进行课外辅导；根据学生是否送礼来安排座位；指定班干部等。裙带关系，是指与存在私人关系的人利用公职谋取私人利益。私人关系通常指配偶、子女或其他近亲、朋友等。教师在行使其职务时，为了避免以权谋私，需要避免建立裙带关系，不收受可能影响其职务判断的礼物。教师应将公众及其所服务对象的公共利益置于个人利益之上。

3. 不得违背社会公序良俗

教师不得违背社会公序良俗，前提是教师需要明确什么是社会公序良俗。《民法典》第八条规定，民事主体从事民事活动，不得违反法律，不得违背公序良俗。第十条规定，处理民事纠纷，应当依照法律；法律没有规定的，可以适用习惯，但是不得违背公序良俗。第一百五十三条规定，违背公序良俗的民事法律行为无效。但《最高人民法院关于适用〈中华人民共和国民事诉讼法〉的解释》中使用了“公序良俗”，如第一百零六条。

第三节　传播优秀文化

传播优秀文化

2020 年 5 月，某中学教师耿某在上课时间带领学生为娱乐明星应援，并录制视频在网络传播，造成不良影响。耿某的行为违反了《新时代中小学教师职业行为十项准则》第三项规定。根据《中小学教师违反职业道德行为处理办法》(2018 年修订)等相关规定，给予耿某停职检查处理；对学校校长进行诫勉谈话。

(资料来源：新华社，http://www.moe.gov.cn/jyb_xwfb/moe_2082/2021/2021_zl37/jiaoyujingshi/202105/t20210511_530820.html?eqid=beaa7d690004959d0000000464428cad.)

在中小学教育的使命中，传播优秀文化扮演着重要的角色，这也是教育家们不懈追求的目标。正如威廉·巴特勒·叶芝所言，教育的目的不是填满桶，而是点燃火焰。这一理念将教育与文化相融合，强调了培养学生的独立思考能力和创造能力，以促进优秀文化的传承与创新。

中小学教师作为教育的引路人，肩负着传播优秀文化的崇高使命。在培养学生学术知识的同时，应当注重培养学生的审美情趣、文化修养和创新思维，让每位学生都能够成为传承和创新文化的使者，为社会的进步与发展贡献力量。

一、传播优秀文化的内涵

外派教师黄炎：印尼华文课堂上的中华文化播种者

安徽省淮南市的黄炎老师，2023 年 8 月被外派到印尼泗水崇高基督教学校担任华文老师。她积极将国内新课改引领下的先进教学理念引入华文教育课堂，认真备课，重组教材，采用“大情境”统摄“大单元”。例如在教授《王冕读书的故事》时，结合印尼华人庆祝春节的氛围，将单元融入“陪王冕一起过元宵”的大情境，设置“煮汤圆”“放花灯”“猜灯谜”等学习任务群，让学生感受中华传统节日的魅力。此外，她发现许多华校孩子没有中文名，便结合其印尼名谐音，引用中华经典，为他们取中文名，使中文名成为孩子们与中华文化建立连接的纽带。她还积极参加校内外活动，编排节目、主持春节活动，让孩子们沉浸在中华节日欢乐的氛围中。并且，她以“汉字教学探讨”为主题，向该校本土教师进行为期三天的培训，介绍汉字所凝结的中华历史、文化和智慧结晶。

(资料来源：中新教育|安徽淮南外派华文教师：传承华夏韵 弘扬国粹魂，中新网.)

中华优秀传统文化，是指中国几千年文明发展历程中，在特定的自然环境、经济形势、政治结构、意识形态的作用下形成、积累并流传下来，至今仍对当代文化产生影响的“活”的中国古代文化。它既以物化的经典文献、文化物品等客体形式存在和延续，又广泛地以民族的思维方式、价值观念、伦理道德、性格特征、审美趣味、知识结构、行为规范、风尚习俗等主体形式存在和延续。中华优秀传统文化形式多样，内容丰富，对我国精神文明的传承发挥着不可替代的作用。中华优秀传统文化包括以下方面：①崇尚道德；②尊重自然；③尊师重教；④重视人文精神；⑤崇尚审美。教师应当通过学习和弘扬中华优秀传统文化，增强学生的文化自信和民族自豪感，促进人类文明的交流与互鉴，推动世界文化的多元发展和共同繁荣。

二、传播优秀文化的要求

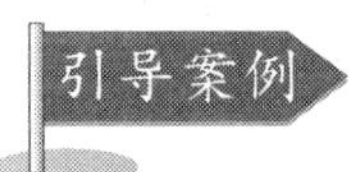

该教授是否意识到自己行为的后果(节选)

2023 年 2 月 18 日下午，合肥师范学院教师教育学院副教授陈某某前往安徽省庐江中学进行感恩主题演讲。在演讲过程中，因 PPT 无法正常使用，陈某某先讲了一些内容。据网帖称，“其输出的价值观大多和功利性相关，其中不乏一些低俗内容”，包括“同学们读书就是为了钱”等话语。这些内容引起了一位在座同学的反驳。该同学上台从陈某某手中接过话筒，并说道：“我们学习是为了中华之崛起而读书！”此言引发全场听众的热烈反响，随后听众纷纷退场，讲座也因此不欢而散。

思考：这位老师的行为后果是什么？传播优秀文化对老师有什么要求呢？

(资料来源：澎湃新闻官方账号，https://baijiahao.baidu.com/s?id=1758250645130359072&wfr=spider&for=pc，2023-10-28.)

2018 年，教育部印发的《新时代中小学教师职业行为十项准则》第三项提出，教师要传播优秀文化。带头践行社会主义核心价值观，弘扬真善美，传递正能量；不得通过课堂、论坛、讲座、信息网络及其他渠道发表、转发错误观点，或编造散布虚假信息、不良信息。

(一)带头践行社会主义核心价值观

教师应带头践行社会主义核心价值观，即遵守社会主义核心价值观概括的 24 个字："富强、民主、文明、和谐，自由、平等、公正、法治，爱国、敬业、诚信、友善。"教师作为立德树人工作的承担者、社会主义核心价值观的主要践行者，以及广大青年学生价值观形成的引导者，他们的实践行为影响着青少年的价值取向。教师要从身边的小事做起，循序渐进，加强道德修养，注重道德修养，以小为善，潜移默化地修养道德。

(二)弘扬真善美，传递正能量

教师在教学过程中应弘扬真善美，传递正能量。教师弘扬的"真"，是指教师敢于正视和面对自己的无知和错误，承认自己的不足。教师要教育学生"勿以善小而不为，勿以恶小而为之"。教师传播的"美"，在于无私奉献，在于执着追求。教师不仅外表美，更美的是内心。教师像蜡烛一样，燃烧自己，照亮他人。

(三)不得通过课堂、论坛、讲座、信息网络及其他渠道发表、转发错误观点

在教育领域，教师不得通过课堂、论坛、讲座、信息网络及其他渠道发表、转发错误观点，如宣传极端主义、违反国家法律法规等。

(四)不得编造散布虚假信息、不良信息

教师禁止编造、散布虚假信息和不良信息。虚假信息是指让信息接收者相信是真实信息而有意传递的错误信息，具有内容的虚假性、意图的误导性和行动的组织性三个特征。《刑法》第二百九十一条之一规定，编造虚假的险情、疫情、灾情、警情，在信息网络或者其他媒体上传播，或者明知是上述虚假信息，故意在信息网络或者其他媒体上传播，严重扰乱社会秩序的，处三年以下有期徒刑、拘役或者管制；造成严重后果的，处三年以上七年以下有期徒刑。

第四节　潜心教书育人

张国治：用坚守与创新，谱写育人华章

新疆生产建设兵团第二中学副校长张国治是潜心教书育人的典范。1999 年大学毕业后他投身教育事业，从伊犁到兵团二中，始终坚守讲台。他以独特的教学理念激发学生对数学的兴趣，通过跨学科联动，如用"大漠孤烟直"形容线面垂直等，让课程更具吸引力。张国治刻苦钻研专业知识，在国家级期刊发表 150 余篇专业论文，还指导 130 余名学生在全国奥数竞赛中获奖。他组建潮汐数论社团，指导学生撰写论文，将兴趣转化为志趣，培养学生钻研学问的习惯。其学生在各类学术期刊发表论文 30 余篇，在竞赛中获得 150 余个奖项。25 年辛勤耕耘，张国治荣获"全国模范教师"等多项荣誉，他以实际行动践行着立

德树人的初心使命，激励着广大教育工作者。

(资料来源：兵团二中积极探索思政育人新路径 兵团网，www.bingtuannet.com.)

《教师法》(2009 年修正)明确提出："教师是履行教育教学职责的专业人员，承担教书育人，培养社会主义事业建设者和接班人、提高民族素质的使命。教师应当忠诚于人民的教育事业。""教书育人"是教师最基本的职责，即教师不仅要给学生传授知识技能，还要教育学生做人，帮助学生树立正确的世界观、人生观、价值观，促进学生健康发展。教育是培养人的活动，教师要对学生进行全方位的培养，使受教育者在德、智、体等方面得到全面发展。

【案例 5-2】

陶行知潜心教书育人(节选)

有一天，一位朋友的夫人来看望陶行知先生。陶先生热情地请她坐下，又倒了一杯茶给她，问道："怎么不带儿子一起来玩玩？"这位夫人有些生气地说："别提了，一提就叫我生气。今天我把他结结实实地打了一顿。"陶先生惊异地问："这是为什么？你儿子很聪明，蛮可爱的呢！"朋友的夫人取出一个纸包，里面是被拆得乱七八糟的一块手表。这块手表成色还很新，但镀金的表壳打开了，玻璃破碎，连秒针也掉了下来。她生气地说："陶先生，这表是新买的，竟被我儿子拆成这样，您说可气不可气！他才七八岁，就敢拆表。"

陶先生听了笑着说："坏了，恐怕中国的'爱迪生'被你'枪毙'了！"这位夫人有点惊愕："为什么呢？难道我这样做不对吗？"陶先生摇摇头。这位夫人又接着问："陶先生，您是大教育家，您说对这样的孩子该怎么办呢？"陶先生把拆坏的表拿过来，对这位夫人说："走，我们上你家去，见见这个小'爱迪生'。"

到了朋友家里，陶先生见到那个孩子正蹲在院子的大树下，聚精会神地看蚂蚁搬家。这位夫人一见就要骂他，陶先生立即劝住了。

陶先生把孩子扶起来，搂在怀里，笑嘻嘻地问："你为什么要把妈妈的新表拆开呢？能告诉我吗？"孩子怯生生地望了妈妈一眼，低声说："我听见表里嘀嗒嘀嗒的声音，想拆开看看是什么东西在响。我错了，不该把手表拆坏，惹妈妈生气。"

陶先生说："想拆开看看是什么东西在响，这没有错。但你要跟父母说一声，不能自作主张。来，你跟我一起到钟表店去，好吗？"孩子又望望妈妈，说："去店里干什么？"陶先生说："去看师傅修表啊，看他怎么拆，又怎么修，怎么装配，你不喜欢吗？"孩子高兴地跳起来："我去！我去！"

陶先生拿着那块坏表，带着孩子一起到了一家钟表店。修表师傅看了看坏表，说要一元六角修理费。陶先生说："价钱依你，但我带着孩子看你修，让他长长知识。"师傅同意了。

陶行知和孩子站在旁边，满怀兴趣地看师傅修表。看他怎样拆开，把零件一个个浸在药水里；又看他加油后，把一个个零件装配起来。从头到尾，整整看了一小时左右。全部装好后，师傅上了发条，表发出清晰的嘀嗒声。孩子高兴地欢呼起来："响了！响了！表修好了！"

陶先生临走时又花一元钱买了一座旧钟表，送给孩子带回去拆装。孩子连声说："谢谢伯伯！谢谢伯伯！伯伯真好！"陶先生把孩子送到家后，孩子立即高兴地跟妈妈说："妈妈，伯伯买了一座钟表，让我学习拆装呢！”那位朋友的夫人不解地问：“还让他拆啊？”

陶行知微笑着说：“你不是问我对这样的孩子该怎么办吗？我的办法是，把孩子和表一起送到钟表铺，请钟表师傅修理。这样修表铺就成了课堂，修表匠成了先生，令郎成了速成学生，修理费成了学费，你孩子的求知欲就可以得到满足，或许他还可以学到修理的本领呢。”

陶先生停顿了一下，接着说：“孩子拆表是因为好奇心，孩子的好奇心其实就是一种求知欲，原本是有出息的表现。你打了他，不是把他的求知欲打掉了吗？与其不分青红皂白地打一顿，不如引导他去把事情做好，培养他的兴趣。中国对于小孩子一直是不许动手，动手就要打手心，往往因此摧残了儿童的创造力。我们应该学习爱迪生的母亲，那么理解、宽容孩子，那么善于鼓励孩子去动手动脑，这样，更多的‘爱迪生’就不会被打跑、赶走了。”这位夫人听了恍然大悟，她不好意思地笑了一下，诚恳地说：“陶先生，您说得对，太谢谢您了，我今后一定照您的办法去做。”

思考：潜心教书的含义是什么？

(资料来源：搜狐，https://www.sohu.com/a/407241281_743262，2020-07-12.)

一、潜心教书育人的含义

(一)潜心教书

潜心教书的含义是指教师专注于教学工作，全身心地投入到教育教学中。潜心教书育人是一种态度和行为，它体现了教师对教学的热爱和责任感。弗里德里希·冯·施莱尔马赫留下这句箴言：“教育是唯一的解放之道。”潜心教书是教师应有的态度和行为，体现了教师对教学事业的热爱和责任感，努力为学生的成长和发展提供优质的教育教学服务。若教师潜心教书育人，不仅能解放人类，也是在解放自己。潜心教书的含义包括以下几方面。

第一，专注于教学。第二，潜心研究教学。第三，尽心关注学生。第四，坚持与时俱进。

(二)潜心育人

潜心育人是指教师需要潜心教授学生必要的做人品质。仁义礼智信，是儒家所提倡的做人道德准则，包括：仁爱、正义、礼敬、理智、诚信。

第一，教师要培养学生成为仁爱之人。第二，教师要培养学生成为正义之人。第三，教师要培养学生成为礼敬之人。第四，教师要培养学生成为理智之人。第五，教师要培养学生成为诚信之人。

二、潜心教书育人的要求

潜心育人的教育大师陶行知

1938 年，陶行知在武汉大学进行了一次演讲。那天，大礼堂里人山人海，不仅全校师生悉数到场，就连附近学校的师生和各界人士也都闻讯赶来。大家都知道陶行知先生是著名的教育家，都渴望一睹他的风采，聆听他的教诲。

会议开始后，有几位先生先后上台演讲。轮到陶行知时，会场上响起了热烈的掌声。只见他从容不迫地夹着一个皮包走上讲台。他戴着眼镜，身着西服，未开口先向全场扫视了一遍。大家都屏息凝神，注视着他，等待他开口说话。有的人还打开速记本，准备把陶行知讲的每一句话都记录下来。

出乎大家意料的是，陶行知并没有立即讲话。他从包里抓出一只活蹦乱跳的大公鸡，公鸡"喔喔"地乱叫。台下听众个个目瞪口呆，猜不透他的意图。接着，陶行知从口袋里掏出一把米放在桌上，左手按住公鸡的头，强迫它吃米。公鸡不停地叫着，不肯吃米。陶行知又掰开公鸡的嘴，把米硬塞进去，可公鸡挣扎着仍不肯吃。随后，陶行知轻轻松开手，把鸡放在桌子上，自己后退了几步。这时，只见大公鸡抖了抖翅膀，伸头四处张望了一下，便从容地低下头吃起米来。

这时，陶行知开始说话："各位，你们都看到了。你逼鸡吃米，或者把米硬塞到它嘴里，它都不肯吃。但是，如果你换一种方式，让它自由自在，它就会主动去吃米。"陶行知又向会场扫视了一圈，加重语气说："我认为，教育就跟喂鸡一样。先生强迫学生学习，把知识硬灌给他们，他们是不情愿学的，即便去学也是食而不化，过不了多久，他们还会把知识还给先生。但是，如果让学生主动学习，充分发挥他们的主观能动性，那么，效果一定会好得多！"

陶行知讲完，把公鸡装进皮包，又向大家鞠了一躬，说："我的话讲完了。"便退下场去。

思考：潜心教书育人有什么要求呢？

(资料来源：王书芬. 经典阅读[M]. 济南：山东人民出版社，2016.)

2018 年，教育部印发的《新时代中小学教师职业行为十项准则》第四项提出，教师要潜心教书育人。要落实立德树人根本任务，遵循教育规律和学生成长规律，因材施教，教学相长；不得违反教学纪律，敷衍教学，或擅自从事影响教育教学本职工作的兼职兼薪行为。

(一)落实立德树人根本任务

立德树人是教育的根本任务，也就是说，教育及其发展，归根结底在于培养有高尚品德的人才。习近平总书记指出："人才培养一定是育人和育才相统一的过程，而育人是本。人无德不立，育人的根本在于立德。这是人才培养的辩证法。"

立德树人是教育的基本原则，包括德育、智育、体育等。其中，德育是培养学生道德品质、社会责任感和公民意识的重要方面；智育是培养学生的知识、思维和创新能力；体育是培养学生身体素质和运动技能，培养学生的健康意识和生活习惯。这三个方面相互关联、相辅相成，是立德树人的基本要素。它们所体现的理念，鲜明地反映了中国共产党在新时代对中华优秀传统文化的继承和发扬，更充分体现了当代中国马克思主义对我国教育事业规律性认识的深化。

(二)遵循教育规律和学生成长规律，因材施教，教学相长

在教学实践中，中小学教师应当遵循教育规律和学生成长规律，根据学生的特点因材施教，以确保每位学生都能受益匪浅。与此同时，中小学教师也需时刻保持学习和成长的状态。

教育规律涵盖的领域广泛，包括认知发展、兴趣与动机、差异化教学、综合素养培养、社会互动、实践与体验、个性发展以及情感教育等方面。

学生成长规律则专注于学生的身体发育、认知发展、情感与社会交往、社会认同、价值观和道德观念、性别角色认知以及自我认知等方面的发展，为中小学教师提供了准则，引导他们支持学生在多个层面上成长。

因材施教的理念强调中小学教师应根据学生的个体差异和需求，采用不同的教育方法和手段。而教学相长的原则要求中小学教师在教学过程中，保持谦逊态度，与学生共同成长。因此，中小学教师应不断学习和进步，提升自身的知识储备和教育技能，以满足学生的需求。

(三)不得违反教学纪律，敷衍教学

教学纪律是指教师在教学中应该遵守的规范和准则，包括课堂秩序、教学内容、教学方法等方面的规定。

敷衍教学是指教师不认真履行教学职责，不按照教学计划和教材内容进行教学，不关心学生的学习情况和学习效果，仅为了完成教学任务而进行教学。教师需要认真履行教学职责，尽职尽责，不得懈怠、敷衍或违反教学规定。否则，将受到相应的纪律处分或辞退。遵守教学纪律，不敷衍教学体现了教师的职业道德素养和职业操守。教师敬畏教学纪律，是对教师职业的尊重，是对学生负责，也是对教师职业道德的捍卫。

(四)不得擅自从事影响教育教学本职工作的兼职兼薪行为

在学校常见的兼职兼薪行为包括：学校组织学生有偿校内上小班课，教师组织学生有偿课外辅导、周末辅导、假期辅导，学校或教委指定教辅材料的推销，教师收取家长红包、安排班干部、排座位等。中小学教师或学校工作人员不得利用职权，通过交易、命令、强制、规劝等方式，谋取个人利益或集体利益，侵害整体学生公共利益。

第五节　关心爱护学生

重庆市奉节县尖角小学教师马某某体罚学生问题

2022 年 4 月，马某某因学生未完成作业，将其带到办公室进行批评教育。因惩戒方式不当，致使学生手臂、后背等软组织受伤。马某某的行为违反了《新时代中小学教师职业行为十项准则》第五项规定。根据《事业单位工作人员处分暂行规定》《中小学教师违反

职业道德行为处理办法》(2018 年修订)等相关规定，给予马某某记过处分，一年内不得从事一线教学工作，不得参加专业技术职务任职资格评审。同时，将马某某所在学校校长降为副校长，对分管副校长进行诫勉谈话。

思考：教师应该如何关心爱护学生？

(资料来源：教育部政务新媒体.)

关爱学生是师德的灵魂。作为教师，应严慈相济、诲人不倦，真心关爱学生，同时严格要求学生，成为学生的良师益友；不得歧视、侮辱学生，严禁虐待、伤害学生。正如苏联教育家赞科夫所说："老师对学生的爱，首先应当表现在毫无保留地贡献出自己的精力、才能和知识，以便在对自己学生的教学和教育上，在他们的精神成长上取得最好的成果。"苏联教育家苏霍姆林斯基也曾说过："教育，首先是关怀备至地，深思熟虑地，小心翼翼地触及年轻的心灵。在这里，谁有细致和耐心，谁就能获得成功。"

一、关心爱护学生的内涵

爱因斯坦曾说过，"只有爱才是最好的教师"。关心爱护在不同层面上具有不同的含义。

根据《现代汉语词典》(第 7 版)，关心是指 (把人或事物)常放在心上；重视和爱护。爱护则指爱惜并保护。

从政策法规上来看，关心爱护学生是每位教师必须遵循的职业道德规范。2008 年 9 月 1 日，《中小学教师职业道德规范》经修订后正式公布，其第三条明确指出："关爱学生。关心爱护全体学生，尊重学生人格，平等公正对待学生。对学生严慈相济，做学生良师益友。保护学生安全，关心学生健康，维护学生权益。不讽刺、挖苦、歧视学生，不体罚或变相体罚学生。"《教师法》(2009 年修正)也明确规定，教师有"关心、爱护全体学生，尊重学生人格，促进学生在品德、智力、体质等方面全面发展"的基本义务。

从伦理学角度来看，关心爱护就是人道性关怀。在教育过程中应充满人情味，让受教育者感受到爱的温馨，体验到责任的动力，享受到成功的喜悦，使教育不再是冷冰冰、令人望而生畏的过程，而是让人倍感亲切、充满活力、激情洋溢的神圣事业。

从教育学角度来看，关心爱护是通过教育者对被教育者的尊重、关心、严慈相济、帮助、引导，从而激发起被教育者对教育者的尊重和爱戴，并将关爱之情传递给他人。

从心理学的角度来看，关心爱护学生可以被理解为一种包含情感、认知和行为成分的心理状态。真正的关心能够使师生之间产生联结，并具有深化师生关系的作用。

【案例 5-3】

孔子的故事

据记载，冉雍的父亲出身卑微且品行不端，因偷盗被抓了起来。孔子的弟子们知道冉雍是小偷的儿子后，开始看不起他，甚至怀疑冉雍也会偷窃。孔子看在眼里，记在心里，等待机会教育这些弟子。

机会终于等到了。有一天，他们看到一头非常漂亮的小牛犊，孔子趁机对仲弓说："犁牛之子骍且角，虽欲勿用，山川其舍诸？"意思是，耕牛虽不能用来祭祀，但如果它生的小牛犊够条件用作祭品，山川之神还是可以接受的。孔子想向弟子们表达的是，即使出身卑微、行为不端的人，也可能有心地善良、行事光明的儿子。大家为什么要因为他父亲的品行而否定他儿子的一切呢?

(资料来源：微信公众号《论语 · 雍也》.)

二、关心爱护学生的要求

有借有还

有位“95 后”的数学教师对所带班级进行了一次小测验。班级同学的整体成绩不错，只有一名学生没有及格，得了 59 分。差一分就及格了，听起来确实是件令人懊恼的事情。暖心的老师也明白这个道理，经过深思熟虑之后，给孩子打了 60 分，借给了孩子 1 分，并且温暖地嘱咐道：“欠 1 分，记得还。”

之后的一段时间里，这位原本不及格的同学学习格外努力。在下一次的考试测验中，他的成绩进步迅速，令人意想不到，数学成绩直接提高了 15 分。老师看到之后非常满意，夸奖了孩子的进步，但也没有忘记“借 1 分”的事情，于是在卷面上给孩子扣了 1 分，并写道：“还 1 分。”

不得不说，老师的这种做法既机智又暖心。“有借有还”的方式不仅保护了孩子第一次考试没及格的自尊心，还对孩子进行了鼓励式教育。

思考：教师应该如何关爱学生?

(资料来源：搜狐网，95 后老师批试卷，借一分助学生及格》.)

关心和爱护学生是教育的前提和出发点，更是灵魂和归宿。没有爱就没有真正的教育，那么教师应当如何关爱学生呢？《新时代中小学教师职业行为十项准则》中对关爱学生的具体要求是：“严慈相济，诲人不倦，真心关爱学生，严格要求学生，做学生良师益友；不得歧视、侮辱学生，严禁虐待、伤害学生。”

(一)严慈相济，诲人不倦，真心关爱学生，严格要求学生，做学生良师益友

严慈相济，诲人不倦。教师要将严格要求学生和关爱学生相结合，其具体含义如下。

首先，严格要求。教师对学生在学习成绩、纪律表现等方面要严格要求，只有这样才能让学生明确目标，以更高标准要求自己。学校是学生接受教育和进行社会化交往的场所，教师作为学生学习和交往的引导者，应培养学生良好的学习习惯、生活习惯和日常行为规范。

其次，做学生良师益友。这要求教师放下教师的架子，走进学生的精神世界，主动倾听学生的心声，成为学生的良师益友。教师要对每个学生的性格、情绪、兴趣爱好、家庭情况、知识储备、生活经历，以及所任年级学生的普遍心理特点和个案心理状况了如指掌，这样才能根据不同学生的特点精心设计教育情景，并有针对性地实施教育。

(二)不得歧视、侮辱学生，严禁虐待、伤害学生

教育者在平时的教育中一定要平等地对待每个学生，树立正确的教育观，努力改变对学生的评价标准，不以成绩论英雄。对于品学兼优的学生，更应严格关爱，帮助他们树立高远志向，正确认识自己，锤炼受挫能力，让他们在不断审视自己的不足中成长；对于所谓的“刺头”学生，要尽可能发现他们身上的闪光点，了解他们成长过程中不为人知的故事，帮助他们找到目前状况产生的原因，指出改变现状的方法，帮助他们树立信心，发现自己的价值，体验进步和成长的快乐，让每个学生在原有基础上有所进步，达到他们应有的水平，沐浴在教师关爱的阳光之下。

作为教师，严禁虐待、伤害学生。《教师法》(2009 年修正)第三十七条明确规定，体罚学生，经教育不改的；品行不良、侮辱学生，影响恶劣的，由所在学校、其他教育机构或者教育行政部门给予行政处分或者解聘；情节严重，构成犯罪的，依法追究刑事责任。教师要把学生看作一个个活生生的生命，而非仅仅是教育的对象，尊重他们的人格、个性，站在学生的角度，审视他们的所思所想、烦恼与快乐、困惑与成功，并尽自己所能为学生的健康全面发展创造空间。

总之，关爱学生主要体现在三个方面：一是在思想、道德和行为习惯上严格要求学生，用教师的人格魅力、信任、尊重去影响学生，让学生学会做一个顶天立地的人；二是在学习学科知识上要求全力以赴，讲究方法和效果，用教师的耐心、精湛的专业知识、一流的课堂教学技能来满足学生日益增长的求知欲望，让学生发自内心地接受教师、尊敬教师；三是在生活上适时、适当地给予悉心指导，发自内心地关心、爱护学生，让学生感受到集体和教师的爱，并努力营造愉悦、轻松的环境以提高学生的心理承受能力，以便他们将来更好地适应社会。

第六节　加强安全防范

加强安全防范

体育馆坍塌事故

2023 年 7 月 24 日晚，齐齐哈尔市召开新闻发布会，介绍第三十四中学体育馆坍塌事故相关情况。发布会通报，7 月 23 日下午，齐齐哈尔市第三十四中学体育馆发生屋顶坍塌事故，共有 11 名师生不幸遇难。经查，与体育馆毗邻的教学综合楼施工过程中，施工单位违规将保温建筑材料珍珠岩堆放在体育馆屋顶。受降雨影响，珍珠岩吸水增重，导致屋顶荷载增大、引发坍塌。目前，公安机关已对教学综合楼施工单位相关责任人立案侦查，并依法采取刑事强制措施。省政府已经成立联合调查组，对该起事故进行全面深入调查。发布会称，将配合调查组尽快查明原因，依法依规严肃追责问责，绝不姑息。该校相关负责人严重违反了《新时代中小学教师职业行为十项准则》第六项规定。

思考：学校应该如何加强安全防范？

(资料来源：央视新闻.)

一、加强安全防范的内涵

安全是人类生存、生活、生产的前提，没有生命安全就没有一切，因此，安全也是人类社会发展的基本条件，是人类社会文明进步的标志之一。中小学校及幼儿园安全是社会公共安全的重要组成部分，影响着学生的身心健康，关系到家庭的幸福和谐，涉及整个社会的稳定。保障广大中小学生及幼儿生命安全是人民群众最直接、最关心、最现实的利益问题，确保教育系统安全和稳定是党中央、国务院确定的重大战略任务，追求“平安校园建设”是我们实现更高水平“平安中国建设”的基础，校园应该成为最阳光、最安全的地方。

【政策链接 5-2】

学校安全工作条例

第一章 总则

第一条 为进一步加强和改进学校安全工作，切实保障广大师生的人身安全和财产安全，维护学校正常的教育教学秩序，根据有关法律法规和规章，结合我校的实际，特制定本实施细则。

第二条 学校安全工作的主要任务是：宣传贯彻国家有关安全工作的法律法规和方针政策；对师生员工进行系统的安全知识教育，提高其安全防护意识，使其掌握必要的安全知识和自救自护技能；建立健全安全管理制度，落实防范措施，切实降低事故发生率；依法处理校内发生的各类安全事故。

第三条 学校安全工作要遵循“预防为主、防治结合、加强教育、群防群治”的方针，坚持“谁主办、谁负责”“谁主管、谁负责”的管理原则。

第二章 组织领导

第四条 建立学校安全工作领导小组，其成员由学校主要领导、年级主任、教学服务中心主任、生活服务中心主任组成，组长由校长担任。组长对全校安全工作负责；副组长负责及时了解学校安全工作情况，迅速准确传达、落实上级和学校领导有关安全工作的指示精神和要求，定期向上级汇报安全工作情况；年级主任对本年级工作负责；班主任对班级安全工作负责；教学服务中心主任对所负责的功能场室内的安全工作负责；生活服务中心主任对住宿师生及食堂安全负责；上课期间的安全由上课教师负责；值日行政对其值日时间内发生的安全事件应积极予以配合救护。全校教职工均有维护学校安全和保护学生安全的责任和义务。

第五条 学校安全工作要在安全工作领导小组的领导下统一管理，行政管理部负责指导各责任人具体落实。

第六条 学校安全工作还要在当地政府的领导下，会同公安、交通、消防、卫生等部门相互配合，通力合作，齐抓共管，共创“平安文明校园”。要聘请法治副校长指导学校安全工作。

第三章 宣传教育

第七条 要把安全教育工作作为一项经常性工作列入学校的重要议事日程，采取有效措施切实加强对教职工和学生的安全教育，及时传达各级行政机关有关安全方面的文件精神。

第八条 学校的安全教育工作要充分利用集会、活动、学科教学渗透等形式，针对学生的心理、生理特点以及知识结构、认知能力等来进行。在校内醒目处公布火警、匪警、急救、交通事故及当地派出所的报警电话号码，开辟安全教育专栏。

第九条 要根据季节、地域、环境等不同特点选择安全教育的重点内容，开展演习和训练，使学生接受防交通事故、防触电、防食物中毒、防病、防运动伤害、防火、防雷、防煤气中毒、防暴力侵害、防骗等安全知识教育。要对学生进行以《未成年人保护法》《预防未成年人犯罪法》等为重点的法治教育，增强学生法治观念，使学生知法、守法，并学会用法律武器保护自己。

第十条 要加强学生心理健康教育，及时消除学生的心理障碍，防止学生出走、自残、自杀等行为的发生。

第十一条 要定期举办学校安全知识培训班，提高对安全工作重要性的认识，消除麻痹思想和侥幸心理，增强对突发事件的应变处理能力。

第四章 规章制度

第十二条 要建立健全各项安全工作规章制度并严格执行，逐步实现安全工作经常化、制度化、规范化。

第十三条 实行学校集体外出活动报批制度。组织学生外出活动时，应有领导和足够的教师带队，并由学生书面经家长签字同意后，指派有经验的教师事先勘察活动场所，弄清有关情况，消除事故隐患。凡不安全或安全措施未落实的地方，不得组织学生前往。严禁组织学生参加超越其年龄、生理和自我保护能力范围的活动。

第十四条 实行安全事故报告制度。凡学校发生安全事故，应及时向安全工作领导组组长报告。

第十五条 落实“安全教育周”制度。要结合每学期的安全教育主题，采取多种形式和手段开展安全教育活动。

第十六条 实行安全工作检查制度。各功能场室的责任人每周进行一次安全例行检查，学校定期不定期检查各班、各功能场室和其他教学设施的安全工作，发现问题及时提出，及时处理，消除隐患，对有重大安全隐患没有向上报告的责任人给予纪律处分。

第十七条 加强门卫保安工作，完善门卫保安制度。学校保安人员要认真挑选，尽量安排年轻的退伍军人，不能安排老弱病残的人员当保安。对外来人员的进出一律实行登记，严防在校学生被拐骗及被强行接出校园等事件的发生。

第十八条 建立学校安全工作专项考核制度。每学期结束时，要对各班级、功能室的安全工作予以考核。

第十九条 落实安全责任制度。各班级及功能室的责任人要明确各自的职责与义务，并对所负责的安全范围内的职责负责。

第五章 安全管理

第二十条 高度重视学校周边环境整治。要借助派出所的力量，及时消除有碍学校周边秩序和学生安全的各类治安隐患，使学校周围有一个健康、安全、文明的环境。

第二十一条 行政管理部门要加强校舍的管理与维修，消除事故隐患。学校要定期对校舍及其他设施进行检查，对存在安全隐患的校舍及其他设施及时维修。另外，要依靠当地公安部门做好学校的治安保卫工作。要督促好学生公寓办公室加强对学生宿舍的安全管理，健全和完善住校生管理制度。

第二十二条 教学服务中心要加强学校各种教学设备的安全管理，艺术体育中心要加强各种艺术体育器材的安全管理。要经常组织各功能场室的责任人进行定期和不定期的安全检查。学校的各种仪器设备均应符合国家有关安全规定，对可能危及师生人身安全的设备、设施要经常检查，发现隐患立即排除。

第二十三条 各学部要加强对师生的安全教育，充分利用各种宣传工具的教育功能，充分发挥“交通安全学校”“家长学校”等机构以及“校外法治副校长”齐抓共管的作用。

第二十四条 要特别做好防火、防溺水工作，重视教育学生掌握火灾和溺水自救的基本常识和技能。按消防部门有关规定配齐消防器材，并定期检查、更新。学校实验室要建立健全安全操作规程和实验室安全管理制度，实验课要有教师现场指导。对易燃、易爆、放射、剧毒药品要按照公安、消防、卫生等有关部门的规定严格管理，严格危险品购买、保存、使用的审批程序，防止发生意外事故。

第二十五条 要特别加强对学生进行交通法规教育，增强学生交通安全意识和自我保护能力。学校组织集体活动外出不得租用车况不良和无牌证交通工具，严禁乘坐无证照人员驾驶的车辆、船只，不得超载。学校成立交通安全监察小组，由教师、学生和学校保安组成，在学生上学和放学时维护好学校门口和附近主要路口的交通秩序。

第二十六条 严格执行《学校卫生工作条例》，做好学校食品卫生工作。学校食堂必须取得卫生行政部门颁发的《卫生许可证》和《食品从业人员健康证》。学校食堂要严把食品关，饮具、用具和食堂环境必须符合卫生要求。学校要重视传染病的防治与管理工作，坚持学生定期健康体检制度。发现患传染病的学生，应立即与其家庭联系，采取有效措施，防止传染病蔓延。

第二十七条 体育课或体育活动要事先做好准备，加强防护，注意安全。必须采购和使用质量合格的体育器材，对运动场地、器械要经常进行检查，保持运动场地平整和清洁，合理划分活动区域，创造安全锻炼的良好环境。投掷标枪、铅球等危险区域要严格防范学生擅自出入。要组织好课堂教学纪律，注意室外教学规范。

第二十八条 学校组织学生劳动以及参加社会实践活动，应对有关场地、工具做好安全检查，对学生提出明确的纪律要求，避免发生安全事故。

第二十九条 学校组织文艺演出、报告会等活动时，应对活动场馆进行安全检查，重点检查电路和消防器材。要制定活动安全预案和消防应急预案，预先安排好紧急情况下的安全通道。

第三十条 安全工作领导组名单及安全工作制度要向全校师生公布。安全教育、培训、检查、安全事故处理的记录及安全工作制度、安全设施目录等均应归档。

第六章 事故处理及奖惩

第三十一条 学校安全教育、管理和防范工作将作为教师岗位考核的重要内容。凡发生重大安全事故，负有直接责任的人员一律取消本年度评先评优以及职称晋升资格。

第三十二条 要学习和贯彻《学校安全条例》，依法妥善处理学校安全事故。凡师生在校外因非学校责任造成伤害的，由责任方承担责任，学校不承担事故责任。

第三十三条 对见义勇为，为保护国家财产或师生安全做出贡献的，要给予表彰奖励；对遇险不救、临危脱逃的，要给予政纪处分。

（资料来源：360 文库，https://wenku.so.com，略有改动。）

二、加强安全防范的要求

校园安全防线：多措并举铸就平安校园堡垒

某学校高度重视安全防范工作。校长组织全体教职工参加安全培训，邀请专业人员讲解消防、地震等应急知识，并进行实操演练。在日常工作中，安保人员定时巡逻校园，仔细检查设施设备。学校还安装了先进的监控系统，覆盖校园每个角落，监控室24小时有专人值守。一次，监控员发现操场角落有不明烟雾，立即通知安保人员前往查看，原来是有学生违规玩火。安保人员迅速处置，及时消除了火灾隐患。此后，学校进一步加强了安全教育，学生的安全意识大幅提升，维护了校园的安全稳定。

(资料来源：本书作者整理编写.)

《新时代中小学教师职业行为十项准则》中对加强安全防范的具体要求是："增强安全意识，加强安全教育，保护学生安全，防范事故风险；不得在教学活动中遇突发事件、面临危险时，不顾学生安危，擅离职守，自行逃离。"

(一)增强安全意识，加强安全教育，保护学生安全，防范事故风险

2007年年初，国务院办公厅转发教育部制定的《中小学公共安全教育指导纲要》该纲要将中小学公共安全教育分为预防和应对社会安全、公共卫生、意外伤害、网络与信息安全、自然灾害以及影响学生安全的其他事故或事件六个模块，并将其纳入了中小学校教育体系。学校安全教育的途径有多种。一是教师可以在学科教学和综合实践活动课程中渗透公共安全教育内容；二是利用地方课程，采用班会、团会、校会、升旗仪式、专题讲座、墙报、板报、参观和演练等多种形式，帮助学生系统掌握公共安全知识；三是通过游戏、模拟、活动、体验等主题教学活动和丰富校园文化等方式来开展安全教育；四是学校通过与公安消防、交通、治安卫生、地震等部门，以及与家庭和社会共同联合，开展形式多样的公共安全教育。

【政策链接5-3】

《中小学公共安全教育指导纲要》(节选)

(一)公共安全教育的主要内容包括预防和应对社会安全、公共卫生、意外伤害、网络与信息安全、自然灾害以及影响学生安全的其他事故或事件六个模块。重点是帮助和引导学生了解基本的保护个体生命安全和维护社会公共安全的知识和法律法规，树立和强化安全意识，正确处理个体生命与自我、他人、社会和自然之间的关系，了解保障安全的方法并掌握一定的技能。中小学心理健康教育继续遵照教育部已经规定的相关要求实施。

(二)开展公共安全教育必须因地制宜，科学规划，做到分阶段、分模块循序渐进地设置具体教育内容。要把不同学段的公共安全教育内容有机地整合起来，统筹安排。对不同学段各个模块的具体教学内容设置，各地可以根据地区和学生的实际情况加以选择。

1. 小学1～3年级的教育内容重点为：

模块一：预防和应对社会安全类事故。

(1) 了解社会安全类突发事故的危险和危害。

(2) 了解并遵守各种公共场所活动的安全常识。

(3) 认识与陌生人交往中应当注意的安全问题，逐步形成基本的自我保护意识。

模块二：预防和应对公共卫生事故。

(1) 了解基本公共卫生和饮食卫生常识。

(2) 了解常见的肠道和呼吸道等常见疾病的预防常识，养成良好的个人卫生和健康行为及饮食习惯。

模块三：预防和应对意外伤害事故。

(1) 学习道路交通法的相关内容，了解出行时道路交通安全常识。

(2) 初步识别各种危险标志；学习家用电器、煤气(柴火)、刀具等日常用品的安全使用方法。

(3) 初步具备使用电梯、索道、游乐设施等特种设备的安全意识。

(4) 初步学会在事故灾害事件中自我保护和求助、求生的简单技能。学会正确使用和拨打110、119、120电话。

模块四：预防和应对自然灾害。

(1) 了解学校所在地区和生活环境中可能发生的自然灾害及其危险性。

(2) 学习躲避自然灾害引发危险的简单方法，初步学会在自然灾害发生时的自我保护和求助及逃生的简单技能。

模块五：预防和应对影响学生安全的其他事件。

(1) 与同学、老师友好相处，不打架；初步形成避免在活动、游戏中造成误伤的意识。

(2) 学习当发生突发事件时听从成人安排或者利用现有条件有效地保护自己的方法。

2. 小学4～6年级的教育内容重点为：

模块一：预防和应对社会安全类事故或事件。

(1) 认识社会安全类突发事故或事件的危害和范围，不参与影响和危害社会安全的活动。

(2) 自觉遵守社会生活中人际交往的基本规则以及公共场所的安全规范。

(3) 学会应对可疑陌生人的方法，提高自我防范意识。

(4) 了解应对敲诈、恐吓、性侵害的一般方法，提高自我保护能力。

模块二：预防和应对公共卫生事故。

(1) 加强卫生和饮食常识学习，形成良好的个人卫生和健康的饮食习惯。

(2) 了解常见病和传染病的危害、传播途径和预防措施。

(3) 初步了解吸烟、酗酒等不良习惯的危害，知道吸毒是违法行为，逐步形成远离烟酒及毒品的健康生活意识。

(4) 初步了解青春期发育基础知识，形成明确的性别意识和自我保护意识。

模块三：预防和应对意外伤害事故。

(1) 培养遵守交通规则的良好习惯，形成主动避让车辆的意识。

(2) 提高自我保护意识，了解私自到野外游泳、滑冰等活动的危害；学习预防和处理溺水、烫烧伤、动物咬伤、异物进气管等意外伤害的基本常识和方法。

(3) 形成对存在危险隐患的设施与区域的防范意识，了解与学习和生活密切相关的特种设备安全知识。

(4) 学会有效躲避事故灾害的常用方法和在事故灾害发生时的自我保护和求助及逃生的基本技能。

(5) 使学生初步了解与学生意外伤害有关的基本保险知识，提高学生的保险意识。

模块四：预防和应对网络、信息安全事故。

(1) 初步认识网络资源的积极意义和了解网络不良信息的危害。

(2) 初步学会合理使用网络资源，努力增强对各种信息的辨别能力。

(3) 学会控制自己的行为，防止沉迷网络游戏和其他电子游戏。

模块五：预防和应对自然灾害。

(1) 了解影响家乡生态环境的常见问题，形成保护自然环境和躲避自然灾害的意识。

(2) 学会躲避自然灾害引发危险的基本方法。

(3) 掌握突发自然灾害预警信号级别含义及相应采取的防范措施。

模块六：预防和应对影响学生安全的其他事件。

(1) 形成和解同学之间纠纷的意识。

(2) 形成在遇到危及自身安全时及时向教师、家长、警察求助的意识。

3. 初中年级的教育内容重点为：

模块一：预防和应对社会安全类事故或事件。

(1) 增强自律意识，自觉不进入未成年人不宜进入的场所。

逐步养成自觉遵守与维护公共场所秩序的习惯。

(2) 不参加影响和危害社会安全的活动，形成社会责任意识。

(3) 理解社会安全的重要意义，树立正确的人生观和价值观。

(4) 学会应对敲诈、恐吓、性侵害等突发事件的基本技能。

模块二：预防和应对公共卫生事故。

(1) 了解重大传染病和食物中毒、生活水污染的知识及基本的预防、急救、处理常识；了解简单的用药安全知识。

(2) 了解青春期常见问题的预防与处理；形成维护生殖健康的责任感。

(3) 了解艾滋病的基本常识和预防措施，形成自我保护意识。

(4) 学习识别毒品的知识和方法，拒绝毒品和烟酒的诱惑。

(5) 了解和分析影响生命与健康的可能因素。

模块三：预防和应对意外伤害事故。

(1) 增强自觉遵守交通法规的意识；主动分析出行时存在的安全隐患，寻求解决方法；防止因违章而导致交通事故的发生。

(2) 正确使用各种设施，具备防火、防盗、防触电及防煤气中毒的知识技能。

(3) 了解和积极预防在校园活动中可能发生的公共安全事故，提高自我保护和求助及逃生的基本技能。

模块四：预防和应对网络、信息安全事故。

(1) 自觉遵守与信息活动相关的各种法律法规，抵制网络上各种不良信息的诱惑，提高自我保护和预防违法犯罪的意识。

(2) 合理利用网络，学会判断和有效拒绝的技能，避免迷恋网络带来的危害。

模块五：预防和应对自然灾害。

(1) 学会冷静应对自然灾害事件，提高在自然灾害事件中自我保护和求助及逃生的基本技能。

(2) 了解曾经发生在我国的重大自然灾害，认识人类活动与自然灾害之间的关系，增强环境保护意识和生态意识。

模块六：预防和应对影响学生安全的其他事件。

(1) 了解校园暴力造成的危害，学习应对的方法。

(2) 学会克服青春期的烦恼，逐步学会调节和控制自己的情绪，抑制自己的冲动行为。

(3) 学会在与人交往中有效保护自己的方法，构筑起坚固的自我心理防线。

4. 高中年级的教育内容重点为：

模块一：预防和应对社会安全类事故或事件。

(1) 自觉遵守与生活紧密相关的各种行为规范。

(2) 了解考试泄密、违规的相关法律常识。养成维护考试纪律和规范的良好行为习惯。

(3) 自觉抵制影响和危害社会公共安全的活动，提高社会责任感和国家意识。

(4) 基本理解国际政治、经济、宗教冲突现象，努力维护国家和社会的稳定与团结。

(5) 继承和发扬中华民族传统优秀文化，汲取其他国家文化的精华，抵制不良文化习俗的影响。

模块二：预防和应对公共卫生事故。

(1) 基本掌握和简单运用突发公共卫生事件卫生应急的相关技能，进行自救、自护。有报告事件的意识和了解报告的途径和方法。

(2) 掌握亚健康的基本知识和预防措施，了解应对心理危机的方法和救助渠道，促进个体身心健康发展。

(3) 掌握预防艾滋病的基本知识和措施，正确对待艾滋病毒感染者和患者。

(4) 自觉抵制不良生活习惯和行为，具备洁身自好的意识和良好的卫生公德。

(5) 了解有关禁毒的法律常识，拒绝毒品诱惑。

(6) 学习健康的异性交往方式，学会用恰当的方法保护自己，预防性侵害。当遭到性骚扰时，要用法律保护自己。

模块三：预防和应对网络、信息安全事故。

(1) 树立网络交流中的安全意识，养成良好的利用网络习惯，提高网络道德素养。

(2) 树立不利用网络发送有害信息或进行反动、色情、迷信等宣传活动以及窃取国家、教育行政部门和学校保密信息的牢固意识。

模块四：预防和应对自然灾害。

(1) 基本掌握在自然灾害中自救的各种技能，学习紧急救护他人的基本技能。

(2) 了解有关环境保护的法律法规；能结合当地实际情况，为保护和改善自然环境做贡献。

模块五：预防和应对影响学生安全的其他事件。

(1) 自觉抵制校园暴力，维护自己和同学的生命安全。

(2) 树立正确的安全道德观念，在关注自身安全的同时，去关注他人的安全，并提供力所能及的援助。

(资料来源：国务院办公厅关于转发教育部中小学公共安全教育指导纲要的通知，中华人民共和国中央人民政府网，https://www.gov.cn/gongbao/content/2007/content_564111.htm.)

(二)不得在教学活动中遭遇突发事件、面临危险时，不顾学生安危，擅离职守，自行逃离

《中小学教师违反职业道德行为处理办法》(2018 年修订)第四条明确提出，“在教育教学活动中遇突发事件面临危险时，不顾学生安危，擅离职守，自行逃离”，属于违反教师职业道德的行为，将视情节轻重给予相应处理。如果教师自行逃离现场，不仅会使学生失去安全感，还可能让学生陷入更为危险的境地。因此，教师不得在教学活动中遭遇突发事件、面临危险时，不顾学生安危，擅离职守，自行逃离。在突发事件发生时，教师须保持冷静，并采取恰当的行动来保护学生。这可能包括但不限于疏散学生、维持秩序、提供紧急援助或与其他相关人员协作等。在任何情况下，教师的首要任务都是确保学生的安全。

第七节　坚持言行雅正

教育部曝光违反师德案例(节选)

贵州省贵阳市中加新世界国际学校(民办)教师。刘某某因涉嫌犯罪被判处有期徒刑，当地教育局未对其持有的教师资格证进行收缴。刑满释放后，刘某某于 2015 年 8 月到贵阳中加新世界国际学校入职。2019 年 7 月，刘某某因涉嫌猥亵儿童罪被检察院批准逮捕。刘某某的行为严重违反了《新时代中小学教师职业行为十项准则》第七项规定。根据《教师法》(2009 年修正)《中小学教师违反职业道德行为处理办法》(2018 年修订)，刘某某依法丧失教师资格，终身不得从教。同时，对涉事学校校长予以撤职，对当时参与刘某某入职审查的管理人员予以撤职，并对教育行政部门相关负责人和学校有关人员进行追责问责。

(资料来源：中华人民共和国教育部官网，http://www.moe.gov.cn/jyb_xwfb/gzdt_gzdt/s5987/201912/t20191205_410994.html.)

教师在传播知识的同时，以自身的言行举止、礼仪礼貌等方式对学生产生潜移默化的影响，进而作用于学生的言行举止。

一、言行雅正的内涵

言行雅正是指说话和行为典雅纯正、合乎规范。“雅正”一词可以在王安石的《上邵学士书》中找到：“虽庸耳必知雅正之可贵，温润之可宝也。”这句话的意思是，即使庸俗的人也一定知道典雅方正的可贵和性情温和的宝贵。

言行，从字面上看可分为两个方面：语言和行为。

1. 语言雅正

在社会生活中，我们大多通过语言来传递信息和情感，以达到沟通、交流和表达的目的。雅正的语言不仅要求言辞准确、清晰，还要求表达得体、文雅、有礼貌。

2. 行为雅正

行为雅正是指人在行为举止中展现出的美好品质和风范，它包括文明礼貌、尊重他人、关爱他人、遵守规则等方面。行为雅正强调的是人的行为得体、优雅、有教养，能够对社会和他人产生积极的影响。

二、坚持言行雅正的要求

《新时代中小学教师职业行为十项准则》中对坚持言行雅正的具体要求是：“为人师表，以身作则，举止文明，作风正派，自重自爱；不得与学生发生任何不正当关系，严禁任何形式的猥亵、性骚扰行为。”

(一)为人师表，以身作则，举止文明，作风正派，自重自爱

教师的劳动具有强烈的直观示范性，教师的言行举止对学生有巨大的潜移默化影响。

中小学教师应为人师表，严于律己，在道德和行为方面成为学生学习的榜样和典范。中小学教师应举止文明，遵循教学行为规范、教师人际行为规范、教师仪表行为规范、教师语言行为规范。中小学教师应作风正派，廉洁奉公，关心集体，团结协作，尊重同事，尊重家长，言行一致，如此才能真正发挥好带头作用。中小学教师应自重自爱，坚守高尚情操，知荣明耻，珍惜自己的职业和形象，谨言慎行，尊重自己的人格，爱护自己的身体，珍惜自己的名誉，自觉抵制有偿家教，不利用职务之便谋取私利。

(二)不得与学生发生任何不正当关系，严禁任何形式的猥亵、性骚扰行为

教师与学生发生任何不正当关系，任何形式的猥亵、性骚扰行为都严重侵害了未成年人的人身权利，强烈冲击了社会道德观和公众对教师的认知。教师应时刻保持职业操守和道德标准，尊重学生的尊严和权利。学校应进行教师入职前违法犯罪记录查询，提高教师入职门槛，并加强教师日常管理工作。此外，学校应建立平等的师生关系，增设性教育课程。教育管理部门应进行监督。监护人应改变教育观念，进行有效监护，改变未成年人长期监护缺位的现状。从法律层面来说，应当完善未成年人保护法，严格履行性侵案件强制报告制度并建立犯罪信息公开制度。

第八节　秉持公平诚信

“差生”不能中考(节选)

2024 年 6 月 18 日，网友爆料称“江西南昌某中学学生疑似因为班主任的阻挠没能参加中考”。有学生家长称，孩子中考前疑似接到班主任的信息：“不要报中考，我们照样给你发毕业证，你报了的话，考到 290 分才能拿到毕业证。如果没考到 290 分，那就等下个学期再来考一次，直到考到 290 分为止，再给你发毕业证。”家长事后才知道孩子没参加考试。6 月 18 日深夜，南昌市教育局通报称，情况基本属实，将追究相关人员的责任。

从媒体报道来看，劝退“差生”并非某所学校独有的做法。近年来，由于学校追求所谓的“升学率”，“差生”无缘中考的现象屡见不鲜。

教师出于对学校升学率的考虑，违背了教育公平原则，扼杀了孩子们的求学梦想。

思考：在面对学生“升学率”问题时，教师应如何做到公平诚信？

(资料来源：百度网，https://baijiahao.baidu.com/s?id=1769093210312607161&wfr=spider&for=pc，2023-06-19.)

习近平总书记在讲到培育和弘扬社会主义核心价值观时，特别强调要继承和发扬中华优秀传统文化，并把“讲诚信”作为中华优秀传统文化的重要内容之一给予高度重视。在中华优秀传统文化体系中，诚信既是个人修养和人格完善的核心要求，也是社会道德和价值追求的内在基础。诚信道德在当今时代获得了新的意义，成为社会主义核心价值观的重要组成部分。

一、秉持公平诚信的内涵

公平诚信是一种价值观和行为准则。公平意味着不偏袒、不歧视，不偏离正义原则。在处理事务时，要秉持客观公正的态度，不因个人喜好或私利而偏袒某一方。公平是建立在法律、道德和良知基础上的原则。诚信是指言行一致、言出必行的品质。秉持诚信意味着遵守承诺、讲真话、守信用，不欺骗他人或违背自己的承诺。诚信是维系人际关系和社会秩序的重要基石。公平诚信是一种高尚的品质和行为准则，要求人们在处理事务时始终坚持公正、诚实、正直、公私分明，并建立信任和尊重的关系。秉持公平诚信的原则有助于构建和谐社会、维护社会公正与道德伦理。

“秉持公平诚信”作为《新时代中小学教师职业行为十项准则》中的一项准则，能帮助中小学教师和学生树立正确的道德观念和价值观，培养他们具备正直、诚实、公正和守信等品质。通过秉持公平诚信的原则，中小学可以营造一个公正、诚实、和谐的教育环境。这有助于培养学生良好的品德和行为习惯，提高教育质量，促进学生全面发展。还能够树立良好的社会形象，赢得家长和社会的认可与支持。

二、秉持公平诚信的要求

引导案例

公平诚信——营造班级良好氛围(节选)

去年，我担任七年级三班的班主任时，班级有一段时间经常丢东西，不是这个同学放在书包内的钱丢失了，就是那个同学的饭卡不见了，甚至生活委员收的学生订饭的钱也不翼而飞。我经过细心观察和调查了解，感觉是有学生“拿”走了这些物品。我在想，怎么办呢？既要帮助“拿钱”的同学改掉恶习，又不能伤害学生的自尊心。于是我决定通过召开班会的形式来解决这个问题。班会课上，我首先讲了几个不诚信造成严重后果的例子，然后重点讲了我上学时候有这种行为的同学在同学们中所造成的影响，尤其强调，“我们同学每次聚会时，谈话的话题就是有这种行为的同学。如果你这样做，也会成为这样的学生，也会成为你的同学们茶余饭后的笑柄”。接着，由各组同学进行讨论，这种行为会给你带来什么影响，你会和有这种行为的同学交朋友吗？最后，同学们自由发言，场面十分热烈。班会结束时，我向同学们说：“如果这位同学把‘拿的钱’还回来，同学们会原谅他吗？”同学们异口同声地说“能”，“那么我们给这位同学三天的时间，好吗？”“好”。结果，第二天丢钱的同学高兴地跑到我跟前说：“老师，钱回来了！”从此，我们班再也没有丢过钱。

思考：你认为这位老师的做法好吗？结合所学知识谈一谈你的看法。

(资料来源：360 文库，https://wenku.so.com/d/ac2ba7e654491096d916dc4933edb6d8，2019-05-07.)

《新时代中小学教师职业行为十项准则》中对秉持公平诚信的具体要求是：“坚持原则，处事公道，光明磊落，为人正直；不得在招生、考试、推优、保送及绩效考核、岗位聘用、职称评聘、评优评奖等工作中徇私舞弊、弄虚作假。”

(一)坚持原则，处事公道，光明磊落，为人正直

坚持原则，是中国共产党人的重要品格，也是我们教师应该具备的重要品质。习近平总书记指出：“党的干部都要有秉公办事、铁面无私的精神，讲原则不讲面子、讲党性不徇私情。”坚持原则是具体的，并非单纯地落在口头上，而是要体现在日常工作生活的方方面面。作为新时代教师要想成为孩子的榜样，要敢于坚持原则、勇于讲原则，不能被所谓面子问题所困扰。没有规矩，不成方圆。原则在我们生活和工作中就是规矩。我们应坚守自己的原则，不做触碰原则和底线的事情。教师在日常生活和平时工作中，更要坚守原则。

(二)不得在招生、考试、推优、保送及绩效考核、岗位聘用、职称评聘、评优评奖等工作中徇私舞弊、弄虚作假

1. 招生、考试、推优、保送

规范招生流程。严格制订并执行招生计划，确保信息公开透明。明确招生范围、标准

与程序，通过多种渠道向社会公示，接受各方监督。设立专门咨询热线与报名平台，安排专人负责解答疑问，指导考生及家长完成报名事宜，杜绝暗箱操作。

严谨推优标准。建立科学合理的推优体系，综合考量学生学业成绩、品德表现、社会实践等方面因素。成立推优评审小组，成员涵盖教师代表、家长代表与教育专家，确保评审过程公正客观。推优结果及时公示，接受全校师生监督，对有异议者提供申诉渠道并认真复查处理。

严格保送资格审核。对于保送资格的认定，必须严格按照相关政策法规和既定条件进行。对申请保送学生的材料进行详细审核，包括获奖证书真伪、综合素质评价报告等。必要时开展实地考察或背景调查，确保保送学生名副其实。同时，对保送过程中的违规行为制定严厉处罚措施，维护教育公平公正。

2. 绩效考核

绩效考核是提高教师管理效益的重要手段。通过考核工作，学校可以判断教师的水平是否与其岗位职务相适应，学校的教学计划是否合理，教师的培养培训计划和效益是否符合实际，教师队伍的管理是否发挥出应有的效益，从而不断采取措施，改进管理方法，进一步深化教育教学改革。同时，绩效考核是发现、选拔人才的一条重要途径。通过考核，有利于加强学术梯队的建设和学科带头人的培养。需要强调的是，绩效考核工作必须遵循客观、公正、准确的原则，才能发挥其应有的作用。

3. 岗位聘用

教师招聘是教师入职的必要条件，需具备以下条件：①具有相应学段的教师资格证书；②身心健康，具备岗位要求的身体条件；③热爱教育事业，具有良好的职业道德；④具有中华人民共和国国籍，遵纪守法，无不良行为记录；⑤具有具体岗位要求的其他条件。教师在招聘过程中不得弄虚作假，否则予以取消资格。

4. 职称评聘

教师职称评定是指我国教师职称的评定方法。我国现行的以中小学教师职务聘任制为主要内容的中小学教师职称制度是 1986 年建立的。按照国家规定，中学教师职称的最高等级为副高级，小学教师职称最高等级仅为中级，这影响了很多中小学教师的积极性，也影响了国民整体素质教育的水平。中小学职称制度改革后，重点将原来独立的中学教师职务系列与小学教师职务系列统一并入新设置的中小学教师职称(职务)系列。职称设置从正高级职称到员级共 5 个等级，依次为正高级教师、高级教师、一级教师、二级教师、三级教师，分别对应职称的正高、副高、中级、助理、员级。该评定制度意味着全国将有越来越多的中小学教师可以参评与教授级别相同的正高级职称，这一规定提升了中小学教师职称评定的合理性，提高了教师的工作积极性，也从侧面反映了国家对于教育行业的大力支持。

5. 评优评奖

教师评优、评先工作是教师队伍建设的重要举措。各级荣誉作为教师评聘职称的主要依据，关系到教师的切身利益，因此，制定评优评先工作办法需要更加科学、规范。

第九节　坚守廉洁自律

2018 年，教育部印发的《新时代中小学教师职业行为十项准则》第九项明确提出，坚守廉洁自律。严于律己，清廉从教；不得索要、收受学生及家长财物或参加由家长付费的宴请、旅游、娱乐休闲等活动，不得向学生推销图书报刊、教辅材料、社会保险或利用家长资源谋取私利。

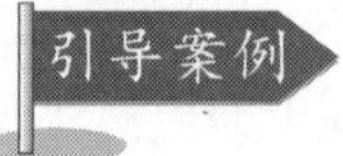

小学教师徐某某收受礼品礼金

阜新市育才小学教师徐某某收受家长礼金及礼品，其行为违反了《新时代中小学教师职业行为十项准则》第九项规定。2023 年 2 月，徐某某受到工资降级、停职停薪处理，三年内不得涨工资、不得晋级评优，同时退还违纪所得。

(资料来源：搜狐 师德师风违规，通报！https://learning.sohu.com/a/673350909_121124430.2025-03-24.)

一、坚守廉洁自律的含义

廉洁，即不贪污钱财，不收受贿赂，保持自身清白。自律是指自律主体按照一定的标准，自我约束、自我控制言行和思想的过程。廉洁自律是一个人良好道德情操的体现，是人在道德层面的高尚表现。因此，具有廉洁自律品质的人备受人们的欢迎与尊重。身为教师，更应秉承这种优良传统，做一个为人清正廉洁，为学生着想，不偏不倚，公平公正的好教师。这样学生才能安心学习，学业蒸蒸日上，教师也能在这个过程中找到真正的自己。

二、坚守廉洁自律的要求

向人民的好教师包全杰同志学习

包全杰同志生前是辽宁省凤城市东方红小学教师、校长。自 1959 年参加教育工作直至 1999 年因病逝世，40 年如一日，他尽职尽责，呕心沥血，将自己毕生的精力无私地奉献给了党和人民的教育事业。在长期的教育教学工作中，他锐意进取，勇于创新，大力推进素质教育，积极进行教育教学改革；他爱教爱校，热爱学生，模范地履行教师的职业道德；他艰苦奋斗、励精图治，坚持不懈地改善办学条件，把一所普通小学建设成为享誉八方的示范学校；他生活简朴、廉洁从教、克己奉公、言传身教，培养出了一支思想好、业务精、素质高的教师队伍。包全杰同志崇高的品格和师德不仅受到学生和教师的敬仰，而且得到广大人民群众的高度赞誉。他曾先后获得“全国德育先进工作者”“辽宁省优秀共产党员”等荣誉称号。

包全杰同志是人民教师的优秀代表。他的模范事迹感人至深，在当前更具有特殊的重要意义。为了进一步学习宣传包全杰同志的模范事迹，弘扬师德，推进师德建设，教育部决定在全国教育系统开展向人民的好教师包全杰同志学习的活动。

思考：结合包全杰校长的案例，你如何理解廉洁自律的要求？

(资料来源：人事部、教育部《关于追授包全杰同志“全国模范教师”荣誉称号的决定》，(人发〔2000〕99 号).)

坚守廉洁自律要求教师在职业生涯中应始终遵循以下要求。

(1) 遵守法律法规。教师应严格遵守国家和地方的法律法规，不得从事违法犯罪行为。他们应了解、学习并遵循与教育工作相关的各项法规，如《教育法》《中小学教师职业道德规范》(2008 年修订)等。

(2) 不谋取私利。教师不得利用职务之便谋取个人私利。不得收受贿赂、索取回扣，不参与商业活动或利用学生和家长资源获取经济利益。

(3) 诚实守信。教师应言行一致，言出必行。要讲真话、做实事，保持诚实可信的形象。同时，要守信用，履行对学生、家长和学校的承诺。

(4) 公正评价。教师在评价学生时应客观公正，不偏袒任何一方。评价应基于客观标准和事实依据，并为每个学生提供公平的机会和资源。

(5) 自我约束。教师应自觉约束自己的行为，不参与有损社会风气、违背职业道德的活动。要严格要求自己，不滥用权力，不以个人意志损害学校利益和学生利益。

(6) 持续学习与提升。教师应保持积极的学习态度，持续提升自己的专业知识和教育能力。要关注教育领域的最新发展，参加专业培训和学术交流，不断完善自身素质。

当教师坚守廉洁自律的要求时，还应注意以下几点。

(1) 保持专业尊严：教师应以专业的态度对待教育工作，不将个人情感和私人利益带入工作中。要避免利用职权谋取私利或滥用职权对学生进行不公正的评价和处理。

(2) 建立健全制度：学校和教育管理部门应建立健全监督机制和内部控制体系，加强对教师行为的监管与评估。同时，要加强对违反廉洁自律规定行为的惩处，并及时公开通报。

(3) 提升职业道德意识：教师应不断提高自身职业道德水平，并将其融入日常教育实践中。通过培训、研讨会等方式，加强对职业道德规范和操守的学习与理解。

(4) 公开透明管理：学校应建立公开透明的管理机制，确保资源分配、招生录取、奖惩等方面的决策过程公正透明。这有助于减少腐败现象的发生，提高教育公平性。

(5) 鼓励举报和监督：学校应鼓励教师、学生及家长积极参与对违反廉洁自律行为的举报和监督。建立畅通的投诉渠道，并对举报人进行保护，确保他们不受任何打压或报复。

第十节　规范从教行为

湖南省长沙市开福区潮宗街小学教师欧阳某某有偿补课问题

2018 年起，欧阳某某为其亲属开设的校外培训机构介绍生源，并参与校外培训机构组织的有偿补课。欧阳某某的行为违反了《新时代中小学教师职业行为十项准则》第十项规定。根据《中小学教师违反职业道德行为处理办法》(2018 年修订)等相关规定，对欧阳某某作出辞退处理，并在全区教育系统进行通报；对学校主要负责人进行诫勉谈话。

思考：作为教师，应该如何规范自身的从教行为？

(资料来源：教育部公开曝光第八批 8 起违反教师职业行为十项准则典型案例，http://www.moe.gov.cn/jyb_xwfb/gzdt_gzdt/s5987/202111/t20211130_583351.html.)

师德乃立教之魂。师德立，则教育兴；师德兴，则教育强。作为教师应规范自身从教行为，做到勤勉敬业，乐于奉献，自觉抵制不良风气；不得组织、参与有偿补课，或为校外培训机构和他人介绍生源、提供相关信息。

一、规范从教行为的内涵

“银龄教师”何琳：“只要有需要，我还会继续干下去”

作为一名退休教师，何琳自 2020 年起，连续 3 年参加“银龄讲学计划”，先后被聘任为和政县罗家集学区、龙泉小学、西关小学、城关学区的责任督学。“习惯了当老师，总希望还能为教学做些事。”何琳说，退休后他并没有完全离开教学工作，听闻有“银龄教师行动计划”，没有丝毫犹豫，立即报了名。

在此之前，何琳当了近 30 年班主任、10 年教导主任、8 年学区副校长和 7 年学区校长，并担任和政县教科局督学。在 42 年的教育工作中，他始终将“一切为了学生，为了学生的一切”作为工作信条，以“爱”作为与教师、学生相处的桥梁。

“作为一名有教育情怀、对教育事业有着深厚感情的老教师，何琳同志退休后，不忘教育初心，积极参加‘银龄计划’，担任督学发挥余热，积极为和政教育、学校的发展建言献策。”和政县教科局相关负责人说。

(资料来源：中国教育报. 2023-09-11.)

“从教”从字面来看，就是从事教师工作、从事教师职业的意思。从教行为就是从事教师工作的具体行为和从事教师职业相关内容的行为。从教行为的内涵可以从以下三个方面界定。

一是从教师职业角度出发，从教行为包含了社会对教师的职业要求。

二是从教育教学角度出发，从教行为是指教师所从事的教育教学工作行为。

三是从法律角度出发，从教行为规范了教师的行为，教师需要明确所要承担的责任，同时禁止作出违反法律的行为。

二、规范从教行为的要求

【政策链接 5-4】

严禁中小学校和在职中小学教师有偿补课的规定

一、严禁中小学校组织、要求学生参加有偿补课；

二、严禁中小学校与校外培训机构联合进行有偿补课；

三、严禁中小学校为校外培训机构有偿补课提供教育教学设施或学生信息；

四、严禁在职中小学教师组织、推荐和诱导学生参加校内外有偿补课；

五、严禁在职中小学教师参加校外培训机构或由其他教师、家长、家长委员会等组织的有偿补课；

六、严禁在职中小学教师为校外培训机构和他人介绍生源、提供相关信息。

对于违反上述规定的中小学校，视情节轻重，相应给予通报批评、取消评奖资格、撤销荣誉称号等处罚，并追究学校领导责任及相关部门的监管责任。对于违反上述规定的在职中小学教师，视情节轻重，分别给予批评教育、诫勉谈话、责令检查、通报批评直至相应的行政处分。

（资料来源：中华人民共和国教育部官网，
http://www.moe.gov.cn/srcsite/A10/s7002/201507/t20150706_192618.html.）

2018 年，教育部印发的《新时代中小学教师职业行为十项准则》第十项提出，规范从教行为。勤勉敬业，乐于奉献，自觉抵制不良风气；不得组织、参与有偿补课，或为校外培训机构和他人介绍生源、提供相关信息。

(一)勤勉敬业，乐于奉献，自觉抵制不良风气

一是勤勉敬业。敬业是中华民族的传统美德。《礼记・学记》中提到，人在成长过程中 “一年视离经辨志；三年视敬业乐群”，认为学习要达到的第二个阶段就是学会敬业。对于每一名教师来说，敬业精神的内涵体现在三个方面：热爱、勤勉和克制。教师勤勉敬业体现了教师对自己工作和职业的热爱与珍视，以及勤勉努力、尽职尽责的道德操守。

二是乐于奉献。教师的奉献是一种爱，是对自己事业不求回报的爱和全身心的付出。对个人而言，就是要在这份爱的感召下，把本职工作当作一项事业来热爱和完成，从点点滴滴中寻找乐趣；努力做好每一件事，认真善待每一个学生，全心全意为学校工作服务。

三是自觉抵制不良风气。不良的作风和风气通常是指一些负面、有害或不道德的行为和价值观在特定环境中流行和蔓延的情况。教师中的不良风气包括散布错误言论、违规收受礼品礼金、乱收费、违规补课、体罚学生等行为。教师应自觉抵制这些不良风气，充分认识教师职业的神圣使命，热爱每个学生、关心每个学生、信任每个学生、尊重每个学生；坚持教书和育人相统一、言传和身教相统一、潜心问道和关注社会相统一、学术自由和学术规范相统一；提高自己的人文素养和专业水平，让教书育人成为毕生的事业，在学生成长中实现人生的价值。

(二)不得组织、参与有偿补课，或为校外培训机构和他人介绍生源、提供相关信息

教师从教的目的是培养人才，传承文明，促进社会进步，而不应组织、参与有偿补课，或为校外培训机构和他人介绍生源、提供相关信息并从中获取回扣等不良行为。

2008 年，教育部修订的《中小学教师职业道德规范》强调教师为人师表，应坚守高尚情操、树立正派作风，并首次将“自觉抵制有偿家教”列入其中；2015 年 6 月，教育部在《严禁中小学校和在职中小学教师有偿补课的规定》中划出六条“红线”，明令禁止有偿

补课；2018 年 11 月，教育部修订的《中小学教师违反职业道德行为处理办法》第四条第十款明确规定对“组织、参与有偿补课，或为校外培训机构和他人介绍生源、提供相关信息”的违反职业道德行为的教师应予处理。

因此，教师不准违规收费、徇私舞弊和弄虚作假；不准在教育教学中消极怠工，敷衍塞责；不准歧视、体罚、变相体罚学生和侵犯学生合法权益；不准进行有偿家教；不准以权谋私向学生和家长索要或变相索要财物。

本章小结

2018 年，教育部印发的《新时代中小学教师职业行为十项准则》是教师职业行为的基本规范。师德师风是评价教师队伍素质的第一标准。长期以来，广大教师不忘初心、牢记使命，爱岗敬业、教书育人，改革创新、服务社会，做出了重大贡献。党和国家高度肯定，学生、家长和社会普遍尊重。但是，也有个别教师放松自我要求，不能认真履职尽责，甚至出现严重违反师德的行为，损害教师队伍的整体形象。教育部制定教师职业行为准则，明确新时代教师职业规范，针对主要问题和突出问题划定基本底线。这是对广大教师的警示提醒和严管厚爱，是深化师德师风建设，造就政治素质过硬、业务能力精湛、育人水平高超的高素质教师队伍的关键之举。

课后习题

1. 教师在面临危险时，不顾学生安危，擅离职守，自行逃离的行为违背了《新时代中小学教师职业行为十项准则》中的(　　)。

A. 潜心教书育人　　B. 关心爱护学生

C. 加强安全防范　　D. 坚持言行雅正

2. 《新时代中小学教师职业行为十项准则》于 2018 年 11 月开始实施，其中要求教师不得存在擅自从事影响教育教学本职工作的兼职兼薪行为的准则是(　　)。

A. 坚定政治方向　　B. 潜心教书育人

C. 坚持言行雅正　　D. 坚守廉洁自律

法律是维护和平与秩序的一种手段。

——罗马帝国思想家奥古斯丁

第六章　教育法的基本原理

课程目标

知识目标：学生通过理论学习，掌握教育法的含义、特征、作用和基本原则。

能力目标：学生通过案例分析理解教育法的渊源与体系。

素质目标：学生通过案例体验，理解教育法律关系的产生、变更和消灭。

重点与难点

学习重点：掌握教育法的含义、特征、作用和基本原则。

学习难点：学生通过案例体验，理解教育法律关系的产生、变更和消灭。

核心概念

教育法

【政策链接 6-1】

《中华人民共和国教育法》(2021 年修正)(节选)

第一章　总则

第一条 为了发展教育事业，提高全民族的素质，促进社会主义物质文明和精神文明建设，根据宪法，制定本法。

第二条 在中华人民共和国境内的各级各类教育，适用本法。

第三条 国家坚持中国共产党的领导，坚持以马克思列宁主义、毛泽东思想、邓小平理论、“三个代表”重要思想、科学发展观、习近平新时代中国特色社会主义思想为指导，遵循宪法确定的基本原则，发展社会主义的教育事业。

第四条 教育是社会主义现代化建设的基础，对提高人民综合素质、促进人的全面发展、增强中华民族创新创造活力、实现中华民族伟大复兴具有决定性意义，国家保障教育事业优先发展。

全社会应当关心和支持教育事业的发展。

全社会应当尊重教师。

第五条 教育必须为社会主义现代化建设服务、为人民服务，必须与生产劳动和社会实践相结合，培养德智体美劳全面发展的社会主义建设者和接班人。

第六条 教育应当坚持立德树人，对受教育者加强社会主义核心价值观教育，增强受教育者的社会责任感、创新精神和实践能力。

国家在受教育者中进行爱国主义、集体主义、中国特色社会主义的教育，进行理想、道德、纪律、法治、国防和民族团结的教育。

第七条 教育应当继承和弘扬中华优秀传统文化、革命文化、社会主义先进文化，吸收人类文明发展的一切优秀成果。

第八条 教育活动必须符合国家和社会公共利益。

国家实行教育与宗教相分离。任何组织和个人不得利用宗教进行妨碍国家教育制度的活动。

第九条 中华人民共和国公民有受教育的权利和义务。

公民不分民族、种族、性别、职业、财产状况、宗教信仰等，依法享有平等的受教育机会。

第十条 国家根据各少数民族的特点和需要，帮助各少数民族地区发展教育事业。

国家扶持边远贫困地区发展教育事业。

国家扶持和发展残疾人教育事业。

第十一条 国家适应社会主义市场经济发展和社会进步的需要，推进教育改革，推动各级各类教育协调发展、衔接融通，完善现代国民教育体系，健全终身教育体系，提高教育现代化水平。

国家采取措施促进教育公平，推动教育均衡发展。

国家支持、鼓励和组织教育科学研究，推广教育科学研究成果，促进教育质量提高。

第十二条 国家通用语言文字为学校及其他教育机构的基本教育教学语言文字，学校及其他教育机构应当使用国家通用语言文字进行教育教学。

民族自治地方以少数民族学生为主的学校及其他教育机构，从实际出发，使用国家通用语言文字和本民族或者当地民族通用的语言文字实施双语教育。

国家采取措施，为少数民族学生为主的学校及其他教育机构实施双语教育提供条件和支持。

第十三条 国家对发展教育事业做出突出贡献的组织和个人，给予奖励。

第十四条 国务院和地方各级人民政府根据分级管理、分工负责的原则，领导和管理教育工作。

中等及中等以下教育在国务院领导下，由地方人民政府管理。

高等教育由国务院和省、自治区、直辖市人民政府管理。

第十五条 国务院教育行政部门主管全国教育工作，统筹规划、协调管理全国的教育事业。

县级以上地方各级人民政府教育行政部门主管本行政区域内的教育工作。

县级以上各级人民政府其他有关部门在各自的职责范围内，负责有关的教育工作。

第十六条 国务院和县级以上地方各级人民政府应当向本级人民代表大会或者其常务委员会报告教育工作和教育经费预算、决算情况，接受监督。

(资料来源：中华人民共和国教育部官网，https://www.moe.gov.cn/.)

第一节 教育法的含义、特征和作用

教育法的含义、特征和作用

教育法赋能山村小学焕新

某山区小学因资金匮乏，教学设施陈旧落后，严重影响教学质量。当地政府依据《教育法》中关于教育投入与保障的规定，加大了对该山区小学的财政支持力度。政府拨款用于修缮教室、建设实验室，并购置新的教学设备，同时，根据《教育法》中有关教师队伍建设的内容，为该校引进了一批优秀的年轻教师，并且定期组织在职教师培训，提升教师素质。经过一段时间的努力，该校的教学环境得到了改善，教学质量也得以提高。

(资料来源：本书作者整理编写.)

一、教育法的含义

教育法是国家制定或认可，并由国家强制力保证其实施的，调整教育活动中各种社会关系的法律规范的总和。教育法的调整对象是教育社会关系，它是国家机关、教育行政部门、各级各类学校及其他教育机构、教职工、学生、学生家长、社会团体和公民等在教育活动中形成的各种社会关系。

狭义上的教育法是指作为教育基本法的《教育法》，即由国家权力机关(或立法机关)制定的教育法律，在我国是指由全国人民代表大会及其常务委员会制定的教育法律。

广义的教育法是指由国家权力机关依照法定的权限和程序制定或认可的，以国家强制力保证实施的教育行为规范体系及其实施所形成的教育法律关系和教育法律秩序的总和。广义的教育法既包括国家各级权力机关制定的法律法规，也包括国家各级行政机关制定和发布的命令、决定、条例、规定、办法、指示和规章等规范性文件。

通常，我们所讲的教育法是指广义的教育法。我国现行教育法主要包括《教育法》、《教师法》、《义务教育法》、《中华人民共和国高等教育法》(以下简称《高等教育法》)、《中华人民共和国职业教育法》(以下简称《职业教育法》)、《中华人民共和国民办教育促进法》(以下简称《民办教育促进法》)、《中华人民共和国学位条例》、《教师资格条例》等。

幼升小能晚一年上小学吗

陈先生家住武汉市硚口区，他家孩子出生于2016年8月底，目前正在读幼儿园中班。同班的孩子都比他的孩子大6个月到10个月左右。与同龄的孩子相比，他的孩子个头也要小一些。陈先生担心，自己的孩子在各方面发育都比同龄孩子晚一些，按正常时间，孩子刚满六周岁就要上小学，可能会不适应。

陈先生说："按9月1日的分界线，孩子的出生日期只早了不到一个星期，比他晚出生一个星期的孩子就必须晚一年上小学了。"目前孩子读的是公立幼儿园，他想让孩子在读完幼儿园大班后，到培训机构或者其他幼儿园再读一年，满7周岁时再上小学。

对此，武汉市硚口区教育局回复：根据《义务教育法》规定，"凡年满六周岁的儿童，其父母或者其他法定监护人应当送其入学接受并完成义务教育"，请陈先生按孩子的适龄年份送其入学。因义务教育阶段新生入学工作政策性强，硚口区高度重视，将其作为维护教育公平、促进义务教育优质均衡发展的具体行动。

"义务教育具有强制性，适龄儿童必须接受义务教育。"相关工作人员介绍，"如确实有特殊情况，家长可以提供相应证明向教育部门申请缓学，获得批准方可执行。比如，孩子因身体不适不能正常入学，需要有正规医院的证明，不能以家长认为孩子不适应为由推迟孩子接受义务教育的时间。"

《义务教育法》(2018年修正)第十一条第二款规定："适龄儿童、少年因身体状况需要延缓入学或者休学的，其父母或者其他法定监护人应当提出申请，由当地乡镇人民政府或者县级人民政府教育行政部门批准。"

思考：《义务教育法》(2018年修正)具有哪些特征？

(资料来源：本书作者整理编写.)

二、教育法的特征

教育法作为一种社会规范，与其他社会规范有所不同，具有不同于其他法律的特殊性。教育法的特征不仅区别于道德、风俗习惯、宗教、公序良俗等其他社会规范，也区别于民法、刑法、行政法等其他法律。以下是教育法的基本特征。

(一)国家意志性

教育法是由国家通过法定程序，以制定或认可两种方式确定的行为规则，体现了国家意志性。与其他社会规范相比，教育法规体现的是整个国家在教育方面的意志，这种意志是本国绝大多数公民在教育方面的共同愿望和要求。而其他社会规范，如道德、风俗习惯、宗教、公序良俗等，不需要经过国家制定或认可，这些社会规范也没有体现出国家的意志。

(二)强制性

教育法是以国家强制力保证实施的行为规范，这是它与其他行为规范的最根本区别。教育法是由外向内地控制个体行为，个体必须按照教育法规的要求约束自己的行为，属于他律，具有强制性。其他社会规范如道德、风俗习惯、宗教、公序良俗等，主要是由内向外控制个体行为，强调的是个体的自觉自愿性，更多强调的是自律。

(三)规范性

教育法是以规范性文件的形式出现的。首先，教育法具有形式上的程序性和正式性。教育法是通过一定的立法程序制定的，不符合法律制定和修改程序的法律称为不合法的，即不具有执行力。教育法的程序性是指教育法必须经过一定的程序产生；而正式性则强调教育法是以正式的法规作为载体的。其次，教育法具有内容上的合理性和可行性。法律规范精确、严谨，内容完整，且具有可行性和可操作性。内容上的合理性强调的是法律法规的内容必须符合常理，是理性的；而可行性则是指法律规范的内容必须是具体可操作的，能够规范人们的行为。

(四)普遍性

教育法的普遍性特点包含两个方面。一方面，范围的普遍性。在国家权力所及的范围内，教育法规具有普遍的约束力。另一方面，适用对象的普遍性。教育法律面前人人平等，不存在适用对象的例外。需要注意的是，普遍性并不意味着在全国范围内通用，普遍的范围是有大有小的。

(五)广泛性

教育法涉及的法律关系主体和适用范围都十分广泛，因此具有广泛性。教育是一项社会性事业，涉及千家万户、各个机关和社会其他各方面，已经成为一种最广泛的社会活动。

(六)阶级性

教育法是上层建筑的一个组成部分，具有很强的阶级性，这是教育法的本质特征。根据马克思主义法学观点，教育法从其本质上说是统治阶级意志和根本利益在教育领域的体现，或者说是提升为国家意志的统治阶级的共同教育意志的体现。

(七)教育性

教育法除了具有法的强制作用外，更侧重于法的教育作用。教育法主要是靠教育宣传和行政措施来加以贯彻。在处理教育纠纷时，主要有警告、记过、降级、撤职、开除等行政处分。在解决教育问题中，通常情况下，较多地采用说服教育、批评教育等措施。

三、教育法的作用

教育法的作用是指教育法对教育改革和发展所发挥的功效。制定与实施教育法，需要着眼于教育改革和发展的实践需要，并且直接为教育实践服务。任何教育法的实施，均会给教育实践带来影响。这种影响或有强烈与微弱之分，或有深刻与浅显之别。然而，无论教育法的影响有着怎样的不同，都是其作用的体现。教育法的作用可以概括为：保障性作用、规范性作用、激励性作用、制约性作用和管理性作用。

(一)保障性作用

所谓保障性，是指教育法客观上起着维护与保障教育事业发展的作用。教育法的保障性作用主要表现在以下几个方面。首先，制定教育法是为了使教育事业的改革与发展有政策可依、有法律可依。这是由制定法规的基本目的所决定的。为什么要制定教育法？或者为什么要制定这样或那样的教育法？因为教育实践存在着“法律缺失”，有着依据教育法规的现实需求。教育法的制定，其本身就意味着是为教育事业的改革和发展提供法律上的支持与保障。其次，实施教育法是为了保障教育事业能够按照法规所确立的目标，并沿着法规所指引的路径向前发展。无论是宏观的教育法规(如国家的教育法)，还是各项具体的教育法规，均带有鲜明的实践性特征。教育法指向教育实践，教育的实践过程也就成为实践教育法的过程。因此，教育法为教育的改革与发展提供着坚实的实践保障。

【政策链接 6-2】

“幼升小”“小升初”直通车
——南京发布义务教育招生入学政策(节选)

2023 年，南京市义务教育招生工作坚持公平原则。全面贯彻《义务教育法》《未成年人保护法》等法律法规要求，切实保障每一个适龄少年儿童接受义务教育的权利。强化政府法定责任，依法做好控辍保学工作；切实做好留守儿童少年、特需儿童少年、家庭经济困难学生，以及残障儿童少年的入学及服务保障工作。坚持以公办学校为主，统筹安排，确保符合条件的随迁子女能够在流入地接受义务教育。

全面实行“阳光招生”。各区教育行政部门应在规定时间通过政务网站等渠道向社会公布义务教育招生入学工作的实施方案及实施细则；学校应通过多种途径及时公开招生的相关信息。

坚持落实“八个严禁”。依据教育部和江苏省教育厅要求，2023 年南京市义务教育招生工作仍然坚持“八个严禁”要求。

(1) 严禁提前招生、无计划招生、超计划招生、“掐尖”招生、违规跨区域招生；

(2) 严禁公办学校参与举办的民办学校以公办学校名义招揽生源；

(3) 严禁学校间混合招生、招生后违规办理转学；

(4) 严禁组织或与社会培训机构联合组织以选拔生源为目的的各类考试，或采用社会培训机构组织的考试结果作为招生依据；

(5) 严禁以高额物质奖励、免收学费、虚假宣传等方式争抢生源；

(6) 严禁招收已被其他学校录取的学生；

(7) 严禁招收借读生、人籍分离、空挂学籍；

(8) 严禁收取择校费、与招生入学挂钩的赞助费以及跨学期收取学费。

(资料来源：“幼升小”“小升初”直通车 | 刚刚，南京发布义务教育招生入学政策. 新华报业网，http://jres2023.xhby.net/index/202305/t20230506_7928700.shtml.)

(二)规范性作用

所谓规范性作用，是指教育法为教育事业的发展提供了某种标准与范式，起着规范作用。教育法的规范性作用是由其本身固有的特点决定的。作为一种政策文本，它所提供的恰恰是一种行动的标准。教育法总是带有鲜明的规范性或规定性，它规定着应该做什么或不应该做什么，应该怎样做或不应该怎样做。

教育法的规范性作用主要表现在两个方面。一方面，指引作用，即教育法对人的教育行为具有导向、引路的作用。教育法对人的教育行为的指引是一种规范指引，这种指引具有稳定性和连续性的特点。执行教育法就是按照确定的规范行事。另一方面，评价作用，即教育法作为评价他人教育行为的标准所起的作用。任何教育法规，当它成为一种行为规范时，这种规范也就具有判断、衡量他人行为的作用。人们在执行教育法时，事实上总是自觉或不自觉地用法规的规范对照自己的行为，衡量自己的行为，同时也用这种规范对照他人的行为，衡量他人的行为。例如，当人们在询问某种教育行为是否符合政策、符合法律时，也就隐含着把教自法的规范性作为一种评价标准。因此，教育法的规范性作用也突出地表现为其所具有的评价作用。

【政策链接 6-3】

沈阳市教育局严查在职教师违规补课(节选)

2023 年 4 月 10 日，沈阳市教育局召开了全市“在职教师违规补课查处工作专题会议”。会议召开以来，各区(县、市)教育局、各直属学校(单位)认真贯彻落实会议精神，加强师德师风教育，加大对在职教师违规补课行为的查处力度。按照《沈阳市教育局关于进一步加强在职教师违规有偿补课查处工作的通知》(沈教通〔2023〕84 号)要求，为充分发挥典型案例的警示教育作用，现将近期查处的在职教师违规有偿补课典型案例通报如下。

沈阳市第 134 中学 3 名教师参与违规有偿补课。近期，沈阳市第 134 中学教师曲某某、王某某、孙某违反《新时代中小学教师职业行为十项准则》要求，参与违规有偿补课。依据《中小学教师违反职业道德行为处理办法》(2018 年修订)，经和平区教育局党组研究决定，给予曲某某记大过、党内警告处分，调离教师岗位；给予王某某、孙某记过处分；责令退还违规有偿补课费用。

有偿补课一直是我国教育治理的难题之一。尽管教育部和其他部委从学生减负、素质教育、行风建设和规范收费等方面着手，出台多个规范性文件，补课问题仍然未得到有效治理。2008 年，教育部、中国教科文卫体工会全国委员会重新修订并印发《中小学教师职业道德规范》，明确提出“自觉抵制有偿家教，不利用职务之便谋取私利”。2014 年，教育部发布《中小学教师违反职业道德行为处理办法》，明确中小学教师“组织、要求学生参加校内外有偿补课，或者组织、参与校外培训机构对学生有偿补课的”都属于违反职业道德的行为。在此基础上，教育部出台《严禁中小学校和在职中小学教师有偿补课的规定》(以下简称《规定》)，这是首次专门明确规定禁止中小学校和在职教师“有偿补课”。在这一意义上，《规定》是对《中小学教师违反职业道德行为处理办法》中严禁有偿补课规定的具体解读和落实，是对长期以来补课治理经验的高度凝练和总结，是处理有偿补课问题的权威规范。

(资料来源：违规补课！沈阳 9 名教师被查处. 环球网，https://baijiahao.baidu.com/s?id=1767951408297277845&wfr=spider&for=pc.)

(三)激励性作用

所谓激励性作用，是指教育法客观上起着一种激励、鼓舞、促进教育事业不断向前发展的作用。激励性作用是教育法的力量所在。教育法能否真正发挥激励性作用，以及激励性作用能发挥到何种程度，取决于它的品质或质量。只有品质优良的教育法，才能对人与社会的教育行为产生良好的影响。而品质优良的教育法应是“符合民意”“顺乎民心”的，代表人民的教育意志与愿望，真正顺应教育改革与发展的潮流与趋向。

教育法的激励性作用首先表现为它能在广泛的层面上得到大众的认同与响应。真正代表人民利益的教育法，必然是最具有激励性作用的。因为它是人们所期盼与渴望的，它往往蕴含着对传统政策的必要调整与改革，同时又以法律的形式保障人们对教育事业的合理追求。当它得到人们真心实意拥护时，必然会焕发出巨大的热情与力量。

【政策链接 6-4】

“入园难入园贵”有望解决｜学前教育法草案顺乎民意

得知学前教育法草案提请审议，“入园难、入园贵”的问题有望得到进一步缓解，二孩妈妈齐女士感到非常兴奋。

齐女士在某一线城市工作和生活。两年前，大儿子到了上幼儿园的年纪，她提前在该城市一个教育资源比较丰富的辖区租了房子，办了居住证。她考察了附近的幼儿园，对一所公办幼儿园非常满意，她说：“主要是离家近，收费低，安全可靠。”但在办理入园时，因为没有当地户籍，孩子无法入园。私立幼儿园价格高，普惠园又比较远，让齐女士犯了难：“公立幼儿园一个月 1000 元，而私立幼儿园要将近 4000 元，租房成本也很高，如果上私立幼儿园压力很大。”综合考虑之后，她选择了搬家，把家搬到了公司附近，这个区域租房成本相对较低。在依旧无法上公立幼儿园的情况下，她最终还是花更多的钱让孩子进入了一家私立幼儿园。

齐女士总结孩子入园的经历，就是一个字“难”。她曾经了解过大城市孩子入园难，“亲身经历之后才发现这么难。”她说，像她这种情况的家长有很多，大部分只能选择上私立幼儿园。不仅在一线城市，就连她的家乡，一座西北城市，孩子想上公立幼儿园也依然比较困难。“我朋友的孩子是通过摇号入园，摇中了就上公立幼儿园，摇不上就上私立幼儿园。但摇上公立幼儿园很难。”除了入园难、入园贵的问题，她还了解到，很多私立幼儿园会教很多学科知识，甚至让中班和大班的孩子学习语数外，回家之后还要写作业，孩子压力很大，很抵触上学。

针对家长普遍反映的入园难、入园贵以及幼小衔接问题，在 2023 年 8 月 28 日提请十四届全国人大常委会第五次会议初次审议的学前教育法(草案)已经明确，发展学前教育坚持政府主导，以政府举办为主，大力发展普惠性学前教育，引导和规范社会力量参与；幼儿园应当根据学前儿童身心发展规律和年龄特点，科学实施保育和教育活动，不得教授小学阶段的课程内容、采用小学化的教育方式。

齐女士也期待，孩子的入园问题能够有法可依，不要再让家长纠结上公立幼儿园还是上私立幼儿园了。最后，她说：“希望法律能够尽快出台，毕竟我的小儿子马上也要上幼儿园了。”

(资料来源：“入园难入园贵”有望解决｜学前教育法草案顺乎民意_新浪财经新闻网，https://finance.sina.com.cn/jjxw/2023-09-06/doc-imzktiwn0826539.shtml.)

(四)制约性作用

所谓制约性作用，是指教育法具有限制或禁止某种教育行为的作用。制约性作用所要达到的目标是制约、禁止政策制定者所不希望的行为发生。教育法总是包含某种规定性，规定着应该怎样做和不应该怎样做。教育法的制约性作用首先表现在它以明令禁止的方式限制某种不被允许的教育行为。

教育法的制约性作用同时表现为立法制约。任何教育法律，其本身均蕴含着对违反教育法律行为的制约。制定与颁行教育法，是为了从根本上保障教育事业的发展。教育法的保障性作用也包含着对阻碍、干扰教育发展行为的限制与制约。教育法中对权利与义务的限定、对适用范围的限定、对法律责任的追究等，都鲜明地表现出法律的制约性，因而教育法是极具制约性作用的。

【案例 6-1】

教育法护航：公立中学纠错保学生权益，促进制度完善

案例背景：在某城市的一所公立中学，学校制定了一系列关于学生综合素质评价的规则。其中有一项规定是学生需要完成一定时长的社会实践活动，才能获得相应的学分，用于综合素质评价。然而，部分学生和家长对该规定的具体实施细节存在疑问，认为可能会存在不公平的情况。

事件经过：有一位学生小李，他积极参与了学校组织的社区志愿服务活动，并按照要求完成了规定时长的实践。但在学分认定环节，学校因为工作疏忽，没有将他的全部服务时长记录完整，导致其学分认定比实际应得的要少。小李和他的家长发现后，依据《教育法》中保障受教育者在学业成绩和品行上获得公正评价的相关规定，向学校提出了申诉。学校在接到申诉后，非常重视。根据《教育法》的要求和学校自身的规章制度，学校立即成立了专门的调查小组。调查小组重新核对了小李参加社会实践活动的记录，包括活动签到表、社区反馈意见等多种证据。同时，学校还对负责学分记录的相关工作人员进行了询问，发现确实是工作人员的失误导致了小李的学分记录错误。

处理结果：学校按照正确的记录，重新为小李认定了应得的学分，并向小李和家长进行了诚挚的道歉。学校还以此为契机，对整个学分认定工作流程进行了全面梳理，完善了相关制度。在后续的工作中，明确规定了社会实践活动学分认定的具体流程，包括多重审核机制、信息公开机制等，确保每一位学生的权益都能得到公正的保障。

(资料来源：本书作者整理编写.)

(五)管理性作用

所谓管理性作用，是指教育法对教育工作具有管理的作用。教育工作离不开教育管理，而教育管理则在很大程度上是通过执行教育法进行的。教育法的管理性作用是通过计划、控制、协调等方式实现的。教育法的管理性作用对教育实践具有十分重要的意义。

首先，教育法的管理性作用体现在通过法规对教育工作进行规划与部署，以保证教育活动有目的、有秩序地进行，同时也保证教育活动合法地进行。例如，党和国家的宏观教育发展规划与教育计划以文献形式予以发布，这种文献本身就是管理性文献。其次，教育法的管理性作用体现在通过法规对教育活动实施有效的控制。政策控制是指在政策上，对政策制定者所希望发生的行为予以鼓励，以调动与激发人们对于教育的积极性与创造性；对政策制定者不希望发生的教育行为予以防范，以避免不应该发生的行为发生。最后，教育法的管理性作用也体现在通过政策、法规协调教育活动中的各种利益关系，以保证教育活动和谐地进行。管理是一种协调，协调需遵循一定的准则与原则，这种准则与原则突出地表现为政策性与合法性。

【案例 6-2】

莫让课间“圈养”偷走孩子们的快乐

“下课了，大家在操场跳房子、爬竿、做游戏，招引来许多小鸟，连松鼠也赶来看热闹。”这是在小学生读本里经常读到的校园生活。记忆回溯到 20 年前：下课铃刚响，孩子们冲向操场，安静的校园立马变得喧闹起来。有三五成群在操场上丢沙包、跳皮筋的，有在走廊上追逐、躲猫猫的，还有围坐在一起七嘴八舌聊得哈哈大笑的……直到上课铃响，孩子们才红着小脸、依依不舍地回到教室，短短的 10 分钟里，总能找到各种各样的快乐——如此光景，曾点亮了许多人关于童年的回忆。

如今，属于孩子们的课间 10 分钟却渐渐“消失”了。近日，山西晋中一位老师发布了一个视频，视频中偌大的校园空空荡荡，70%的学生课间不出教室，老师吐槽“课间圈养现象愈发严重”。许多家长表示，孩子们“不能出教室”“不能跑不能闹”与“扣分扣流动红旗”等各式各样的“规矩”紧密关联，课间 10 分钟校园静悄悄，书本里描述的校园生活离孩子们渐行渐远。

中共中央办公厅、国务院办公厅印发的《关于进一步减轻义务教育阶段学生作业负担和校外培训负担的意见》明确提出，遵循教育规律，着眼学生身心健康成长，保障学生休息权利。课间 10 分钟属于学生，毋庸置疑。10 分钟里，学生可以放松自己，让上课时聚精会神的状态松弛下来，与同学说说话，做做游戏，有需要的话上一下洗手间，做好下一节课的准备。

课间 10 分钟，本是为了让学生解除疲劳、放松心情、调整学习状态。因此，把课间的自由和快乐还给孩子，这是“天经地义”，有关各方应统一认识，协同发力。同时，也要筑牢安全底线，建立健全学生在校期间意外伤害的防控机制。教师需要明白，学生不是接受知识的容器，张弛有度，劳逸结合，这才符合学生的身心实际。

(资料来源：本书作者整理编写.)

教育法的作用在整体上具有双重性特征，即有正向与负向之分。认识这种划分，一方面有利于在执行政策、法规时尽量趋利避害，张扬正面，克服负面；另一方面则需要更多地反思法规本身，促进法规的完善。

第二节　教育法的基本原则

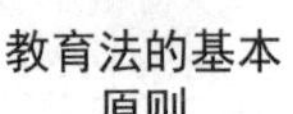

教育公平的代言人——中科院博士“寒门贵子”黄国平(略有改动)

“我走了很远的路，吃了很多的苦，才将这篇博士学位论文送到你的面前。”近日，中国科学院自动化研究所 2017 届博士毕业生黄国平的论文“致谢”部分在网络上刷屏。他回顾了自己从山坳中的穷学生成长为计算机博士的艰辛历程，称自己多次在现实压力下快扛不下去时，最终凭借“把书念下去，然后走出去，不枉活一世”信念而坚持了下来。这份被网友称为“现代版《送东阳马生序》的‘致谢’”，令许多人潸然泪下。一个很重要的原因是，黄国平家境之困、求学之苦，激起了大家对于“寒门是否再难出贵子”的感慨。就像几年前那篇《我奋斗了18年，才能和你一起喝咖啡》一样，黄国平在逆境中坚韧奋进的故事，再次触动了人们对城乡教育公平的关切。

通过求学走出大山、找到理想工作、拥抱美好未来的黄国平，正是“知识改变命运”的生动案例。当下，“读书无用论”在一些农村地区有所抬头，而黄国平的故事充满了催人奋进的力量。

当然我们也要看到，在广大农村地区，确实并非所有贫寒学子都能像黄国平一样幸运，能够有幸看到“山顶的风景”。他成功了，所以他的奋斗故事才被大家看见，这其实也算一种“幸存者偏差”。还有很多与他家境类似的孩子，因为各种原因辍学失学，被困在不如意的人生之中。他们的人生困境，不应该被忽略。这也提醒有关部门，促进教育公平、切断贫困代际传递，依然任重道远。让每个农村孩子都能接受公平、有质量的教育，阻止贫困现象代际传递，是功在当代、利在千秋的大事。有关部门要继续推进教育改革，创造更好的教育条件和更公平的教育环境，让寒门学子不至于“掉队”，让他们也能有更多人生出彩的机会。

(资料来源：“我走了很远的路，吃了很多的苦，才将这份博士论文送到你的面前. 上观新闻，https://sghexport.shobserver.com/html/baijiahao/2021/04/19/411431.html.)

一、教育法的社会主义方向性原则

坚持教育法的社会主义方向性原则，其基本要求是：坚持以马克思列宁主义、毛泽东思想和建设有中国特色社会主义理论为指导；坚持由中国共产党掌握教育领导权；坚持把培养社会主义事业的建设者和接班人作为学校的根本任务。

(一)为社会主义现代化服务

《教育法》(2021年修正)第五条规定：“教育必须为社会主义现代化建设服务、为人民服务，必须与生产劳动和社会实践相结合，培养德智体美劳全面发展的社会主义建设者和接班人。”这确保了教育的方向和内容与国家的社会主义现代化建设相适应。坚持理论联系实际，使教育与经济建设、社会发展相适应。

(二)坚持党的教育方针

《教育法》(2021年修正)第三条规定：“国家坚持中国共产党的领导，坚持以马克思列宁主义、毛泽东思想、邓小平理论、‘三个代表’重要思想、科学发展观、习近平新时代中国特色社会主义思想为指导，遵循宪法确定的基本原则，发展社会主义的教育事业。”贯彻执行党的教育方针，为人民服务，为社会主义服务，培养德智体美劳全面发展的社会主义建设者和接班人。这一规定既指明了我国教育的指导思想、基本原则和性质，又指明了我国教育应当坚持的社会主义方向。坚持教育的社会主义方向，包含着依法引导人们在教育活动中继承和弘扬中华民族优秀的历史文化传统，以及吸收人类文明发展的一切优秀成果。

(三)发展社会主义教育事业

《教育法》(2021 年修正)第七条规定："教育应当继承和弘扬中华优秀传统文化、革命文化、社会主义先进文化，吸收人类文明发展的一切优秀成果。"这一规定体现了我国教育法在坚持教育的方向性原则时，对中华优秀传统文化、革命文化、社会主义先进文化和人类文明发展的一切优秀成果的高度重视。《教育法》(2021 年修正)第十一条规定："国家适应社会主义市场经济发展和社会进步的需要，推进教育改革，推动各级各类教育协调发展、衔接融通，完善现代国民教育体系，健全终身教育体系，提高教育现代化水平。国家采取措施促进教育公平，推动教育均衡发展。国家支持、鼓励和组织教育科学研究，推广教育科学研究成果，促进教育质量提高。"这一规定体现了我国教育法坚持社会主义方向，坚持教育的公共性原则，这对推动教育事业发展，实现教育现代化有着重要意义。

二、教育法的公共性原则

坚持教育法的公共性原则，其基本要求是：国家制定教育发展规划，各级政府是办学的最重要主体；各级各类学校必须接受国家的管理和监督；教育活动必须符合国家和社会公共利益，举办学校不得以营利为目的；教师应忠诚于人民的教育事业，教师的劳动应受到全社会尊重；整个社会和公民负有通过一定方式支持教育的义务；教育与宗教相分离。

教育法的公共性原则，可以从以下几个方面进行理解。

1. 教育事业是国家、民族乃至全世界的共同事业

从教育的本体功能和社会功能来看，教育不仅能促进人的身心发展，还能对社会的政治、经济、文化、人口素质等方面发挥重要作用。因此，教育事业的发展不仅是个体发展的需要，也是全社会、全人类发展的共同需要。

2. 个体发展的活动必然影响社会的发展

教育活动作用于每一位受教育者，每一位受教育者又将自己的行为反作用于社会。因此，每一位受教育者的个体活动不再是个人的事情，而成为整个社会活动不可或缺的一部分，并影响着社会的发展。

3. 教育工作本身就是为社会发展做贡献

教育工作是培养个体的具体行为，它虽然对于个体而言是谋生的手段，但对于整个教育事业来说是社会的重要组成部分。

教育法的公共性原则主要表现为以下几个方面。

1. 加大教育投入

《教育法》(2021 年修正)第五十四条规定："国家建立以财政拨款为主、其他多种渠道筹措教育经费为辅的体制，逐步增加对教育的投入，保证国家举办的学校教育经费的稳定来源。企业事业组织、社会团体及其他社会组织和个人依法举办的学校及其他教育机构，办学经费由举办者负责筹措，各级人民政府可以给予适当支持。"《教育法》(2021 年修正)

第五十五条规定："国家财政性教育经费支出占国民生产总值的比例应当随着国民经济的发展和财政收入的增长逐步提高。具体比例和实施步骤由国务院规定。全国各级财政支出总额中教育经费所占比例应当随着国民经济的发展逐步提高。"国家增加教育投入，优化教育资源配置，保障教育经费的使用效益。

2. 尊重教师地位

《教育法》(2021 年修正)第三十三条规定："教师享有法律规定的权利，履行法律规定的义务，忠诚于人民的教育事业。"《教育法》(2021 年修正)第三十四条规定："国家保护教师的合法权益，改善教师的工作条件和生活条件，提高教师的社会地位。教师的工资报酬、福利待遇，依照法律、法规的规定办理。"国家尊重教师的社会地位，提高教师的待遇，保障教师的合法权益，提升教育质量。

三、教育法的民主性原则

坚持教育法的民主性原则，其基本要求是：中华人民共和国公民不分民族、种族、性别、职业、财产状况、宗教信仰等，依法享有平等的受教育机会；国家对特殊地区、特殊教育对象予以扶助，主要是帮助和扶持各少数民族地区、边远贫困地区发展教育事业，扶持发展残疾人教育事业，保护女子在受教育方面的平等权利，对家庭经济困难的学生提供各种形式的资助等；学校内部管理体制应实行分权制衡，并通过建立以教师为主体的教职工代表大会或监事会、校务委员会等其他组织形式，实行民主管理和监督。

(一)保障公民受教育权利

《教育法》(2021 年修正)第九条规定："中华人民共和国公民有受教育的权利和义务。公民不分民族、种族、性别、职业、财产状况、宗教信仰等，依法享有平等的受教育机会。"国家通过各种途径和形式保障公民按照法律规定享有受教育的权利。

(二)实施九年义务教育

《教育法》(2021 年修正)第十九条规定："国家实行九年制义务教育制度。各级人民政府采取各种措施保障适龄儿童、少年就学。适龄儿童、少年的父母或者其他监护人以及有关社会组织和个人有义务使适龄儿童、少年接受并完成规定年限的义务教育。"国家实施九年义务教育，普及并提高国民教育水平。

(三)提高全民族素质

《教育法》(2021 年修正)第六条规定："教育应当坚持立德树人，对受教育者加强社会主义核心价值观教育，增强受教育者的社会责任感、创新精神和实践能力。国家在受教育者中进行爱国主义、集体主义、中国特色社会主义的教育，进行理想、道德、纪律、法治、国防和民族团结的教育。"教育应致力于提高全民族的科学文化素质，为建设社会主义物质文明和精神文明服务。

四、教育法的公平性原则

教育法的公平性原则主要表现为以下几个方面。

1. 所有公民享有平等的受教育权

《教育法》(2021 年修正)第三十七条规定："受教育者在入学、升学、就业等方面依法享有平等权利。学校和有关行政部门应当按照国家有关规定，保障女子在入学、升学、就业、授予学位、派出留学等方面享有同男子平等的权利。"

2. 对经济困难公民提供教育资助

《教育法》(2021 年修正)第三十八条规定："国家、社会对符合入学条件、家庭经济困难的儿童、少年、青年，提供各种形式的资助。"

3. 对特殊人群提供教育援助

《教育法》(2021 年修正)第三十九条规定："国家、社会、学校及其他教育机构应当根据残疾人身心特性和需要实施教育，并为其提供帮助和便利。"《教育法》第四十条规定："国家、社会、家庭、学校及其他教育机构应当为有违法犯罪行为的未成年人接受教育创造条件。"国家采取措施，促进各级各类教育的公平，逐步缩小教育发展的地区、城乡、校际差距。

五、教育的终身性原则

随着现代科技和现代生产的迅猛发展，以及知识的爆炸性增长，终身教育的必要性日益凸显。终身教育主张：在现代科技、现代生产、现代社会的大背景下，既有必要也有可能打破人的一生中仅局限于青少年时期的正规学校教育模式，让教育贯穿于人的一生。为了实现终身教育的目标，需要对传统教育进行改革，以促进各级各类教育的协调发展。

(一)国家完善终身教育体制

《教育法》(2021 年修正)以法律的形式确立了终身教育原则，其中第十一条第一款规定："国家适应社会主义市场经济发展和社会进步的需要，推进教育改革，推动各级各类教育协调发展、衔接融通，完善现代国民教育体系，健全终身教育体系，提高教育现代化水平。"

(二)鼓励开发多种形式的终身教育体制

《教育法》(2021 年修正)第二十条第三款规定："国家鼓励发展多种形式的继续教育，使公民接受适当形式的政治、经济、文化、科学、技术、业务等方面的教育，促进不同类型学习成果的互认和衔接，推动全民终身学习。"《教育法》(2021 年修正)第四十二条规定："国家鼓励学校及其他教育机构、社会组织采取措施，为公民接受终身教育创造条件。"

第三节　教育法的渊源与体系

教育法的渊源与体系

陕西省某中学(附设小学)教师刘某体罚学生问题(略有改动)

2022 年 5 月，刘某在管理学生时出现了推搡打骂等体罚行为。刘某的行为违反了《新时代中小学教师职业行为十项准则》第五项规定。根据《中小学教师违反职业道德行为处理办法》(2018 年修订)等相关规定，给予刘某解聘处理，并责成其向家长及学生承认错误。对所在学校的执行校长给予停职处理，对学校进行全区通报批评，并取消其当年评优资格。

思考：请找出《新时代中小学教师职业行为十项准则》与《中小学教师违反职业道德行为处理办法》(2018 年修订)关于体罚、虐待学生的具体条款，再尝试找出其他教育法中关于体罚、虐待学生的规定，思考这些教育法之间的关系。

(资料来源：中华人民共和国教育部官网—新闻，2023-08-16.)

一、教育法的渊源

法律渊源，又称法源，源自罗马法(fontes juris)，其意为法的源泉。它具体指法形成的力量的来源，以及法的创立方式、表现形式是由何种国家机关，通过何种法律文件的形式，以及通过怎样被国家认可的程序而形成的。换言之，它探讨的是法的渊源。基于这样的定义，教育法渊源的概念也可以理解为：制定教育法的依据来自何处。在我国，教育法的渊源主要是指国家依据法定的权力和法定的程序所制定的关于教育方面的规范性文件。

就目前我国涉及教育法渊源的规范性文件来看，其主要包括：宪法，教育法律，教育行政法规、地方性教育法规与自治条例、单行条例、教育部门规章和教育法律解释等。以下分别进行介绍。

(一)宪法

宪法是国家的根本大法，是具有最高法律效力的法，因而所有其他法律的制定都必须以宪法为基础。《宪法》第五条第三款规定：“一切法律、行政法规和地方性法规都不得同宪法相抵触。”换言之，凡与宪法内容相抵触的法律都是无效的。因此宪法可以说是所有法律制定的基础。

(二)教育法律

教育法律是宪法中有关教育权利的具体量化。教育法律对宪法所规定的教育内容进行了详细的阐述和扩展，使宪法规范的内容得以具体呈现。宪法作为根本大法，具有原则性、政策性但无具体惩罚性的特点，因而教育法律对公民权利的保护起到补充性作用。作为法律渊源之一的教育法律是由全国人民代表大会常务委员会依照立法程序制定的，它是有关教育的规范性文件。就目前的立法状况来看，我国正在实施的教育法律有：《义务教育法》《教师法》《教育法》《职业教育法》《高等教育法》《民办教育促进法》等。

(三)教育行政法规、地方性教育法规与自治条例、单行条例

教育行政法规由国务院总理签署、国务院令公布并在国务院公报和在全国范围内发行的报纸上刊登。制定教育行政法规是国务院行使的职权之一，具体涉及教育管理、教育人事、教育财务、教育方针、教育内容等方面的规范性文件。

根据《宪法》第一百条，《立法法》第八十条、第八十二条的规定，地方性教育法规是由省、自治区、直辖市的人民代表大会及其常务委员会根据本行政区域的具体情况和实际需要，在不同宪法、法律、行政法规相抵触的前提下，可以制定地方性法规。自治条例和单行条例是由民族自治地方的人民代表大会依照当地民族的政治、经济和文化特点制定的。自治条例和单行条例可以依照当地民族的特点，对法律和行政法规的规定作出变通规定，但不得违背法律或者行政法规的基本原则，不得对宪法和民族区域自治法的规定以及其他有关法律、行政法规及专门就民族自治地方所作的规定作出变通规定。

(四)教育部门规章

教育部门规章是指国务院所属各部、各委员会根据法律和国务院的行政法规、决定和命令，在本部门的权限范围内，依照法定程序制定的有关教育的规范性文件。这里的其他工作部门是指国务院直属的教育机构，其可在法律授权之下发布规章。这些规章主要以实施办法、条例、细则等形式出现。

【案例 6-3】

查处某培训学校暑期违规开展学科培训(略有改动)

2023 年 7 月 29 日上午，暗访组现场发现武汉市某培训学校正在组织开展学科类培训。经某区教育局核实，当天上午，该机构面向 82 名学生(初中生 52 名、高中生 30 名)开展了学科类培训，涉及数学、英语、物理、化学等多个科目，违反了“不得占用国家法定节假日、休息日及寒暑假组织学科类培训”的“双减”政策规定。

某区教育局针对该机构违规行为作出严肃处理：一是责令该机构立即停止违规培训活动，有序疏散学生，确保学生安全返家；二是约谈机构法定代表人；三是封停培训场所；四是限时清退培训费用；五是暂扣该机构办学许可证(正副本)，并启动吊销办学许可证的行政程序。

《校外培训行政处罚暂行办法》第十九条规定：“自然人、法人或者其他组织知道或者应当知道违法校外培训活动的情况存在，仍为其开展校外培训提供场所的，由县级以上人民政府校外培训主管部门会同其他有关部门责令限期改正；逾期拒不改正的，予以警告或者通报批评。”

(资料来源：暑期违规学科类培训典型案例通报 · 湖北省教育厅，
http://jyt.hubei.gov.cn/zfxxgk/zc_GK2020/qtzdgkwj_GK2020/202308/t20230811_4792932.shtml.)

(五)教育法律解释

教育法律解释是特定的人或组织对教育法律或法规的解释。它是对抽象、概括的法律规范在适用于具体情况时所作的理解。由于人们在认知上存在差异，对同一法律规定会有不同的理解，因此权威部门对相对抽象和概括的法律作出尽可能具体的解释是非常必要的。

【政策链接 6-5】

《中华人民共和国立法法》(2003 年修正)(节选)

第五章适用与备案审查

第九十八条　宪法具有最高的法律效力，一切法律、行政法规、地方性法规、自治条例和单行条例、规章都不得同宪法相抵触。

第九十九条　法律的效力高于行政法规、地方性法规、规章。

行政法规的效力高于地方性法规、规章。

第一百条　地方性法规的效力高于本级和下级地方政府规章。

省、自治区的人民政府制定的规章的效力高于本行政区域内的设区的市、自治州的人民政府制定的规章。

第一百零一条　自治条例和单行条例依法对法律、行政法规、地方性法规作变通规定的，在本自治地方适用自治条例和单行条例的规定。

经济特区法规根据授权对法律、行政法规、地方性法规作变通规定的，在本经济特区适用经济特区法规的规定。

第一百零二条　部门规章之间、部门规章与地方政府规章之间具有同等效力，在各自的权限范围内施行。

第一百零三条　同一机关制定的法律、行政法规、地方性法规、自治条例和单行条例、规章，特别规定与一般规定不一致的，适用特别规定；新的规定与旧的规定不一致的，适用新的规定。

(资料来源：中华人民共和国教育部官网，http://www.moe.gov.cn.)

二、教育法的体系

法律体系是指依据法律规范所调整的对象所形成的体系。它通常指一国内部所构建的法律体系，如宪法、行政法、民法、刑法、经济法、劳动法、婚姻法、诉讼法等。法律体系的划分是基于本国不同的法律部门，将调整同一类社会关系的法律规范汇总在一起，进而形成一个统一体，这便是法律界所说的法律体系。

我国的教育法体系是以在宪法指导下的国家教育基本法为母法，由其派生的一系列单行教育法以及其他各层次规范性文件所构成。教育法在法律体系中的位置可以从纵向形式层次和横向内容分类这两个层面来考察。

(一)教育法体系的纵向形式

1. 教育基本法

教育基本法是一个国家有关教育的总法的形式称谓。它在教育法规中具有仅次于国家宪法的效力，是国家举办教育事业的总纲，有“教育宪法”之称。其内容直接以宪法中有关教育的条款为依据，对涉及教育的全局性重大问题，如教育方针、教育的基本原则、教育基本制度、教育投入和条件保障、学校的法律地位、教育与社会的关系、教育对外交流与合作及其实施的法律责任等进行基本规范，并为制定其他层次的法律法规提供立法依据。我国的教育基本法是第八届全国人民代表大会第三次全体会议于 1995 年 3 月 18 日通过并颁布的《教育法》。

2. 单行教育法

单行教育法主要是指依据宪法或国家教育基本法，由国家权力机关制定并颁布实施的有关教育某一方面的法律，如《教师法》《义务教育法》《职业教育法》等。这些法律一般是由全国人大常务委员会制定的规范性文件，效力仅次于教育基本法，名称通常为“法”，也有称为“条例”的，如《中华人民共和国学位条例》。

【案例 6-4】

无证上岗的“李教师”

某校因为师资紧张，紧急聘用大学应届毕业生小李担任小学四年级班主任。班上的小明因个头矮小和口吃，遭到同学排挤，不让他吃早餐，甚至把他的书藏在别处，还给他取侮辱性的绰号，而李老师却漠不关心，未进行干预。一次，小明的伞被同学抢走，他不得不冒雨回家，导致感冒发烧，进而引发了严重肺炎。小明的父母为此到学校找李老师，在交谈过程中，与李老师发生言语冲突，辱骂并威胁李老师。在校长调解时，小明的父亲质疑李老师的业务水平，这时大家才发现李老师并未取得教师资格证。

《教师法》(2009 年修正)第十条规定：“国家实行教师资格制度。中国公民凡遵守宪法和法律，热爱教育事业，具有良好的思想品德，具备本法规定的学历或者经国家教师资格考试合格，有教育教学能力，经认定合格的，可以取得教师资格。”案例中，学校聘用了未取得教师资格证的小李，该行为不符合法律规定。

思考：请结合《教师法》(2009 年修正)的其他规定，分析本案例中学校、小李、小明父母存在哪些违法行为？

(资料来源：本书作者整理编写.)

3. 教育行政法规

教育行政法规是指根据宪法和法律授权，由国家行政机关制定的规范性文件。由国务院制定或批准的教育行政法规，如《学校体育工作条例》《学校卫生工作条例》《教师资格条例》等，是国家行政法规的重要组成部分，也是教育法规的表现形式之一。

【案例 6-5】

学校卫生工作违规：黑板面照度、课桌面照度不均匀(略有改动)

2022 年 10 月，重庆市黔江区卫生健康综合行政执法支队接到区疾控中心关于学校卫生“双随机”检测的报告。疾控中心的专业技术人员使用设备对被抽取的 10 余所学校随机选择教室进行检查。检查项目包括：黑板尺寸、黑板下缘与讲台地面的垂直距离、采光系数、窗地面积比、课桌面照度、黑板面照度、黑板反射比、后侧墙反射比、采光方向、防眩光措施、二氧化碳浓度和噪声等。

在检查中发现，某学校某年级某班的黑板面照度均匀度、课桌面照度均匀度不符合《学校卫生工作条例》的相关规定。该学校违反了《学校卫生工作条例》第六条第一款的规定，即“学校教学建筑、环境噪声、室内微小气候、采光、照明等环境质量以及黑板、课桌椅的设置应当符合国家有关标准”，《学校卫生工作条例》第三十三条规定：“违反本条例第六条第一款、第七条和第十条规定的，由卫生行政部门对直接责任单位或者个人给予警告并责令限期改进。情节严重的，可以同时建议教育行政部门给予行政处分。”因此，黔江区卫生健康综合行政执法支队执法人员依法对其下达了《卫生监督意见书》及《当场行政处罚决定书》，对该学校予以警告处罚，并责令其 90 日内改正违法行为。

(资料来源：某学校违反《学校卫生工作条例》案.
搜狐网，https://www.sohu.com/a/619005034_121106884.)

4. 教育行政规章

教育行政规章是根据宪法、法律和国家行政法规的授权，由国家最高行政机关所属的各业务主管机构在法定职权范围内制定，并在一定范围内具有法律效力的规范性文件。其内容是贯彻国家教育法律或行政法规的具体措施。一般来说，规范教育内部事务的规章由教育部单独发布。

5. 地方教育法规

地方性教育法规是指由地方立法机关制定的教育规范性文件。世界上绝大多数国家都赋予地方(省、州、郡)一定的立法权。在中国，根据《宪法》第一百条和《中华人民共和国地方各级人民代表大会和地方各级人民政府组织法》第十条的规定，省、自治区、直辖市的人民代表大会根据本行政区域的具体情况和实际需要，在不同宪法、法律、行政法规相抵触的前提下，可以制定和颁布地方性法规，报全国人民代表大会常务委员会和国务院备案。一般称“条例”，有时根据不同情况也采用“规定”“实施办法”“补充规定”“细则”等名称。

【案例 6-6】

辽宁省教育厅通报师德师风违规典型案例(节选)

2023 年 4 月，本溪市明山区联丰教育集团华夏智慧校区教师张某涉嫌诈骗罪被判处有期徒刑并处罚金。其行为违反了《新时代中小学教师职业行为十项准则》第二项规定。依据《事业单位工作人员处分暂行规定》相关规定，张某受到开除处分。

思考：结合地方教育法规《本溪市教育行业失信教师惩处细则》，分析张某的违法行为。

(资料来源：辽宁省教育厅通报师德师风违规典型案例. 中国教育报，2023-07-07.)

6. 地方教育规章

地方政府有权制定地方规章，其中包括地方教育规章。地方教育规章主要由省级和计划单列市地方政府制定，内容一般为执行上述各层次教育法律法规的具体行政措施，并不得与其相抵触。地方教育法规和地方教育规章通常是在充分考虑各地具体情况的基础上制定的，具有较强的地方可行性，因而是国家教育法律在地方贯彻实施的重要途径，也是不可缺少的教育法规表现形式。

(二)教育法体系的横向形式

1. 各级各类教育法规

根据教育的类别，各级各类教育法规可分为《学前教育法》《基础教育法》《义务教育法》《职业教育法》《高等教育法》《学位条例》《成人教育法》《特殊儿童教育法》《师范教育法》《社会教育法》等。各级各类教育法规应明确规定各级各类教育的培养目标、学制、任务、内容以及教育方法和原则等方面。

2. 教育设施条件法规

教育设施条件可区分为人、财、物等要素。因此，规范教育设施条件的法规包括学校设置法、教育财政法、教育人事法(含教师法)民办教育促进法等。学校设置法是关于如何设立学校的法规，它包括对各级各类学校设置的权利、原则、学校规模以及校舍和各种教育设施、设备、场地的标准等方面的规定。教育财政法是确立教育财务制度的法规的总称，具体包括国家财政拨付教育经费的原则、筹措教育经费的渠道、教育经费的分配和使用的一般原则，以及其分配和使用过程中的预算制度、会计制度、决算制度和审计制度等方面的内容。教育人事法包括教师法和其他有关教育人事的法规。民办教育促进法详细列出了民办学校、审批机关、有关部门及其工作人员等违反本法相关规定所应承担的法律责任，包括行政处罚、民事赔偿责任等，以确保法律的有效实施。

【案例 6-7】

副校长不作为导致发生教育设施重大安全事故

黄某某是某县第六中学的副校长，负责校园安全监管工作。为改善学生的体育运动环境，教育局决定为全县中学操场增设足球门架。而第六中学操场打算铺设塑胶跑道，要求先不固定球门。当地第六小学与第六中学共用一个操场，操场的设施所有权及管理权均属于第六中学。第六小学校长池某某发现足球门架未固定，担心发生安全事故，便告知黄某某。黄某某让第六中学安全部门主任王某用条石压住足球门架底部。

不久后，第六小学学生在操场上进行拔河比赛。未固定的足球门架突然倒塌，砸中多名学生，导致三名学生重伤、多人轻伤。黄某某知道自己难辞其咎，便向监察机关主动投案。

法院判决，黄某某明知教育教学设施有危险，却不采取措施，致使发生重大事故，作为直接责任人员，其行为构成教育设施重大安全事故罪。鉴于黄某某系自首，且已得到伤者家属谅解，黄某某被免予刑事处罚。

《中华人民共和国刑法》(以下简称《刑法》)第一百三十八条规定，明知校舍或者教育教学设施有危险，而不采取措施或者不及时报告，致使发生重大伤亡事故的，对直接责任人员，处三年以下有期徒刑或者拘役；后果特别严重的，处三年以上七年以下有期徒刑。

(资料来源：本书作者整理编写.)

3. 教育管理法规

教育管理系统是对教育工作进行管理的组织领导体系，包括教育行政管理和学校管理。规范教育管理的法规主要包括教育行政法和学校管理法。教育行政法是确立教育行政制度的法规，分为教育行政组织法和教育行政活动法。前者明确教育行政机构的组织原则、各级教育行政机构的名称、职务设置及其职责和权限等。后者则明确教育行政活动的原则、方法和程序等。学校管理法则是确立学校管理制度的法规，包括对学校管理机构、职务岗位的设置及其职责和权限的规定，以及学校管理的原则、方法、程序等方面的规定。

从上述对教育法的形式层次和内容层次的分析中，我们可以明确，我国教育法体系是以宪法所确定的基本原则为指导思想，以教育基本法为总纲，以覆盖教育领域的各单行教育法为主干，以其他教育法规形式为实施支撑的相对独立的体系。它是由纵向形式层次和横向内容分类有机结合而成的相对完整的体系。据此，我们可以确立一个具有纵向层次和横向内容分布两个维度的平面系统图，使每一个教育法规文件都能在这个系统图中找到自己的位置，并明确自己与其他教育法规文件的关系(见图 6-1)。

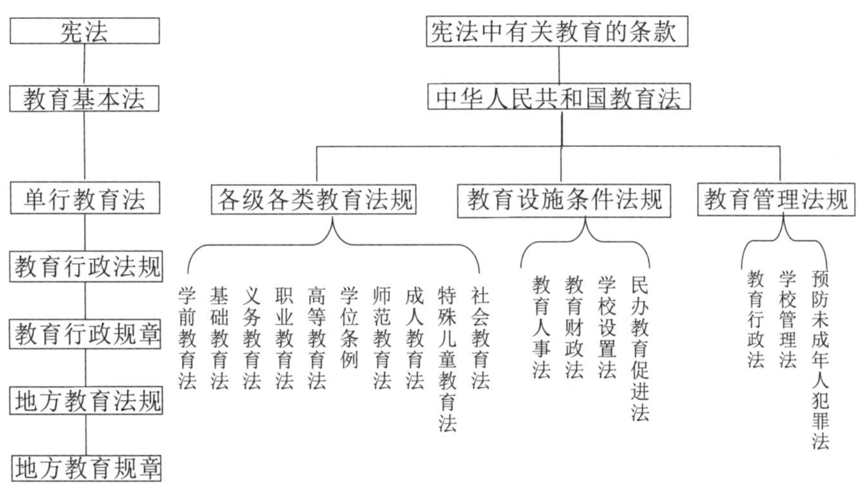

图 6-1　我国教育法体系

第四节　教育法律关系

教育法律关系的产生、变更和消灭

陈某盗窃案

2021年2月5日，陈某因涉嫌盗窃罪被依法逮捕，其女儿陈某甲(6周岁)因无人监护暂由当地社会福利中心临时监护。同年2月25日，陈某被浙江省杭州市萧山区人民法院以犯盗窃罪判处有期徒刑六个月。经查，陈某还于2019年6月10日因犯盗窃罪被判处有期徒刑七个月。由于陈某系未婚生育陈某甲，在其服刑期间，陈某甲被安置在福利院临时监护。

(资料来源：陈某盗窃案/构建规范化工作机制，有力解决未成年人失管问题. 江苏检察网，http://ycjk.jsjc.gov.cn/zt/lasjfb/202111/t20211130_1315191.shtml.)

一、教育法律关系的构成要素

教育法律关系是指由教育法律规范所确认和调整的教育关系主体之间的权利义务关系，它是教育法律规范在教育活动中的具体体现。其构成要素有三个，即主体、客体和内容。任何一种教育法律关系，都以与之相适应的现行教育法律规范为前提。教育法律规范也只有在具体的教育法律关系中才能得以实现。

(一)教育法律关系的主体

教育法律关系的主体是指教育法律关系的参与者，也称为权利主体或权利义务主体，包括教育法律关系中权利的享有者和义务的承担者。享有权利的一方称为权利人，承担义务的一方称为义务人。我国教育法律关系的主体可分为三类：一是自然人，即个人主体；二是机构和组织；三是国家。

(二)教育法律关系的客体

法律关系的客体也称为权利客体，是法律关系主体的权利与义务所指向的对象。没有客体，权利和义务就失去了目标。但并不是一切独立于主体而存在的客观对象都能成为客体，只有那些能够满足主体利益并得到国家法律确认和保护的对象(如物、行为)才能成为法律关系的客体，成为主体的权利与义务所指向的对象。

教育法律关系的客体是教育法律关系内容客观化的表现形式，一般包括物质财富、非物质财富、行为三个方面。

1. 物质财富

物质财富简称物，它既可以表现为自然物，如森林、土地、自然资源等，也可以表现为人的劳动创造物，如建筑、机器、各种产品等；既可以是国家和集体的财产，也可以是公民个人的财产。物一般可分为动产与不动产两类。

2. 非物质财富

非物质财富包括创作活动的产品和其他与人身相联系的非财产性的财富。前者也称为智力成果，在教育领域中主要指包括各种教材、著作在内的成果，如各种有独创性的教案、教法、教具、课件、专利、发明等。

3. 行为

行为是指教育法律关系的主体实现权利与义务的作为与不作为。一定的行为可以满足权利人的利益和需要，可以成为教育法律关系的客体。在教育领域中，教育行政机关的行政行为、学校的管理行为和教育教学行为都是教育法律关系赖以存在的最基本的行为。学校、教师、学生的物质财富、非物质财富以及这些主体依法进行的教育行为和教育活动都受到法律的承认和保护，都是教育法律关系的重要客体。

(三)教育法律关系的内容

权利与义务构成法律关系的内容，法律的实质是要确定法律关系参与者的权利和义务。权利和义务是法律关系的核心，没有权利和义务为内容，就无所谓法律关系。

法律上的权利，是指法律关系的主体依法享有的某种利益或资格，表现为权利人可以作出一定的作为或不作为，并能要求义务人实施一定的作为或不作为。一切法定的权利，国家都以其强制力给予保障，当法定的权利受到侵害时，权利人有权向有关国家机关请求法律保护。

法律上的义务，是指法律关系的主体依法承担的责任，表现为义务的承担者(即义务人)必须依法实施一定的作为或不作为。一切法定的义务，不论是积极义务(作为)，还是消极义务(不作为)，国家都以其强制力强制义务人履行，当义务人拒绝履行其应尽的义务时，国家的司法机关或其他有关机关有权采取措施强制其履行，甚至要求义务人负相应的行政、民事或刑事法律责任。

权利与义务是不可分的，没有无义务的权利，也没有无权利的义务。权利与义务表现的是同一行为，对一方当事人来讲是权利，对另一方当事人来讲就是义务。权利和义务所指向的对象(即法律关系的客体)也是同一的，比如在债权债务法律关系中，权利和义务指向的都是同一个客体。权利与义务的同一性还表现在不能一方只享受权利不承担义务，另一方只承担义务不享受权利，法律面前人人平等的法律原则要求任何一个法律关系主体在享受权利的同时也必须承担相应的义务。

二、教育法律关系的产生、变更和消灭

孩子在园内摔伤应由谁来负责

2007 年 1 月 29 日，杨某某在幼儿园上学。当日 11 时许，另一个小朋友的家长来幼儿

园收拾其孩子的床上用品，杨某某便尾随其后。跑进寝室时，他不慎跌倒，在铁床边将左面部撞伤。杨某某受伤后，有工作人员及时将其送往县医院进行清创缝合，并通知杨某某的家长将其接走。杨某某受伤后，由其监护人支付了相关医疗费、交通费、住宿费、伙食费和鉴定费。杨某某的监护人随后向法院起诉，要求幼儿园承担相应的赔偿责任。

法院审理认为，杨某某在被告幼儿园小班学习、生活期间应当受到呵护，其间造成面部损伤并需后期整形，属幼儿园管理不到位和监护不力，幼儿园应对其所造成的后果承担民事责任。法院判决由被告幼儿园赔偿原告杨某某医疗费、后期整形医疗费、鉴定费、交通费、误工费和住宿费共计 16 823 元。

思考：

(1) 从教育法律关系的构成要素方面对本案进行分析。

(2) 本案对于我们有何启示。

(资料来源：本书作者整理编写.)

教育法律关系的产生是指教育法律关系主体之间权利与义务关系的确立，也就是在教育法律关系主体之间形成了一定的权利与义务关系。例如，当一名学生被某所学校录取并办理入学注册手续后，该学生与学校之间便产生了法定的权利与义务关系。再如，因委托培养合同的签订，会产生用人单位与学校以及学生之间的权利和义务关系。

教育法律关系的变更，是指法律关系构成要素的变更，即主体、客体、内容的变更。主体变更，指的是主体的增加、减少和改变。例如，学校与企业间的委托培养，若原委托企业破产，委托方就会发生改变。再如，几所学校合并为一所学校，也会使法律关系发生变更。客体的变更，是指标的的变化，例如，学校基建合同中地点、面积的变更。内容的变更指的是权利、义务的变更，如学校之间签订的协作合同，经过协商后修改某些法定义务、履行期限及条件等。

教育法律关系的消灭，是指教育法律关系的主体、客体的消灭，以及主体间权利义务的终止。例如，学校向某一企业借款，从而与该企业形成了民事法律关系(债权债务关系)，学校为债务人，企业为债权人。当学校依照合同偿还了借款，与该企业的债权债务民事关系就归于消灭。

表 6-1 所示为教育法律关系的产生、变更和消灭。

表 6-1　教育法律关系的产生、变更和消灭

情况类型	概　念	举　例
产生	从无到有	签订合同
变更	从有到新	更改合同
消灭	从有到无	终止合同

教育法律关系以教育法律规范的存在为前提。然而，教育法律规范只是设定了教育法律关系的一般模式，其本身并不创造教育法律关系。真正能够引起教育法律关系产生、变更和消灭的，是符合教育法律规范所设定条件的法律事实。

所谓法律事实，是依法律规定能够引起法律关系产生、变更和消灭的客观情况。按其与个人意志的关系，可分为事件和行为两种。事件是指与个人意志无关的客观现象。例如，某教师的死亡，会导致一系列法律关系的变化。它使该教师与学校、学生之间原有的权责关系消灭，也使其家庭中的夫妻关系消灭，并产生了继承遗产这一新的法律关系。行为是指人的活动，是在人的意志支配下产生的客观情况，按其性质可分为积极行为和消极行为，其表现形式分别是作为和不作为。无论是合法行为还是违法行为，都会引起法律关系的发生。例如，社会力量依法举办学校，就会围绕办学与相关主体——学生及其家长等确定相应的教育法律关系；而教师侮辱学生，造成学生精神伤害，就会在教师和学生之间形成侵权性教育法律关系。由此也可以看出，法律规范、法律事实、法律关系三者之间有着密切的联系。法律规范是判定法律事实是否成立的依据；法律事实是引起法律关系产生、变更和消灭的直接原因；法律关系是法律事实导致的结果，也是法律规范作用于社会关系的表现。

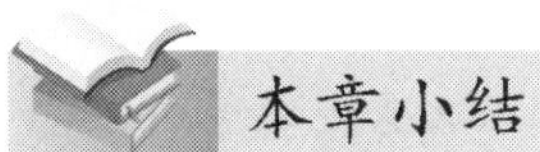

本章小结

教育法是国家制定或认可，并由国家强制力保证其实施的，调整教育活动中各种社会关系的法律规范的总和。教育法的调整对象是教育社会关系，它是国家机关、教育行政部门、各级各类学校及其他教育机构、教职工、学生、学生家长、社会团体和公民等在教育活动中形成的各种社会关系。本章主要介绍的内容包括教育法的含义、特征和作用；教育法的基本原则；教育法的渊源与体系；教育法律关系的产生、变更和消灭等。

课后习题

1. 教育法律关系的构成要素有哪些?

2. 教育法律关系产生、变更和消灭的根据是什么?

3. 林老师在签订聘任合同后，经与校方商量后又增加合同内容的行为，属于教育法律关系的什么阶段?

4. 小红同学因父母工作调动，需要从 A 学校转学到 B 学校。对于 A 学校来说，这属于教育法律关系的变更吗?

教育为公，以达天下为公。

——陶行知

第七章　教育主体的权利与义务

课程目标

知识目标：学生通过理论学习，了解教育行政部门的权利和义务。

能力目标：学生能够深入剖析不同的案例内容，掌握学校、教师、学生的权利与义务，并结合理论知识，具备案例分析能力。

素质目标：学生通过体验感悟，深刻认识到教师、学生的权利与义务是教育法律赋予其在教育活动中享有的权利和义务，明白法律面前人人平等的道理。

重点与难点

学习重点：了解教师的权利与义务。

学习难点：了解学生的权利与义务。

核心概念

教育主体的权利 教育主体的义务

【政策链接 7-1】

《中华人民共和国教育法》(2021 年修正)(节选)

第二十九条 学校及其他教育机构行使下列权利:

(一)按照章程自主管理;

(二)组织实施教育教学活动;

(三)招收学生或者其他受教育者;

(四)对受教育者进行学籍管理，实施奖励或者处分;

(五)对受教育者颁发相应的学业证书;

(六)聘任教师及其他职工，实施奖励或者处分;

(七)管理、使用本单位的设施和经费;

(八)拒绝任何组织和个人对教育教学活动的非法干涉;

(九)法律、法规规定的其他权利。

国家保护学校及其他教育机构的合法权益不受侵犯。

第三十条 学校及其他教育机构应当履行下列义务:

(一)遵守法律、法规;

(二)贯彻国家的教育方针，执行国家教育教学标准，保证教育教学质量;

(三)维护受教育者、教师及其他职工的合法权益;

(四)以适当方式为受教育者及其监护人了解受教育者的学业成绩及其他有关情况提供便利;

(五)遵照国家有关规定收取费用并公开收费项目;

(六)依法接受监督。

第四十三条 受教育者享有下列权利:

(一)参加教育教学计划安排的各种活动，使用教育教学设施、设备、图书资料;

(二)按照国家有关规定获得奖学金、贷学金、助学金;

(三)在学业成绩和品行上获得公正评价，完成规定的学业后获得相应的学业证书、学位证书;

(四)对学校给予的处分不服向有关部门提出申诉，对学校、教师侵犯其人身权、财产权等合法权益，提出申诉或者依法提起诉讼;

(五)法律、法规规定的其他权利。

第四十四条 受教育者应当履行下列义务:

(一)遵守法律、法规;

(二)遵守学生行为规范，尊敬师长，养成良好的思想品德和行为习惯;

(三)努力学习，完成规定的学习任务;

(四)遵守所在学校或者其他教育机构的管理制度。

(资料来源：中华人民共和国教育部官网，http://www.moe.gov.cn)

第一节　教育行政部门的职权与职责

教育行政部门的职权与职责

教育部公开曝光第十三批7起违反教师职业行为十项准则典型案例(节选)

根据教育部学习贯彻习近平新时代中国特色社会主义思想主题教育工作要求，落实师德师风建设工作推进暨师德集中学习教育启动部署会关于专项整治的相关安排，2023年8月，教育部公开曝光第十三批7起违反教师职业行为十项准则典型案例。教育部有关负责人指出，7起典型案例涉事教师均已受到严肃处理，反映出各地各校在深入贯彻落实教师职业行为十项准则要求、加强教师思想政治和师德师风建设工作中，始终把师德师风作为评价教师队伍素质的第一标准，亮明对师德违规“零容忍”、严惩师德违规行为的坚定态度。

各地教育部门和学校要认真贯彻落实党中央有关决策部署，持续完善师德师风建设长效机制，将严格的制度规定和日常教育督导相结合，突出全员全方位全过程师德养成，引导广大教师自律自强，营造自觉践行良好师德、维护良好师风学风的有利环境。

思考：教育行政部门有哪些职权?

(资料来源：辽宁省教育厅，https://jyt.ln.gov.cn/jyt/jyzx/jybxx/2023082813465665839/.)

教育行政是指国家行政部门及其公职人员依法行使管理职权、履行法律职责、实施法律的活动。教育行政是随着公共教育制度的建立而出现的，其实质是如何对教育事业进行组织、领导和管理的问题。近年来，随着教育外部法规和内部法规的逐步完善以及教育行政的发展，对教育行政的机构部门及其职责有了较明确的分工。教育行政部门只有在其法定权限范围内，依照法定程序进行管理活动，才是有效的行为。任何超越其法定权限，违反法定程序的行为不仅是无效的，而且是违法的。

一、教育行政部门的含义及法律地位

(一)教育行政部门的含义

教育行政部门是依据《宪法》等法律的规定设置的，代表国家从事教育行政管理，行使国家教育行政职能的国家机关。在我国，教育行政部门的具体名称包括教育部、教育厅、教育局或教育委员会等。

(二)教育行政部门的法律地位

教育行政部门的法律地位，是其在国家教育行政管理中权利和义务的综合体现。其法律地位主要体现在以下几个方面。

(1) 各级教育行政部门既有权依法行使教育管理职权，同时又必须履行法律为其设定的义务，做到遵守法定程序，严格依法行政，禁止失职越权行为。

(2) 依据法律，教育部有权制定部门规章。对于教育部制定的教育规章，地方各级教育行政部门都必须遵守执行。

(3) 地方各级教育行政部门均为同级人民政府的组成部门，需对同级人民政府负责。对同级人民政府的地方国家权力机关制定的法规、决定、决议，以及同级人民政府的规章、决定、指示、命令必须严格执行，不得违背，否则，该行为无效，将被依法撤销。同时，地方各级教育行政机关必须执行上级人民政府、上级教育行政机关的决定、命令、指示等。

(4) 各级教育行政部门在法律法规、规章的范围内享有的职权各不相同，但在遵守《宪法》和教育法律法规的前提下，根据实际需要和可能，仍独立享有相应的行政权。

(5) 在内部行政法律关系中，上下级教育行政部门之间存在执法监督、业务指导关系；但在外部行政法律关系中，各级教育行政部门都是独立的行政法主体，有权以自己的名义独立处理职权范围内的教育行政事务，并承担相应的法律责任。

(6) 教育行政部门依法实施教育行政管理职能时，会与作为行政相对人的学校、教师、学生等发生并形成行政管理法律关系。教育行政部门可以为行政相对人赋予权利或设定义务，行政相对人对教育行政机关依法实施的行为必须服从或予以协助，否则，行政相对人将受到行政处分或行政处罚。

(7) 根据我国《宪法》和法律的规定，行政机关在行使职能的过程中，受国家、社会、人民群众的监督。教育行政部门负有依法行政、接受监督、依法保护行政相对人(学校、教师、学生)合法权益不受侵犯的责任和义务。

(8) 教育行政部门属于行政机关的一种，一旦成立即具有我国《民法典》规定的法人资格，属于机关法人。当教育行政机关以“机关法人”的民事主体身份参与民事法律行为时，它与其他教育主体是平等的法律关系，而非行政上的管理与被管理的隶属关系。这种具有民事特征的教育法律关系，随着我国教育社会化进程正在大量涌现，例如，教育行政机关与学校基于土地及其财产流转的合同关系、人才培养关系等。

二、教育行政部门的职权

现代教育行政职权的产生与实施，源于个体发展和社会发展的需求。教育行政部门唯有具备教育行政职权，方可实施教育行政行为。职权指的是职务范围内的权力。教育行政职权是教育行政部门开展国家教育行政活动的权能。各级教育行政部门拥有主管本级行政区域内教育事务的行政职权。

(一)教育行政部门的职权

行政机关作为国家机关，代表国家行使所辖区域的管理权。具体到教育领域，教育行政机关的权力主要包括以下方面。

1. 教育行政创制权

教育行政创制权，主要指国家教育部门依据《宪法》和其他法律规定，拥有制定并发布规章、制度、办法、决定等的权力。例如，教育部依据《宪法》的相关规定，制定《学生伤害事故处理办法》等一系列教育方面的部门规章；地方教育局可根据地区具体情况，制定辖区内的教育规章，或者法律、法规的实施办法等。

2. 教育行政决定权

教育行政决定权，主要指教育行政部门依法对教育行政管理中的具体事务作出决定的权力。教育行政决定权主要体现为教育行政部门在教育事务管理过程中，就应开展哪些工作、如何开展等事项作出决策。比如，在上海“孟母堂”一案中，教育部认为，该学堂的设置不符合我国相关教育法律规定，也违背了我国的义务教育精神，于是，上海市教育委员会对“孟母堂”的办学行为紧急叫停。

3. 教育行政执法权

我国教育行政部门是国家行政机关在教育领域的执行机关，代表国家行使教育方面的权力。教育行政执法是指教育行政机关及其公务人员依据法律规定或上级决定而实施的具体执法行为。教育执法行为是教育行政机关为促使被管理的相对人或学校履行义务所采取的措施。若教育行政相对人不履行应承担的教育义务，或不执行教育行政机关发布的命令，教育行政机关就需行使执法权，对其实施相应处罚。为此，为实现依法行政、权责统一与责罚一致，《教育法》和《义务教育法》均设有专门章节规定相关的法律责任。

4. 教育行政监督权

教育行政监督权，主要指教育行政部门依照《宪法》和其他法律法规，对行政相对人进行检查、监督的权力。教育行政部门实施教育行政监督的目的，在于检查和督促教育行政相对人遵守法律法规，从而确保国家法律法规得以贯彻执行，保证教育行政处理决定得以落实，达成教育行政管理的目标。例如，各级教育行政部门组织的学校安全检查，就是对学校安全工作进行监督。

5. 教育行政奖励权

教育行政奖励权是指教育行政部门依法对工作成绩突出或有先进事迹的学校或个人给予物质奖励和精神奖励。例如，《教育法》(2021 年修正)第十三条规定：“国家对发展教育事业做出突出贡献的组织和个人，给予奖励。”又如，《义务教育法》(2018 年修正)第十条规定：“对在义务教育实施工作中做出突出贡献的社会组织和个人，各级人民政府及其有关部门按照有关规定给予表彰、奖励。”

(二)教育行政部门的职权分配

国家中央和地方各级人民政府均设有教育行政部门，专门负责管理教育事业。其主要分为以下几级：教育部、省教育厅、市教育局、县(区)教育委员会。乡镇设有文教助理。民族自治地方的自治机关有权自主管理本地方的教育事业。我国的教育行政部门总体上可划分为国务院教育行政部门和县级以上地方各级人民政府的教育行政部门。

首先，国务院教育行政部门在国务院领导下，行使下列职权。

(1) 实施国家有关教育的法律法规，制定教育工作的政策、规章。

(2) 制定全国教育事业发展规划，统筹协调各级各类教育事业的发展。

(3) 提出财政预算内教育经费预算方案的建议。

(4) 制定国家基本学制和各级各类教育的基本国家教育标准。

(5) 审定全国通用的普通中小学教科书。

(6) 依照国务院规定的权限，审批高等学校的设置。

(7) 主管高等学校招生及毕业生就业指导工作。

(8) 主管教师工作。

(9) 主管对外教育交流与合作工作。

(10) 指导、监督地方和国务院有关部门、行业的教育工作。

(11) 法律法规规定以及国务院授予的其他职权。

其次，县级以上地方各级人民政府的教育行政部门在本级人民政府领导下，依照法律法规和规章的规定，主管本行政区域内的教育工作。具体来说，县级以上的地方各级人民政府的教育行政部门的职权如下。

(1) 执行国家有关教育的政策、法规。

(2) 核拨财政预算内教育经费，实行教育收费一费制。

(3) 按照管理权限，负责学校及其他教育机构的设置、变更、解散的审批、注册、核准等工作。

(4) 按照管理权限，负责对校长的任命、核准等工作。

(5) 主管教师、教职员工的资格认定、录用、聘任、培训、考核、奖惩、职称、待遇等人事行政工作。

(6) 主管各级各类学校及其他教育机构的招生和毕业生就业等工作。

(7) 在职权范围内，制定和实施各项教育、教学工作的指导性文件。

(8) 指导、监督下级人民政府及教育行政部门的教育工作。

三、教育行政部门在义务教育中的职责

义务教育作为一个国家最为重要的基础性教育事业，实施义务教育既是国家的权力，更是对人民应尽的义务。《义务教育法》(2018 年修正)第二条明确规定，国家实行九年义务教育制度。义务教育是国家统一实施的所有适龄儿童、少年必须接受的教育，是国家必须予以保障的公益性事业。义务教育的这种国家属性不仅有助于保证义务教育的质量，还能促进义务教育均衡发展，避免教会办学和私人办学带来的诸多弊端。《义务教育法》(2018 年修正)，着重强调了义务教育的国家责任，即国家要为义务教育的开展提供必要条件，采取必要措施。同时，还特别规定了各级教育行政部门在义务教育实施中的职责，并明确了各自的法律责任。

教育行政部门在义务教育中的职责主要涵盖以下几个方面。

(一)保证适龄儿童、少年接受九年制义务教育的职责

在保障义务教育阶段学生的受教育权方面，《义务教育法》(2018 年修正)对教育行政部门提出了如下要求。

首先，各级人民政府及其有关部门应当履行本法规定的各项职责，保障适龄儿童、少年接受义务教育的权利。县级人民政府教育行政部门和乡镇人民政府应当组织并督促适龄儿童、少年入学，帮助解决他们接受义务教育过程中遇到的困难，并采取措施防止其辍学。作为县级政府负责教育工作的职能部门以及基层的乡镇政府，其主要任务是负责义务教育的实施与管理，承担着详细统计当地适龄儿童、少年的年龄、身体状况等数据的工作。对于何时入学、在哪所学校入学，都要制定具体的工作方案并确保落实到位，以保证每位适龄儿童、少年都能顺利入学。采取一切必要措施，防止在校学生因各种原因中途辍学，这是当地政府必须履行的法定职责。

其次，依法实施义务教育的学校应当按照规定标准完成教育教学任务，确保教育教学质量。义务教育制度关乎中华民族素质提升，是一项重要的国家教育制度。按照全面推进素质教育的要求以及世界各国通行的做法，适龄儿童、少年免试进入小学和初中就读，有利于保障所有适龄儿童、少年按时入学并平等地接受义务教育。教育教学是学校的核心任务，涵盖课程设置、教材选择、教学方法、考试评价等多个方面。学校应依据国家教育方针和政策，结合自身实际情况，制订科学合理的教学计划和教学方案，并严格按照规定标准开展教育教学活动。同时，学校还应保证教育教学质量，通过科学合理的教学管理、教学质量监控、教学评估等手段，确保教学质量达到规定标准，并持续提升教学质量水平。学校应注重培养学生的综合素质，促进学生的全面发展，为学生未来的成长和发展奠定坚实基础。

再次，国务院和县级以上地方人民政府应当合理配置教育资源，推动义务教育均衡发展，改善薄弱学校的办学条件，并采取措施，保障农村地区、民族地区实施义务教育，保障家庭经济困难和残疾的适龄儿童、少年接受义务教育。随着我国经济社会的快速发展和城市化进程的加快，农村剩余劳动力大量向城镇转移，进城务工农民子女的义务教育问题日益凸显，成为当前我国教育发展中的突出问题。解决流动儿童、少年的义务教育问题是

政府不可推卸的责任，其中流入地政府承担着主要责任。为此，《义务教育法》(2018 年修正)在第十二条第二款规定："父母或者其他法定监护人在非户籍所在地工作或者居住的适龄儿童、少年，在其父母或者其他法定监护人工作或者居住地接受义务教育的，当地人民政府应当为其提供平等接受义务教育的条件。具体办法由省、自治区、直辖市规定。"因此，流入地政府要充分发挥全日制公办中小学的主渠道作用，建立进城务工就业农民子女接受义务教育的经费筹措机制。

最后，县级人民政府教育行政部门应对本行政区域内的军人子女接受义务教育予以保障。

《义务教育法》(2018 年修正)特别强调了军人子女接受义务教育的保障问题。其第十二条第三款规定："县级人民政府教育行政部门对本行政区域内的军人子女接受义务教育予以保障。"因此，县级人民政府作为本区域内具体负责教育管理工作的部门，有责任为随军子女提供与当地适龄儿童、少年平等接受义务教育的条件和机会。

(二)教育行政部门合理设置义务教育学校的职责

《义务教育法》(2018 年修正)第十五条规定："县级以上地方人民政府根据本行政区域内居住的适龄儿童、少年的数量和分布状况等因素，按照国家有关规定，制定、调整学校设置规划。新建居民区需要设置学校的，应当与居民区的建设同步进行。"

制定、调整学校设置规划的目的是使义务教育学校在一定行政区域内合理布局，确保每所学校服务区域内的适龄儿童、少年从住所到学校的距离在合理的范围内。规划学校时要与居民区建设同步，即在居民区建设时，就要同步考虑学校的选址、规模，并制定相应的规划；并在居民区建设时，学校建设要同步进行，与居民区同步投入使用。教育行政部门在居民区建设初期就要规划好学校规模，做好开设学校所需的师资、设备、设施等准备工作，以确保学校校舍和场地完工后，能尽快投入使用。

(三)教育行政部门保证义务教育学校安全的职责

首先，学校建设应符合相关安全标准。《义务教育法》(2018 年修正)第十六条规定："学校建设，应当符合国家规定的办学标准，适应教育教学需要；应当符合国家规定的选址要求和建设标准，确保学生和教职工安全。"

其次，教育行政部门还需协同其他政府部门共同做好学校安全工作，督促义务教育学校加强安全管理。具体来讲，教育行政部门应当全面掌握学校安全工作的情况，制定学校安全工作的考核标准，加强对学校安全工作的检查指导、督促评估，督促学校建立健全并落实安全管理制度，组织开展学校安全工作的专项督导；要建立安全工作责任制和事故责任追究制，及时消除安全隐患，指导学校妥善处理学生伤害事故；要及时了解学校安全教育情况，组织学校有针对性地对学生进行安全教育；要制定教育行政部门的校园安全应急预案，指导监督下属学校制定学校的校园安全应急预案；要协调公安、卫生、建设等部门共同做好学校安全工作。

根据《义务教育法》(2018 年修正)第九条规定的政府问责原则，任何社会组织或者个人有权对违反本法的行为向有关国家机关提出检举或者控告。发生违反本法的重大事件，妨碍义务教育实施，造成重大社会影响的，负有领导责任的人民政府或者人民政府教育行政部门负责人应当引咎辞职。

(四)教育行政部门保证义务教育学校的均衡发展的职责

义务教育具有普惠性，每个适龄儿童、少年都应平等地享有接受义务教育的权利。保障适龄儿童接受义务教育权利的平等是《义务教育法》(2018 年修正)的一个重要立法目的。由于各地经济社会发展不平衡，城乡二元结构矛盾突出，我国城乡之间、地区之间、学校之间义务教育的发展水平存在较大差距，公民受义务教育权利的实现程度还难以达到平衡，这也是“择校热”产生的重要原因，对义务教育公平性产生了直接影响。为了解决义务教育资源配置不尽合理的问题，《义务教育法》(2018 年修正)主要规定了以下措施。

首先，在教育资源的管理和监督方面，《义务教育法》(2018 年修正)第二十二条规定：“县级以上人民政府及其教育行政部门应当促进学校均衡发展，缩小学校之间办学条件的差距，不得将学校分为重点学校和非重点学校。学校不得分设重点班和非重点班。县级以上人民政府及其教育行政部门不得以任何名义改变或者变相改变公办学校的性质。”

其次，《义务教育法》(2018 年修正)第三十二条第二款还专门规定了师资的均衡配置，以推动义务教育学校的均衡发展。该款规定：“县级人民政府教育行政部门应当均衡配置本行政区域内学校师资力量，组织校长、教师的培训和流动，加强对薄弱学校的建设。”促进校长、教师合理流动是均衡配置教师资源，加强义务教育阶段薄弱学校建设的重要举措。为鼓励更多的教师和大学毕业生到农村地区和少数民族地区等义务教育薄弱地区任教，《义务教育法》(2018 年修正)第三十三条专门规定：“国务院和地方各级人民政府鼓励和支持城市学校教师和高等学校毕业生到农村地区、民族地区从事义务教育工作。国家鼓励高等学校毕业生以志愿者的方式到农村地区、民族地区缺乏教师的学校任教。县级人民政府教育行政部门依法认定其教师资格，其任教时间计入工龄。”

最后，《义务教育法》(2018 年修正)在经费投入方面也作出了相关规定，县级人民政府编制预算，除向农村地区学校和薄弱学校倾斜外，应当均衡安排义务教育经费。

(五)教育行政部门设置特殊义务教育机构的职责

《义务教育法》(2018 年修正)第十八条至第二十一条规定，国务院教育行政部门和省、自治区、直辖市人民政府根据需要，在经济发达地区设置接收少数民族适龄儿童、少年的学校(班)。县级以上地方人民政府根据需要设置相应的特殊教育学校(班)，对视力残疾、听力语言残疾和智力残疾的适龄儿童、少年实施义务教育。特殊教育学校(班)应当具备适应残疾儿童、少年学习、康复、生活特点的场所和设施。普通学校应当接收具有接受普通教育能力的残疾适龄儿童、少年随班就读，并为其学习、康复提供帮助。县级以上地方人民政府根据需要，为具有预防未成年人犯罪法规定的严重不良行为的适龄少年设置专门的学校实施义务教育。对未完成义务教育的未成年犯和被采取强制性教育措施的未成年人应当进行义务教育，所需经费由人民政府予以保障。

(六)教育行政部门义务教育经费保障的职责

经费保障是义务教育发展的基础。为解决义务教育经费保障问题，《义务教育法》(2018 年修正)主要规定了以下措施。

1. 明确义务教育经费保障目标

《义务教育法》(2018 年修正)第四十二条第一款、第二款规定：“国家将义务教育全面纳入财政保障范围，义务教育经费由国务院和地方各级人民政府依照本法规定予以保障。国务院和地方各级人民政府将义务教育经费纳入财政预算，按照教职工编制标准、工资标准和学校建设标准、学生人均公用经费标准等，及时足额拨付义务教育经费，确保学校的正常运转和校舍安全，确保教职工工资按照规定发放。”

2. 明确教育经费来源

《义务教育法》(2018 年修正)第四十四条第一款规定：“义务教育经费投入实行国务院和地方各级人民政府根据职责共同负担，省、自治区、直辖市人民政府负责统筹落实的体制。农村义务教育所需经费，由各级人民政府根据国务院的规定分项目、按比例分担。”这一规定明确了各级人民政府的分担机制，将义务教育全面纳入财政保障范围，并明确了由省级人民政府为统筹落实的责任主体。

3. 规范义务教育经费的使用和管理，提高经费使用效益

《义务教育法》(2018 年修正)第四十五条第一款规定：“地方各级人民政府在财政预算中将义务教育经费单列。”该法第四十九条规定：“义务教育经费严格按照预算规定用于义务教育；任何组织和个人不得侵占、挪用义务教育经费，不得向学校非法收取或者摊派费用。”该法第五十条规定：“县级以上人民政府建立健全义务教育经费的审计监督和统计公告制度。”

(七)教育行政部门保障义务教育教科书编写、选用的职责

为防止利用义务教育教科书非法牟利，减轻学生的学习负担和精神压力，减轻学生家长的经济负担，节约资源，保证教科书质量，《义务教育法》(2018 年修正)规定了以下措施。

首先，关于义务教育教科书编写和出版的规定。《义务教育法》(2018 年修正)第三十八条规定：“教科书根据国家教育方针和课程标准编写，内容力求精简，精选必备的基础知识、基本技能，经济实用，保证质量。国家机关工作人员和教科书审查人员，不得参与或者变相参与教科书的编写工作。”

其次，关于教科书审定制度的规定。《义务教育法》(2018 年修正)第三十九条规定：“国家实行教科书审定制度。教科书的审定办法由国务院教育行政部门规定。未经审定的教科书，不得出版、选用。”根据有关规定，国家教育行政部门成立全国中小学教材审定委员会，负责国家课程教材的初审、审定及跨省(自治区、直辖市)使用的地方课程教材的审定。各省、自治区、直辖市教育行政部门成立省级中小学教材审定委员会，负责地方课程教材的初审和审定；经国务院教育行政部门授权或委托，承担有关国家课程教材的初审工作。未经审定的教科书，出版部门不得出版，教科书选用部门不得选用。

最后，关于义务教育教科书政府定价的规定。《义务教育法》(2018 年修正)明确了义务教育教科书的政府定价机制。该法第四十条规定：“教科书价格由省、自治区、直辖市人民政府价格行政部门会同同级出版主管部门按照微利原则确定。”根据本条规定，教科书的定价主体是价格行政部门和出版主管部门，教科书的价格由省、自治区、直辖市人民政府价格行政部门会同出版部门共同确定。

(八)教育行政部门保障公办学校性质的职责

近年来，我国基础教育办学体制改革的一个重要方面是开展公办学校办学体制改革试验，出现了“公办民助”“民办公助”“国有民办”等不同类型的转制学校。这些学校的出现增加了社会对义务教育的投入，有效改善了部分学校的办学条件。但在实践中也出现了一些问题，主要是进一步拉大了学校之间办学条件的差距；优质资源转制后收费增加，加重了群众负担；产权不清晰，容易造成国有资产流失；个别政府借机推卸责任，减少政府投入；特别是助长了乱收费现象。因此，《义务教育法》(2018 年修正)第二十二条第二款规定：“县级以上人民政府及其教育行政部门不得以任何名义改变或者变相改变公办学校的性质。”

第二节　学校的权利与义务

学校的权利与义务

违规招生案例(节选)

日前，国务院教育督导委员会办公室向各省份教育厅(教委)和新疆生产建设兵团教育局印发《关于几起普通高中违规招收借读生查处情况的通报》，对部分普通高中违规招收借读生的查处情况进行了通报，并对相关工作提出明确要求。

该通报指出，安徽、江苏和广东三省加强了监管，对几起普通高中违规招收借读生情况进行了查处。一是某中学违规招收借读生 528 人，并收取借读费 431.27 万元。2020 年 8 月，某县委巡察组发现某中学违规招生问题，并要求该校立即整改，但到 2021 年春季仍未整改到位。2021 年 5 月，安徽省教育厅专门下发核查处理督办函，并约谈了某市和某县教育局负责人。某市委、市政府成立了专项调查组，进驻某中学开展调查、督促整改，责令该校全部清退借读生，将借读费全额退还学生家长。安徽省教育厅责令某市教育局作出书面深刻检讨，某市纪委、某县委分别对某县教育局和某中学有关负责人给予约谈提醒、通报批评、党内警告处分和取消评优评先资格等处理。二是江苏省某中学违规招收借读生 25 人，并一次性收取三年借读费 294 万元。2021 年 5 月，江苏省教育厅专门下发了核查处理督办函，并成立了专项调查组赴某市指导查处工作。某市教育局责令该校全部清退借读生，将借读费全额退还学生家长。江苏省教育厅对该校违规招生情况进行了通报批评，某市教育局取消了该校评优评先资格，某市经济技术开发区管委会对该校主要负责人依规进行党纪政纪处分，对开发区社会事业局主要领导、分管领导及分管处室主要负责人启动了问责程序。三是广东省某市 46 所学校违规招收借读生 201 人。某市教育局部署开展了专项摸排和整改工作，责令有关学校全部清退借读生，对有关区教育局和学校负责同志进行了约谈批评，并取消违规招生学校负责人评优评先资格，核减有关民办学校招生计划。同时，召开全市普通高中工作会议，组织开展了专题警示教育。

思考：案件中的学校违反了哪些义务？

(资料来源：中华人民共和国教育部官网，
http://www.moe.gov.cn/jyb_xwfb/gzdt_gzdt/s5987/202110/t20211012_571670.html.)

学校的权利与义务是学校法律体制的核心内容，是保障学校法律地位的必要条件，也是学校依法治教，实现学校规范化、自主化管理的重要保证。

一、学校的权利

《教育法》(2021 年修正)第二十九条规定：“学校及其他教育机构有权行使下列权利：(一)按照章程自主管理；(二)组织实施教育教学活动；(三)招收学生或者其他受教育者；(四)对受教育者进行学籍管理，实施奖励或者处分；(五)对受教育者颁发相应的学业证书；(六)聘任教师及其他职工，实施奖励或者处分；(七)管理、使用本单位的设施和经费；(八)拒绝任何组织和个人对教育教学活动的非法干涉；(九)法律、法规规定的其他权利。”具体内容如下。

(一)按照章程自主管理

学校章程是学校依法管理的制度。章程的制定需要根据我国现有的法律法规。根据相关教育法律法规，我国中小学校章程制定依据包括：《教育法》《义务教育法》《职业教育法》《事业单位登记管理暂行条例》《事业单位登记管理暂行条例实施细则》《中小学校管理规程》《中等职业学校设置标准》《教育部等八部门关于进一步激发中小学办学活力的若干意见》等法律法规、规章和有关规定。中小学校章程的作用为：为学校管理现代化提供思路与参照；为学校制度文化建设奠定基础；完善学校自主管理、自我约束的体制机制；反映学校文化精神与办学特色。

(二)组织实施教育教学活动

组织实施教育教学活动权是专门为学校法人确立的，其他非依《教育法》成立的法人，均不享有这项权利。《教育法》(2021 年修正)规定，学校有权根据国家有关教学计划、教学大纲和课程标准等方面的规定，根据自己的办学宗旨、培养目标、任务以及办学条件和能力，因校制宜，自主组织本校教育教学活动的实施。具体内容包括：课堂教学、实验教学、讨论教学、作业、课外社团活动、竞赛活动、实践活动、游学活动等。

(三)招收学生或者其他受教育者

招生权是学校的一项重要权利。学校有权根据自身的办学宗旨、培养目标、发展规划以及实际办学条件和能力，依据国家有关规定进行招生。任何组织和个人都不得非法干预。

尽管学校拥有招生权利，但在招生过程中也需遵守国家规定的招生纪律。2022 年 3 月 28 日，教育部办公厅印发《关于进一步做好普通中小学招生入学工作的通知》。根据该通知的规定，学校招生应科学合理划定片区、规范报名信息采集、健全有序录取机制、全面落实公民同招、规范普通高中招生、保障特殊群体入学、切实加强组织领导。该通知强调，学校在招生过程中要严格落实“十项严禁”规定。

第一，严禁无计划、超计划组织招生。

第二，严禁自行组织或与社会培训机构联合组织以选拔生源为目的的各类考试，或采用社会培训机构自行组织的各类考试结果。

第三，严禁提前组织招生，变相“掐尖”选生源。

第四，严禁公办学校与民办学校混合招生、混合编班。

第五，严禁以高额物质奖励、虚假宣传等不正当手段招揽生源。

第六，严禁任何学校收取或变相收取与入学挂钩的“捐资助学款”。

第七，严禁义务教育阶段学校以各类竞赛证书、学科竞赛成绩或考级证明等作为招生依据。

第八，严禁义务教育阶段学校设立任何名义的重点班、快慢班。

第九，严禁初高中学校对学生进行中高考成绩排名、宣传中高考状元和升学率。

第十，严禁出现人籍分离、空挂学籍、学籍造假等现象，不得为违规跨区域招收的学生和违规转学学生办理学籍转接。

(四)对受教育者进行学籍管理，实施奖励或者处分

学校对受教育者进行学籍管理，是提高教育教学质量的必要手段。学校的学籍管理权是指学校有权根据主管部门的学籍管理规定，制定具体的有关入学与报名注册，成绩考核，纪律与考勤，留级、升级，转专业与转系，转学、休学与退学等方面的学籍管理办法。其设立是为了让学校发挥对受教育者的教育、管理职能，维护教学秩序，并实施具体的管理活动。

学校有权对学生进行奖励和处分。奖励可以激发学生的学习动力，鼓励他们在学业、体育、艺术等方面取得优异成绩。通过奖励，学生会感到自己的努力得到了认可，从而更有动力去追求卓越。处分制度可以规范学生的行为，帮助他们树立正确的价值观和行为习惯。通过明确的规则和制度，学生能够明白哪些行为是受到鼓励的，哪些行为是不被允许的，从而形成相应的自制力。

【政策链接 7-2】

《普通高等学校学生管理规定》(节选)

第五章　奖励与处分

第四十九条　学校、省(区、市)和国家有关部门应当对在德、智、体、美等方面全面发展或者在思想品德、学业成绩、科技创造、体育竞赛、文艺活动、志愿服务及社会实践等方面表现突出的学生，给予表彰和奖励。

第五十条　对学生的表彰和奖励可以采取授予“三好学生”称号或者其他荣誉称号、颁发奖学金等多种形式，给予相应的精神鼓励或者物质奖励。

学校对学生予以表彰和奖励，以及确定推荐免试研究生、国家奖学金、公派出国留学人选等赋予学生利益的行为，应当建立公开、公平、公正的程序和规定，建立和完善相应的选拔、公示等制度。

第五十一条　对有违反法律法规、本规定以及学校纪律行为的学生，学校应当给予批评教育，并可视情节轻重，给予如下纪律处分:

(一)警告;

(二)严重警告;

(三)记过;

(四)留校察看;

(五)开除学籍。

第五十二条　学生有下列情形之一，学校可以给予开除学籍处分：

(一)违反宪法，反对四项基本原则、破坏安定团结、扰乱社会秩序的；

(二)触犯国家法律，构成刑事犯罪的；

(三)受到治安管理处罚，情节严重、性质恶劣的；

(四)代替他人或者让他人代替自己参加考试、组织作弊、使用通信设备或其他器材作弊、向他人出售考试试题或答案牟取利益，以及其他严重作弊或扰乱考试秩序行为的；

(五)学位论文、公开发表的研究成果存在抄袭、篡改、伪造等学术不端行为，情节严重的，或者参与代写论文、买卖论文的；

(六)违反本规定和学校规定，严重影响学校教育教学秩序、生活秩序以及公共场所管理秩序的；

(七)侵害其他个人、组织合法权益，造成严重后果的；

(八)屡次违反学校规定受到纪律处分，经教育不改的。

第五十三条　学校对学生作出处分，应当出具处分决定书。处分决定书应当包括下列内容：

(一)学生的基本信息；

(二)作出处分的事实和证据；

(三)处分的种类、依据、期限；

(四)申诉的途径和期限；

(五)其他必要内容。

第五十四条　学校给予学生处分，应当坚持教育与惩戒相结合，与学生违法、违纪行为的性质和过错的严重程度相适应。学校对学生的处分，应当做到证据充分、依据明确、定性准确、程序正当、处分适当。

第五十五条　在对学生作出处分或者其他不利决定之前，学校应当告知学生作出决定的事实、理由及依据，并告知学生享有陈述和申辩的权利，听取学生的陈述和申辩。

处理、处分决定以及处分告知书等，应当直接送达学生本人，学生拒绝签收的，可以以留置方式送达；已离校的，可以采取邮寄方式送达；难以联系的，可以利用学校网站、新闻媒体等以公告方式送达。

第五十六条　对学生作出取消入学资格、取消学籍、退学、开除学籍或者其他涉及学生重大利益的处理或者处分决定的，应当提交校长办公会或者校长授权的专门会议研究决定，并应当事先进行合法性审查。

第五十七条　除开除学籍处分以外，给予学生处分一般应当设置6到12个月期限，到期按学校规定程序予以解除。解除处分后，学生获得表彰、奖励及其他权益，不再受原处分的影响。

第五十八条　对学生的奖励、处理、处分及解除处分材料，学校应当真实完整地归入学校文书档案和本人档案。

被开除学籍的学生，由学校发给学习证明。学生按学校规定期限离校，档案由学校退回其家庭所在地，户口应当按照国家相关规定迁回原户籍地或者家庭户籍所在地。

(资料来源：中华人民共和国中央人民政府网，
https://www.gov.cn/gongbao/content/2017/content_5220900.htm.)

(五)对受教育者颁发相应的学业证书

学业证书制度是我国的教育基本制度之一。学校及其他教育机构作为从事教育教学活动的事业法人，法律授予了其行使对受教育者颁发学业证书、学位证书的行政权力。这种权力代表国家行使，是在学位、学历证书颁发方面的行政管理职权。凡是经国家批准设立或者认可的学校及其他教育机构，均具有《教育法》(2021 年修正)所确认的按国家规定颁发学历证书或其他学业证书的权力。

学业证书是颁发给受教育者，证明其学习经历、知识水平、专业技能，且被国家承认、具有法律效力的文件。学校及其他教育机构依据国家有关学业证书的管理规定，对经过考核、考试成绩合格，完成学习阶段教育的学生，按照其学习教育类别，相应颁发毕业证书、结业证书等学业证书。学校向受教育者颁发学业证书，须遵循公正、公开的原则，并接受主管部门和受教育者的监督。

(六)聘任教师及其他职工，实施奖励或者处分

(1) 在聘任教师方面，我国实行教师聘任制。教师聘任制是在符合国家法律制度的前提下，聘任双方在平等自愿的基础上，由学校或者教育行政部门根据教育教学岗位设置，聘请具有教师资质或教学经验的人担任相应教师职务的一项教师任用制度。

学校应根据《教师法》(2009 年修正)和国家关于事业单位人员聘用制度的有关规定，科学制定教师聘任管理制度和具体管理办法。学校有权与教师签订聘用合同，按照公开、平等、竞争、择优的原则，在定员、定岗、定责的基础上聘任、解聘或辞退教职工。同时，学校应当建立健全保障教职工合法权益的程序和制度。

(2) 在实施奖励和处分方面，学校有权建立奖惩制度。学校通过建立有效的奖惩制度，对在教育教学工作、科研工作、学校管理工作、班主任工作、指导学生或教师工作中表现突出的优秀教师和工作者给予奖励。每学期评选师德标兵、优秀教师、优秀班主任、优秀指导师、优秀教科研工作者、优秀教育工作者、先进备课组，以此激励教师的工作积极性。

聘任教师及其他职工，实施奖励或者处分这项权利，是学校实施教育活动的保障，也是学校作为法人被法律所确认的权利之一。学校的这项权利，有利于其自主选用优秀人才从教，建立奖勤罚懒、奖优罚劣的激励机制，从而提高教育教学质量和办学效益。

(七)管理、使用本单位的设施和经费

设施管理自产生以来，不同学者、国家和协会对其理解和定义有所差异，但设施管理的内容和思路基本一致，即①设施管理的目标是基于组织的发展需求，维持高品质的工作空间，增加投资效益；②设施管理实质是通过改善人的空间环境，提高工作效率和投资收益；③设施管理的重点是将人、空间、流程、技术进行整合管理；④设施管理的范围涵盖生活环境的全部内容，包括建筑物、设备、空间、家具、环境系统、信息等。

1. 学校设施管理应遵循的理念

(1) 以人为本的管理理念。以人为本体现在尊重和满足人的生理需求和精神追求上，强调以学生为中心的人性化设计与管理理念已成为现代化学校的主流趋势。学校应创造灵活自由的空间形式和崭新的建筑形态，为学生提供方便、舒适的学习环境。

(2) 支持学校的核心业务。学校的核心职能是教育和信息服务，对学校人才培养、科学研究、社会服务和文化传承创新具有重要作用。学校所有的业务活动都在空间中进行，良好的空间管理不仅能保证学校业务活动的正常开展，还对学校核心业务活动的开展具有重要影响。

(3) 提升空间利用与管理效率。通过信息技术的整合应用能够高效实现对空间数据的统计与分析，便于跟踪空间的使用情况，提供收集和组织空间信息的灵活方法，同时为学校管理提供准确和及时的空间库存、使用、占用数据，将学校的空间管理从策略性调整上升至战略管理的水平。

(4) 可持续空间管理。将设施管理理念应用到学校空间管理中，分析变化的需求，合理配置空间，优化空间布局，提高空间使用效率。

(5) 塑造良好的空间环境。基于设施管理理念的学校空间管理通过将人、空间、过程和技术集成对学校空间进行有效规划和控制，保持高品质的空间环境。合理良好的空间环境能够有效提高学生的学习效率。

2. 学校经费预算管理

1) 收入预算

收入预算主要由财政拨款、上级补助收入、事业收入、经营收入、附属学校上缴收入及其他收入构成。

(1) 财政拨款是指财政部门在教学、科研和住房改革及公费医疗等方面提供的事业经费。

(2) 上级补助收入是指学校从主管单位及上级学校获得的非财政补助收入，用于弥补正常业务资金的不足。传统学校将其称为“调剂收入”，属于预算外的资金来源。

(3) 事业收入主要是指学校组织教学、科研及其他辅助活动所获得的收入，主要包括学校、个人上缴的学费及住宿费等，同时还包括承接科研课题、转让科研成果、从事科技咨询获得的收入等。

(4) 经营收入是指除教学和科研及辅助活动外，学校组织非独立核算经营活动获得的收入，主要包括出借设备、租赁场地及房屋取得的收入等。

(5) 附属学校上缴收入是指学校的附属独立核算学校按要求上缴的收入，包括校办产业上缴的利润、返还工资、水电费及其他使用学校教育资源而上缴的收入等。

(6) 其他收入主要包括除描述范畴外的所有收入，主要有投资收益、利息收入和捐赠收入等。

2) 支出预算

支出预算是指高校组织教学、科研及其他活动产生的所有资金开支，包括事业支出、经营支出、自筹基建支出以及对附属学校的补助支出。

(1) 事业支出由基本支出和项目支出两部分构成，均为高校在组织教学、科研及其辅助活动时产生的开支。

① 基本支出包括人员支出和公用支出两部分，是高校实现教学、科研及其他日常工作产生的开支。人员支出是指高校在举办专业教学、科研及其辅助活动时在个人方面的开

支，主要包括基本工资、补助工资、职工福利费及助学金等。公用支出即实现事业活动时，在公共服务方面的支出。主要包括公务费、业务费、修缮费、差旅费及招待费等。

② 项目支出是指高等学校为完成指定的工作任务以及事业发展目标，除基本支出外产生的开支。

(2) 经营支出是指高等学校除教学和科研及其辅助活动外，进行非独立核算经营活动产生的开支。

(3) 学校在基础建设方面的资金，并不属于财政补助收入范畴的资金，可称为自筹基建支出。

(4) 通常情况下，高校会使用部分资金对附属学校进行补助，这些资金不属于财政专项资金，可称为高校对附属学校的补助支出。

【政策链接 7-3】

财政部、教育部：进一步加强义务教育学校公用经费管理，严禁挤占挪用(节选)

2020 年 12 月 8 日，据财政部网站消息，财政部办公厅、教育部办公厅日前联合发布《关于进一步加强义务教育学校公用经费管理的通知》。该通知要求，切实强化义务教育学校预算财务管理。县级教育、财政部门要督促学校严格按照预算批复的资金规模和规定的标准执行，严把支出审核关，各项支出要据实列支，严禁虚列虚支、虚报冒领和挤占挪用。

该通知指出，切实落实经费分担责任和管理责任。义务教育是教育工作的重中之重。为保障义务教育学校正常开展教育教学活动，各级财政按规定分担的公用经费必须及时足额到位。各地要切实提高认识，采取更加有力的监督约束措施，确保省以下各级财政分担公用经费的责任落实。

该通知要求，严禁统筹按基准定额核定的学校公用经费，在本地区集中开展信息化建设、教师培训等专项性工作。

学校要进一步健全预算管理、财务管理、内部控制等制度，按规定编制学校年度预算，抓好预算执行，细化公用经费支出范围与标准，按照轻重缓急的原则合理合规安排使用公用经费，并依法公开相关财务信息。严禁将公用经费用于人员经费、基本建设投资、偿还债务等方面支出。要进一步强化财务管理基础工作，加强会计人员培训，提高财务管理和会计核算水平。

(资料来源：百度网，https://baijiahao.baidu.com/s?id=1685526227761445333.)

(八)拒绝任何组织和个人对教育教学活动的非法干涉

拒绝非法干涉权是学校的一项重要权利。学校作为一种特殊的、以培养人为基本宗旨，独立自主地进行教育教学管理、实施教育教学活动的公益性的社会组织需要有更加稳定的教育教学秩序和良好的教育教学环境，为此，《教育法》(2021 年修正)在学校的权利中规定，学校有“拒绝任何组织和个人对教育教学活动的非法干涉”的权利。这是为维护学校正常的教育教学秩序，抵御非法干涉而确立的一项重要权利。它是国家对学校有权拒绝非法干涉的许可，并保障学校对来自国家行政机关、企事业组织、社会团体、个人等任何方面的非法干涉学校教育教学活动的行为有权拒绝和抵制。所谓“非法干涉”，是指行为人违背法律法规和有关规定作出不利于学校教育教学活动的行为。具体表现为以下几方面。

1．结伙斗殴、寻衅滋事、扰乱学校的教育教学秩序

结伙斗殴、寻衅滋事、扰乱学校的教育教学秩序，是指有关人员或组织在学校内部或周围寻衅滋事，结伙打架斗殴，围攻教师、学生，调戏女生，闯入课堂、教学场地，妨碍或阻挠教师的授课活动，以及在学校周围架设高音喇叭、非法施工、造坟哭坟等活动，致使学校停学停课，师生缺乏安全感，正常的教育教学无法开展或造成其他严重后果的情形。学校内部工作人员实施上述行为，一般是因为与领导或同事闹矛盾，或者对工资、待遇等方面不满；其他单位的人员和社会上的人员实施上述行为，有的出于个人私怨，有的是因为单位与学校之间有纠纷，有的纯属无理取闹，有的是因为家庭内部人员或亲戚在学校被打等原因，有的是家长偏听偏信孩子的谎言而到学校无理取闹等。

2．侵占、破坏学校的校舍、场地及其他财产，干扰学校正常的教育教学活动

所谓“侵占”，是指将自己暂时持有或使用的他人公私财物违法转归己有或者擅自加以使用的行为，既可以是“侵用”，也可以是“侵吞”。例如，单位或个人借用或租用学校校舍或场地后，但借期或租期已到却拒不归还；或者使用学校操场堆放自己物品，不再腾移而强行霸用；在学校内非法摆摊设点；非法改变学校场地用途，进行放牧、种植作物、打场、取土，在校园内建造、恢复祠堂、庙宇；等等。另外，如果校长将校舍出租牟利，致使学校班数减少、班额增大已构成扰乱学校教育教学秩序的违法行为，属于侵用学校校舍行为；如果校长将多余闲置的教室出租牟利，则不构成侵用学校校舍的违法行为。

所谓“破坏”，是指偷窃、抢夺、哄抢、勒索学校的教学仪器设施或者其他物资，故意打砸、毁坏房屋校舍及其他学校财产的行为，如偷窃学校的电脑、钢琴等。侵占、破坏学校的财产，使学校在一定时间内无法对被侵占、破坏的财产行使所有权和使用权必然影响学校正常的教育教学活动，干扰正常的教学秩序。

3．非法要求学校停课

非法要求学校停课，这种行为侵权的主体主要是国家行政机关。学校与政府的关系主要表现为政府依法对各级各类学校进行行政管理、行政干预和施加行政影响，学校处于服从地位，必须履行行政命令所规定的义务。同时，学校依法享有独立和自主的办学权，并对政府行使以建议批评为中心的监督权。由于学校与国家行政机关之间具有不对等性，致使国家行政机关工作人员容易忽视学校的权利，往往因国家行政机关的事情而非法剥夺学校的权利，如国家行政机关有关部门常要求学校停课组织学生参加其组织的各种大型活动等。

4．非法要求学校行使和履行行政机关的职权和职责

非法要求学校行使和履行行政机关的职权和职责，是要求学校超职责履行政府职能的一种非法干涉表现，这种做法在农村较为常见。由于农村存在乱收费等情况，政府应收的款，或者农民不该交却被强行要求交而拒不交的款，有的行政机关要求学校向学生家长催款，并对不交款的家长的孩子停课，直至交上才能上学。如果学校拒绝行政机关的非法要

求，行政机关将不给学校拨款，或者拖延拨款，或者以学生家长不交的款代替政府的拨款，迫使学校代行使和代履行行政机关的职权和职责。

5. 向学校乱收费、乱摊派、乱罚款等

非法干涉学校的招生分配、教师的聘任、学生和教师的奖励与处分等。乱摊派、乱罚款等非法干涉学校的行为往往是国家行政机关的有关部门或国家行政机关的工作人员利用自己掌握的权力以个人名义对学校进行非法干涉，以达到部门或个人的目的，否则将刁难学校。

(九)法律、法规规定的其他权利

国家保护学校及其他教育机构的合法权益不受侵犯。

二、学校的义务

在法律层面，义务与权利紧密相连、不可分割。没有权利，便无所谓义务；没有义务，权利也无从谈起。义务是相对于权利而言的，指的是政治、法律和道义上应尽的责任，且具有法律强制性。《教育法》(2021 年修正)第三十条规定，学校及其他教育机构应当履行下列义务。

(一)遵守法律、法规

学校遵守法律、法规是《宪法》第五条第四款的规定，也是法律对一般法人的基本要求。学校有责任遵守我国现有的关于教育的法律法规，具体包括《教育法》《义务教育法》《中小学校长管理规定》《中小学教师法》《学前教育促进法》《普通高等学校教师法》《中国特色高水平大学和特色学科建设指导意见》《中央财政支持中西部和东北地区农村义务教育阶段学校教师特设岗位计划实施办法》《学校安全工作条例》《校园暴力应对与处理办法》等。根据《宪法》第五条规定，任何组织或者个人都不允许有超越宪法和法律的特权。学校作为培养人的社会组织，遵守法律、法规是其必须履行的基本义务。

(二)贯彻国家的教育方针，执行国家教育教学标准，保证教育教学质量

《教育法》(2021 年修正)第五条，即对党和国家教育方针的最新规范表述为：“教育必须为社会主义现代化建设服务、为人民服务，必须与生产劳动和社会实践相结合，培养德智体美劳全面发展的社会主义建设者和接班人。”这一义务要求学校在组织开展教育教学活动时，要确保贯彻国家的教育方针和教育标准，走教育与社会实践相结合的道路，全面推进素质教育，努力为社会主义现代化建设培养德智体美劳等方面全面发展的各类人才。若不履行此项义务，并非教育思想或工作方法的问题，而是一种违法行为。

(三)维护受教育者、教师及其他职工的合法权益

学校有义务维护受教育者的合法权益。《未成年人学校保护规定》明确指出，学校应当依法办学、依法治校，履行学生权益保护的法定职责，健全保护制度，完善保护机制。学校须参与学生权益保护制度的制定与执行，加入学生保护委员会、学生欺凌治理委员会

等组织，指导和监督学校落实未成年人保护职责，依法保护学生权益。学校的学生保护工作应遵循最有利于未成年人的原则，注重保护与教育相结合，适应学生身心健康发展的规律和特点；要关心爱护每一位学生，尊重学生权利，倾听学生意见。

学校也有义务维护教师及其他职工的合法权益。学校要尊重教师权利，落实并保障教师待遇。建立校内教师申诉渠道，依法公正、公平地解决教师与学校之间的争议，教师的尊严不容侵犯。对于学生、家长及其亲属等因教师履职行为而对教师进行侮辱、谩骂、肢体侵害，或者通过网络对教师进行诽谤、恶意炒作等行为，有关部门要高度重视，从严处理，构成违法犯罪的，依法追究相应责任。学校及教育部门应为教师维护合法权益提供必要的法律等方面的支持。

(四)以适当方式为受教育者及其监护人了解受教育者的学业成绩及其他有关情况提供便利

学校有义务让受教育者及其监护人了解受教育者的学业成绩及其他相关情况。这是受教育者在学业成绩和品行上获得公正评价的重要前提，因此必须给予法律保护。学校不得拒绝受教育者及其监护人行使这一权利，而应通过“家长接待日”“家长会议”、教师家访、找学生个别谈心等适当方式，提供便利条件，协助受教育者及其监护人行使这项知情权。同时，学校要注意不得侵犯受教育者的隐私权、名誉权等合法权益，避免损害受教育者的身心健康。

(五)遵照国家有关规定收取费用并公开收费项目

学校属于公益性教育机构，公民依法享有受教育的权利，同时应根据所入学校的不同性质，依照有关规定缴纳一定费用。学校应依据中央和地方各级政府及其有关部门的收费规定，确定收取学杂费的具体标准，不得巧立名目、乱收费用，更不能将办学当作牟利的工具。此外，收费的具体名称和标准要向家长和社会公开，接受家长和广大人民群众的监督。

(六)依法接受监督

学校对于来自权力机关、行政机关、司法机关的监督，以及来自社会、本校师生员工的监督等，只要是依法进行的，都应当接受并积极配合，不得妨碍监督工作的正常开展。监督内容包括：查处违法举办学校(包括大中小学校、幼儿园、中外合作办学机构)和举办应由教育行政部门审批的其他教育机构的行为；查处学校和其他教育机构违规招收学生、违规向受教育者收取费用、违规颁发学位证书、学历证书等学业证书的行为；查处学校和其他教育机构擅自分立、合并，擅自变更名称、层次、类别、举办者，恶意终止办学、抽逃资金或者挪用办学经费等行为；查处教师违法行为；查处父母或者其他法定监护人未依法送适龄儿童、少年入学接受义务教育的行为；查处国家教育考试中的严重作弊行为，以及其他法律法规明确由教育行政部门以行政执法方式管理的事项。

第三节　教师的权利与义务

教师的权利与义务

教师申诉案例

某区人民法院审理查明，2020 年 10 月 16—24 日，姚某某通过在个人自媒体账号发布视频等方式，就其 2020 年 10 月参加的焦作市第十七中学的高级职称推荐与申报工作，表达诉求、疑惑和不满意见等。2020 年 10 月 28 日，姚某某到焦作市某区纪委监委派驻焦作市某区教育局纪检监察组反映问题，并提交反映信。同月 29 日，姚某某就有关焦作市某中学教师职称评审的有关问题向校长反映情况、表达意见，校长进行了口头回复。同月 30 日，焦作市某区教育局向姚某某作出《某区教育局实名信访举报受理告知书》，姚某某在该受理告知书上签名。2020 年 11 月 4—25 日，焦作市某区教育局针对姚某某提出的信访诉求，通过官方微博、见面等方式对姚某某反映的信访问题进行反馈。

2020 年 12 月 10 日，姚某某向焦作市某区教育局邮寄《教师申诉书》，要求被告焦作市某区教育局彻查焦作市某中学职称推荐与评审过程，依法宣布职称评审结果无效并重新作出处理，依法查处评定过程中的违纪者。焦作市某区教育局于同月 11 日收到该《教师申诉书》，未予回复。2021 年 1 月 11 日，姚某某提起本案诉讼。

某区人民法院认为，该《教师申诉书》要求解决的是姚某某与其所在的焦作市某中学之间因职称评审发生的争议，该争议属于特定的人事管理范畴，焦作市某区教育局对该争议处理与否属于教育行政部门履行内部管理职责形成的法律关系，不属于《行政诉讼法》规定的可以提起行政诉讼的范围。故原告姚某某提起本案诉讼，不符合法律规定的起诉条件，对其起诉依法应不予立案，已经立案的，应裁定驳回起诉。遂依法作出上述裁定。

同时，针对某区教育局在处理姚某某申诉工作中的相关问题，某区人民法院依法向某区教育局发出司法建议书，建议按照《教师法》(2009 年修正)第三十九条的规定依法处理。

思考：这位教师为什么会败诉？

(资料来源：百度网，https://baijiahao.baidu.com/s?id=1696845965510423410&wfr=spider&for=pc.)

一、教师的权利

权利与义务相对应，是法学的基本范畴之一。《荀子·劝学》中有：“君子知夫不全不粹之不足以为美也……是故权利不能倾也，群众不能移也。”权利是指公民或法人依法享有的权力和享受的利益，或者法律关系主体在法律规定的范围内，为满足其特定的利益而自主享有的权能和利益。权利是一个法律概念，一般指赋予人们的权益，即自身拥有的维护利益之权。它表现为享有权利的公民有权作出一定的行为和要求他人作出相应的行为。

教师的权利是教育法律法规赋予教师享有的特殊权益。这些权利表现为教师可以作出哪些行为，同时教师从法律角度有权要求法律关系主体作出或不作出哪些行为。

《教师法》(2009 年修正)第七条规定，教师享有以下权利。

(一)进行教育教学活动，开展教育教学改革和实验

教师有进行教育教学活动，开展教育教学改革和实验的教育教学权，这是《教师法》(2009年修正)中规定的教师履行教育教学职责的基本权利。它主要指教师可以依据其所在学校的培养目标组织课堂教学，按照课程计划、课程标准的要求确定其教学内容和进度，并不断完善教学内容；针对不同的教育、教学对象，在教育、教学的形式、方法、具体内容等方面进行自主改革、实验和完善。依法律规定，任何组织或个人不得剥夺在聘教师的这项法定权利。但合法地解聘或待聘，不属于侵犯教师这一权利的行为。

(二)从事科学研究、学术交流，参加专业的学术团体，在学术活动中充分发表意见

科学研究和学术交流权是教师作为教育教学专业人员所享有的一项基本权利。学术研究权也称为学术自由权，教师有权进行学术自由，探究学术自由应在不违反国家政策的前提下进行，遵守国家的法律法规，探索研究的内容应是国家允许的教育内容，学术内容应是适合社会发展、学生发展，健康的教育内容，能促进学生的成长、成才以及学生的全面发展。在完成学院规定的教育任务的前提下，教师要利用课余时间进行科学研究，培养自己的学术、科研能力，以期为学科的发展做出应有的贡献，在课题研究之后还要进行论文撰写，积极参加本学科的学术交流，通过学术交流这个平台使自己的能力得到不断提升，更好地服务于社会、服务于学生。

科学研究和学术交流权有以下三方面的具体含义。

第一，教师在完成本职工作的同时，有权进行任何专业的科学研究、科学技术开发研究，有权将教学中的研究成果和经验撰写成学术论文发表、出版、著书。有权从事科学研究、学术交流，提出问题，发现问题，形成论文，并与专家教授交流。

第二，在不影响教育教学工作的前提下，教师有权参加有关学术交流活动，参加专业的学术团体并在团体之中兼任职务。比如，参加全国教育学大会，汇总全国教育学的前沿信息。

第三，教师有权在学术研究和学术活动中发表个人的观点和意见，享有学术争鸣的自由。比如，在学术交流会上，作为新人可以发表建议和想法。

教师从事科学研究、学术交流，参加专业的学术团体，在学术活动中充分发表意见，可以从以下几个方面入手。

(1) 增强自身学术能力。教师需要不断学习和掌握本学科领域的前沿知识和研究方法，提高自身的学术水平。可以通过参加学术会议、研究培训、阅读专业文献等方式来提升自己的学术素养。

(2) 关注学科发展动态。教师需要时刻关注本学科领域的发展动态和最新研究成果，了解学科发展的趋势和方向，为科学研究提供新的思路和方向。可以通过阅读专业期刊、参加学术研讨会、关注学者和研究机构等方式来获取最新的学术信息。

(3) 申报科研项目。教师可以通过申报科研项目，获得资金和研究资源支持，开展有目的性的科学研究。在申报项目时，需要充分考虑项目的意义、目标、实施方案和可行性等方面，提高申报的成功率和质量。

(4) 参加学术交流活动。教师可以通过参加学术会议、学术讲座、学术沙龙等学术交流活动，与同行进行交流和讨论，分享研究成果和经验，促进学术研究的深入发展。

(5) 发表学术论文。教师可以通过发表学术论文，展示自己的研究成果和观点，为学科发展和学术交流做出贡献。在撰写论文时，需要注重论文的质量和水平，注重论文的学术性和创新性。

(6) 遵守学术规范。教师在从事科学研究、学术交流等活动时，需要遵守学术规范和道德准则，尊重他人的知识产权和学术成果，不抄袭、不剽窃他人的研究成果和思想观点。

总之，教师从事科学研究、学术交流，参加专业的学术团体，在学术活动中充分发表意见，需要注重自身学术素养的提高，关注学科发展动态，积极申报科研项目，参加学术交流活动，发表高质量的学术论文，同时遵守学术规范和道德准则。

(三)指导学生的学习和发展，评定学生的品行和学业成绩

教师有指导学生的学习和发展，评定学生的品行和学业成绩的指导评价权，这是教师在教育教学活动中居于主导地位的基本权利。教师有权根据学生的身心发展状况和特点进行因材施教，针对学生的特长、就业、升学等方面的发展给予指导；教师有权对学生的思想政治、品德、学习、劳动等方面给予客观、公正和恰当的评价；教师有权运用正确的指导思想、科学的方式、方法，促进学生的个性和能力得到充分的发展。任何组织和个人都不得非法干预教师行使这项权利。

(四)按时获取工资报酬，享受国家规定的福利待遇以及寒暑假期的带薪休假

工资报酬是劳动者付出体力劳动或脑力劳动所得的对价，体现的是劳动者创造的社会价值。用人单位在生产过程中支付给劳动者的全部报酬包括三部分：货币工资，即用人单位以货币形式直接支付给劳动者的各种工资、奖金、津贴、补贴等；实物报酬，即用人单位以免费或低于成本价提供给劳动者的各种物品和服务等；社会保险，指用人单位为劳动者直接向政府和保险部门支付的失业、养老、人身、医疗、家庭财产等保险金。

教师不同于其他职业，享有寒暑假这个特殊福利，但教职员工享受的寒暑假在性质上并不是法定的休假权利，而是当地教育主管部门自行管理的具体措施，对于具体教师人员是否享受寒暑假以及具体享受寒暑假的天数，是由当地教育主管部门自行决定的，并不是法律规定的，因此具有一定的灵活性。但法律明确规定了如果教师的寒暑假天数多于依法可享受的带薪年休假天数的，则不享受当年的带薪年休假。实际上，这相当于当地教育主管部门已经安排教师在寒暑假期间享受带薪休假。

(五)对学校教育教学、管理工作和教育行政部门的工作提出意见和建议，通过教职工代表大会或者其他形式，参与学校的民主管理

教师有向学校教育教学、管理工作和教育行政部门的工作提出意见和建议，通过教职工代表大会或者其他形式，参与学校的民主管理的权利。这是教师参与教育民主管理的权利，是宪法赋予公民的民主权利在教育领域的具体体现。保障教师此项权利的行使，能够调动教师对教育教学工作的主动性和积极性，加强对学校和教育行政部门的监督。它主要包括教师享有对学校及其他教育行政部门工作的批评权和建议权；教师有权通过教职工代

表大会、工会等组织形式及其他适当方式，参与学校的民主管理，讨论学校发展与改革等方面的重大问题；教师有权引导学生，培养学生的民主与法治意识，促进社会主义民主和法治建设；教师有权参与教育的民主管理。

(六)参加进修或者其他方式的培训

进修培训权是教师职业权利中最具代表性的一项，是教师享有的继续教育的权利。它主要包括教师有权参与进修和接受其他多种形式的培训，不断更新知识，调整知识结构，提高自己的思想品德和业务素质，保障教育教学质量；教育行政部门和学校及其他教育机构应当采取多种形式，开辟多种渠道，保障教师进修培训权的顺畅行使；教师有权参加达到法定学历标准和达到高一级学历的进修或以拓宽知识为主的继续教育培训等。学校和教育行政部门应当作出规划，采取各种方式，开辟多种渠道，为教师参加进修和培训创造条件，提供机会，切实保障教师权利的实现。

二、教师的义务

义务与权利相对，是指政治上、法律上、道义上应尽的责任。康有为的《大同书》甲部第四章有：“若夫应兵点籍，则凡有国之世，视为义务。”义务是指义务人为满足权利人的利益而为一定行为或不为一定行为的必要性，义务具有法律强制性。

教师在法律关系中的义务，指法律规定的对教育法律关系主体必须作出一定行为或不得作出一定行为的约束。教育法律义务同基于道德、宗教教义或其他社会规范产生的义务不同，它是根据国家制定的教育法律规范产生，并以国家强制力保障其履行的。违反教育法律义务就要承担法律责任。

《教师法》(2009 年修正)第八条规定，教师应当履行下列义务。

(一)遵守宪法、法律和职业道德，为人师表

教师必须遵守宪法和法律。宪法和法律是国家、社会组织和公民活动的基本行为准则。教师要自觉培养学生的民主意识和法治观念，使其成为遵纪守法的公民。教师要遵守《教师法》《职业教育法》《义务教育法》《中小学校长管理规定》《中小学教师法》《学前教育促进法》《普通高等学校教师法》《中国特色高水平大学和特色学科建设指导意见》《中央财政支持中西部和东北地区农村义务教育阶段学校教师特设岗位计划实施办法》《学校安全工作条例》《校园暴力应对与处理办法》等。作为人类灵魂的工程师，教师应遵守职业道德，做到爱国守法、爱岗敬业、关爱学生、教书育人、为人师表和终身学习。教师应以自己高尚的品质和行为，在教育教学活动中对学生思想品质、道德观念和法律意识的形成发挥积极的影响。这不仅是教师自身的行为规范，也是法律要求教师应尽的基本义务。

(二)贯彻国家的教育方针，遵守规章制度，执行学校的教学计划，履行教师聘约，完成教育教学工作任务

1. 贯彻国家的教育方针

教师应贯彻国家的教育方针。国家教育方针是国家在一定历史时期内，为实现该时期

的基本路线和基本任务，对教育工作提出的总体指导方针。《教育法》(2021 年修正)规定，教育必须为社会主义现代化建设服务，为人民服务，必须与生产劳动和社会实践相结合，培养德智体美劳全面发展的社会主义建设者和接班人。这一方针主要包含以下几点重要内容。

(1) 教育必须为社会主义现代化建设服务，这是我国教育工作的总体方向。

(2) 教育必须与生产劳动和社会实践相结合，这是培养全面发展的社会主义事业建设者和接班人的根本途径。

(3) 在德智体美劳等方面全面发展，这是教育培养目标的重要标准。

(4) 培养社会主义事业的建设者和接班人，这是我国社会主义教育的总体培养目标。

2. 遵守规章制度

教师需要遵守的规章制度如下。

(1) 积极参加学校各项活动。参加政治、业务学习时，不迟到、不早退、不擅自离岗，认真记笔记，不做与学习无关的事。

(2) 注重师德修养。语言文明，为人正直，言谈举止为学生树立表率，维护教师的师德荣誉。

(3) 为人师表。说话和蔼，同事间不得大吵大闹。

(4) 维护学校良好的学习环境。工作时间不闲聊、不吃零食、不随意串办公室、不处理私事、不穿奇装异服、不佩戴过于夸张的首饰，在会议室必须关闭手机或调至振动模式。

(5) 爱岗敬业、尽职尽责，按时完成工作任务，不拖拉，及时上交资料，不拖欠，提高工作效率，不搞形式主义，要有务实精神。

(6) 主动承担临时性工作，不计个人得失，提倡奉献精神和吃苦精神。

(7) 尊重家长，不训斥指责家长，不利用职务之便谋取私利，认真听取家长对教育教学的意见和建议。

(8) 爱护学生，尊重学生的人格，不讽刺、挖苦学生，严禁体罚或变相体罚学生，把学生当作自己的孩子一样爱护，构建融洽的师生关系。

(9) 增强团队意识，团结协作，热爱集体，主动为集体做好事，为集体争荣誉，积极参加爱心奉献活动。

(10) 遵守学校的各项规章制度，不迟到，不早退，不旷工，不搞个人主义，不自由放任。

(11) 对学校的工作有想法，要主动与领导沟通，畅所欲言，不在私下议论，不说不利于团结的话，不做不利于团结的事。

(12) 做遵纪守法的好公民，自觉维护人民教师的良好形象，任何时间不准赌博、酗酒、打架。

3. 教学工作是教师的本职工作

教师的首要任务是引导学生掌握科学文化基础知识和基本技能，发展学生的智力、体力、创造力和实践精神。智力是在认识过程中表现出来的认知能力系统，包括观察力、记忆力、想象力和思维能力，其中思维能力是智力的核心。创造力是指最终产生具有社会价值的新产品的能力。教师可以传授体育卫生等方面的知识，让学生养成锻炼身体和讲究卫生的良好习惯，增强学生的体质。同时，使学生保持旺盛的精力，拥有健康的体魄；培养学生高尚的审美情趣，养成良好的思想品德，形成科学的世界观基础和良好的个性心理品质。通过教学，教师可以培养学生正确的政治观点、道德观点以及其他思想观点，还能使学生形成正确的审美观念，培养和发展学生感受美、创造美的能力。

(三)对学生进行宪法所确定的基本原则的教育和爱国主义、民族团结的教育，法制教育以及思想品德、文化、科学技术教育，组织、带领学生开展有益的社会活动

教师在教育活动中有义务对学生进行宪法所确定的基本原则的教育、爱国主义教育、民族团结教育、法制教育以及思想品德、文化、科学技术教育，组织和带领学生开展有益的社会活动。《爱国主义教育法》第五条规定：“爱国主义教育应当坚持思想引领、文化涵育，教育引导、实践养成，主题鲜明、融入日常，因地制宜、注重实效。”在教学实践中，教师应自觉结合自身教育教学的业务特点，将德育工作贯穿于教育教学工作的全过程。对学生进行思想品德教育，不仅是政治思想品德课教师的职责，也是每一位教师的基本义务。在日常授课过程中，要不断渗透爱国主义、法制教育等基本原则的教育；根据教学需要，带领学生参加各种有益的社会活动，如参观博物馆、去敬老院做义工等。严禁教师传播封建迷信思想。

(四)关心、爱护全体学生，尊重学生人格，促进学生在品德、智力、体质等方面全面发展

教师应关心、爱护全体学生。《新时代中小学教师职业行为十项准则》明确提出，关心爱护学生的具体要求是“严慈相济，诲人不倦，真心关爱学生，严格要求学生，做学生的良师益友；不得歧视、侮辱学生，严禁虐待、伤害学生”。教师应该尊重学生人格，一视同仁地对待所有学生。尤其要尊重每一个学生的人格尊严，帮助其形成健康完善的人格，为其在品德、智力、体质等方面的全面发展奠定良好基础。特别是对于有缺点、错误的学生，更要满腔热情地帮助他们。要树立尊重学生人格尊严的法治观念，不歧视学生，更不允许侮辱、体罚学生。对于极个别屡教不改、错误性质严重、需要给予纪律处分的学生，也只能以理服人，不能压服。教师应促进学生全面发展。教师若违反《教师法》规定，侮辱、体罚学生，经教育不改的，依法追究法律责任。

(五)制止有害于学生的行为或者其他侵犯学生合法权益的行为，批评和抵制有害于学生健康成长的现象

2020 年 12 月 23 日公布的《中小学教育惩戒规则(试行)》第十二条规定，教师在教育教学管理、实施教育惩戒过程中，不得有下列行为。

(一)以击打、刺扎等方式直接造成身体痛苦的体罚；

(二)超过正常限度的罚站、反复抄写，强制做不适的动作或者姿势，以及刻意孤立等间接伤害身体、心理的变相体罚；

(三)辱骂或者以歧视性、侮辱性的言行侵犯学生人格尊严；

(四)因个人或者少数人违规违纪行为而惩罚全体学生；

(五)因学业成绩而教育惩戒学生；

(六)因个人情绪、好恶实施或者选择性实施教育惩戒；
(七)指派学生对其他学生实施教育惩戒；
(八)其他侵害学生权利的。

(六)不断提高思想政治觉悟和教育教学业务水平

教师属于履行教育教学职责的专业人员，为保证这种专业性，教师必须不断学习深造，拓展专业知识，加强自我修养，提高专业水平。教育教学工作是一项专业性较强的工作，担负着提高民族素质的使命。随着社会的进步、科技的发展，知识的更新速度不断加快。作为一名教师，要想胜任工作，跟上时代的发展步伐，就需要不断学习，加强自身的思想道德修养，提高业务水平。

第四节　学生的权利与义务

学生的权利与义务

汉寿二中邹某被开除事件

2017 年 9 月，邹某进入汉寿二中高一(6)班学习后，纪律意识淡薄，多次违反纪律。10 月 18 日，他伙同他人殴打其他班级学生，被学校记过；11 月 5 日，他再次挑起事端，与同学打架，还手持铁器追赶同学，这期间还在校门口吸烟。学校因此给予他“开除学籍，留校察看”的处分，并与他签订了试读协议书。然而，该生在留校察看期间，仍经常在课堂上睡觉、嬉闹、玩手机，屡教不改，最终被学校劝退。

(资料来源：汉寿县教育局在红网《百姓呼声》，https://people.rednet.cn/front/messages/articleList?id=4&per_page=17.)

学校劝退学生主要依据相关法律以及学校自行制定的规章制度。从法律层面来看，《教育法》《未成年人保护法》在保障学生受教育权的同时，也允许学校在遵纪守法、公正且以教育为主的原则下，对严重违反校规校纪且屡教不改的学生进行处理，例如长期扰乱教学秩序、实施校园暴力等行为致使学校教育教学活动无法正常开展的情况。学校制定的详细规章制度则进一步明确了各类违纪行为及其对应的处分措施。当学生的行为触及这些规定，如多次严重违反纪律且经过教育仍不改正时，学校便可启动劝退程序，以维护良好的教育环境和大多数学生的合法权益。

一、学生的权利

学生的权利是教育法赋予学生在教育活动中享有的权利。学生作为公民，一方面享有《宪法》与法律赋予公民的权利；另一方面享有教育法规定的权利。《教育法》(2021 年修正)第四十三条规定，受教育者享有下列权利。

(一)参加教育教学计划安排的各种活动，使用教育教学设施、设备、图书资料

学生有权参加教育教学计划安排的各种活动，意味着教育机构的教育教学计划应对本机构的学生公开，学生有权按照教学计划的安排，参加相应的活动，例如，本年级本班的教学授课活动，以及围绕课堂教学所安排的课外活动等。既然学生有权参加教育教学计划所安排的各种活动，自然也享有使用教育教学设施、设备、图书资料的权利，如使用教室和课桌椅、实验室，查询和借阅图书资料等。

(二)按照国家有关规定获得奖学金、贷学金、助学金

学生有权获得国家奖学金。国家奖学金是为了激励普通本科高校、高等职业学校和高等专科学校的学生勤奋学习、努力进取，在德智体美劳等方面全面发展，由中央政府出资为特别优秀的学生设立的奖学金。

国家励志奖学金是为了激励普通本科高校、高等职业学校和高等专科学校中家庭经济困难的学生勤奋学习、努力进取，在德智体美劳等方面全面发展，由中央和地方政府共同出资设立的，用于奖励资助品学兼优的家庭经济困难学生的奖学金。

国家助学贷款是由政府主导，金融机构向高校家庭经济困难学生提供的信用助学贷款，旨在帮助解决学生在校期间的学费和住宿费问题。国家助学贷款属于信用贷款，学生不需要办理贷款担保或抵押，但需要承诺按期还款，并承担相关法律责任。按照学生申办地点及工作流程的不同，国家助学贷款分为校园地国家助学贷款与生源地信用助学贷款两种模式。

国家助学金是为了体现党和政府对普通本科高校、高等职业学校和高等专科学校中家庭经济困难学生的关怀，由中央与地方政府共同出资设立的，用于资助家庭经济困难的全日制普通本专科(含高职、第二学士学位)在校学生的助学金。

(三)在学业成绩和品行上获得公正评价，完成规定的学业后获得相应的学业证书、学位证书

在学业成绩和品行上获得公正评价，完成规定的学业后获得相应的学业证书、学位证书，这是教育法规定的一项基本权利。为了保障这一权利的实现，学生可以督促学校建立公正的评估体系，确保评价标准明确、公平、透明。评估体系应该包括学生的学业成绩、品行表现、综合能力等多个方面，避免采用单一标准评价学生。同时，评价应由专业教师或者专业评估机构进行，以确保评价的公正性和专业性。

此外，学生应当要求学校建立完善的申诉机制，以保障自身权益。学生在接受教育的过程中，应享有基本的权益，如参与评价的权利、申诉的权利等。如果学生对评价结果有异议，可以通过申诉机制提出申诉，并获得公正、合理的处理结果。

最后，完成规定的学业后，学生应获得相应的学业证书和学位证书。证书应真实有效，能够反映学生的学业成绩和品行表现，为学生未来的就业和发展提供支持。如果学生没有获得相应的证书，可以向学校提出申请，并获得公正、合理的处理结果。

(四)对学校给予的处分不服向有关部门提出申诉，对学校、教师侵犯其人身权、财产权等合法权益，提出申诉或者依法提起诉讼

2021 年 3 月 1 日实施的《中小学教育惩戒规则(试行)》第十七条规定：“学生及其家长对学校依据本规则第十条实施的教育惩戒或者给予的纪律处分不服的，可以在教育惩戒或者纪律处分作出后 15 个工作日内向学校提起申诉。学校应当成立由学校相关负责人、教师、学生以及家长、法治副校长等校外有关方面代表组成的学生申诉委员会，受理申诉申请，组织复查。学校应当明确学生申诉委员会的人员构成、受理范围及处理程序等，并向学生及家长公布。学生申诉委员会应当对学生申诉的事实、理由等进行全面审查，作出维持、变更或者撤销原教育惩戒或者纪律处分的决定。”此外，《中小学教育惩戒规则(试行)》第十八条规定：“学生或者家长对学生申诉处理决定不服的，可以向学校主管教育部门申请复核；对复核决定不服的，可以依法提起行政复议或者行政诉讼。”

(五)法律、法规规定的其他权利

学生享有法律、法规规定的其他权利，包括受教育权、姓名权、荣誉权、隐私权和健康权。

1. 受教育权

受教育权是公民的基本权利之一，由《宪法》确认和保障。在我国，《宪法》规定公民有受教育的权利和义务，这意味着公民有获得文化科学知识和不断提高思想觉悟、道德水平的权利，而且每个公民都必须按照法律要求接受教育。同时，国家培养青年、少年、儿童在品德、智力、体质等方面全面发展。为了充分保障公民享有这一权利，新中国成立以来，我国建立了一套适合国情的教育制度，包括：①学龄前教育；②全日制各级各类学校教育；③职工教育；④特种教育；⑤电视广播、函授教育等。此外，还实行高等学校的自学考试办法，从而进一步保障了《民法典》第一千零一十二条规定，进一步保障了公民受教育的权利。

2. 姓名权

自然人享有姓名权，有权依法决定、使用、变更或者许可他人使用自己的姓名，但不得违背公序良俗。任何组织或者个人不得以干涉、盗用、假冒等方式侵害他人的姓名权。

3. 荣誉权

学生享有法律、法规规定的荣誉权利，具体包括以下几个方面。

(1) 获得表彰和奖励。学生可以通过努力学习、积极参与社会实践等方式获得表彰和奖励，以展示自己的能力和成就。

(2) 参与社会实践获得荣誉。学生可以积极参与社会实践，如志愿服务、科研项目、文化交流等，从而获得表彰和荣誉，增强自己的社会责任感和创新能力。

(3) 维护合法荣誉权益。学生可以维护自己的合法权益，如保护自己的隐私权、名誉权等，以保障自身的合法权益。

(4) 参与学校管理获得荣誉。学生可以参与学校的管理，如加入学生组织、参加学生

会等，从而获得荣誉，增强自己的组织能力和领导能力。

总之，学生享有法律、法规规定的荣誉权利，这些权利受到法律和政策的保障，旨在鼓励学生积极进取、全面发展。

4. 隐私权

根据《宪法》《刑法》《民法典》等相关规定，隐私权是指公民享有的私人生活安宁与私人信息依法受到保护，不被他人非法侵扰、知悉、搜集、利用和公开等的一种人格权。隐私权赋予权利人对私人生活的控制权，这种控制权包括防御他人窃取个人隐私，以及决定是否向他人公开隐私及公开范围的权利。隐私权的常见类型包括个人生活自由权、情报秘密权、个人通讯秘密权、个人隐私利用权。隐私权是公民人格权的重要内容。

5. 健康权

健康权是公民依法享有的身体健康不受非法侵害的权利。身体健康是公民参加社会活动和从事民事活动的重要保障。保护公民的健康权，就是保障公民的身体机能和器官不受非法侵害。对于不法侵害公民健康权的行为，不仅要追究其民事责任，有时还要追究其刑事责任。

【政策链接 7-4】

大学生权利(节选)

2017 年 9 月 1 日起施行的《普通高等学校学生管理规定》第六条规定，学生在校期间依法享有下列权利:

(一)参加学校教育教学计划安排的各项活动，使用学校提供的教育教学资源;

(二)参加社会实践、志愿服务、勤工助学、文娱体育及科技文化创新等活动，获得就业创业指导和服务;

(三)申请奖学金、助学金及助学贷款;

(四)在思想品德、学业成绩等方面获得科学、公正评价，完成学校规定学业后获得相应的学历证书、学位证书;

(五)在校内组织、参加学生团体，以适当方式参与学校管理，对学校与学生权益相关事务享有知情权、参与权、表达权和监督权;

(六)对学校给予的处理或者处分有异议，向学校、教育行政部门提出申诉，对学校、教职员工侵犯其人身权、财产权等合法权益的行为，提出申诉或者依法提起诉讼;

(七)法律、法规及学校章程规定的其他权利。

(资料来源：中华人民共和国教育部官网，http://www.moe.gov.cn.)

二、学生的义务

学生的义务是指学生依照教育法及其他有关法律、法规，在参加教育活动中必须履行的义务。根据学生就读学校的类别与年龄差异，学生的具体义务各有差别。《教育法》(2021 年修正)第四十四条规定了受教育者享有下列权利。

(一)遵守法律、法规

学生遵守法律、法规是学生作为公民最基本的义务。截至 2023 年 6 月 28 日，我国现行有效的法律共计 297 件，包括宪法 1 件、宪法相关法 50 件、民法商法 24 件、行政法 96 件、经济法 83 件、社会法 28 件、刑法 4 件、诉讼与非诉讼程序法 11 件。

(二)遵守学生行为规范，尊敬师长，养成良好的思想品德和行为习惯

学生遵守的行为规范是指教育部 2023 年修正的《中小学生行为规范》，以及《高等学校学生行为准则》(中华人民共和国教育部令第 21 号)。

(三)努力学习，完成规定的学习任务

任何一个教育阶段的学习任务都包括两种：一种是结果性的或称终结性的，即某一教育阶段教育计划规定的学生在该教育阶段结束时应完成的学习任务；另一种是过程性的，即学生为完成某一教育阶段的学业或总的学习任务而要完成的日常的、大量的、具体的学习任务。这两种性质的学习任务是相辅相成的，过程性的学习是量的积累，其目的和结果是质的提高。因此，学生对学习任务都应认真对待，为完成既定的学习目标而努力。

(四)遵守所在学校或者其他教育机构的管理制度

遵守所在学校或者其他教育机构的管理制度不仅是学生的基本责任和义务，也是维护学校秩序和保障学习环境的重要手段。通过遵守管理制度，学生可以与学校和老师建立良好的关系，更好地融入学校生活，提高自己的学习效果和综合素质。同时，遵守管理制度也可以帮助学生培养良好的品德修养和社会责任感，为未来的成长和发展打下坚实的基础。因此，学生应该认真遵守学校或其他教育机构的管理制度，做一个遵纪守法、积极向上的好学生。

遵守所在学校或者其他教育机构的管理制度主要包括以下几方面。①遵守其所在教育机构的思想政治教育管理制度。②遵守其所在教育机构的教学管理制度。③遵守其所在教育机构的学籍管理制度，包括入学注册，成绩考核，对升级、留级、转学、复学、休学、退学的处理，考勤记录，纪律教育，奖励处分，以及对学生毕业资格的审查等管理规定。④遵守其所在教育机构的体育管理、卫生管理、图书仪器管理、校园管理等方面的制度。

【政策链接 7-5】

《普通高等学校学生管理规定》(节选)

2017 年 9 月 1 日起施行的《普通高等学校学生管理规定》第七条规定，学生在校期间依法履行下列义务:

(一)遵守宪法和法律、法规;

(二)遵守学校章程和规章制度;

(三)恪守学术道德，完成规定学业;

(四)按规定缴纳学费及有关费用，履行获得贷学金及助学金的相应义务;

(五)遵守学生行为规范，尊敬师长，养成良好的思想品德和行为习惯;

(六)法律、法规及学校章程规定的其他义务。

(资料来源：中华人民共和国教育部官网，http://www.moe.gov.cn.)

本章小结

从法律意义上来看，教育主体包括教育行政部门、学校、教师和学生。教育主体的权利与义务是由《宪法》《教育法》等法律规定的。在教育法律中，教育主体的权利与义务，两者是相互联系、相互制约、相互依存、不可分割的统一体。教育权利是履行教育义务的前提，而教育义务则是享有教育权利的基础，离开任何一方，另一方都无法实现。

课后习题

丁某，女，23岁。2002年，她从某师范大学毕业后，应聘到一所民办学校担任小学英语教师。这所学校地处市郊，实行封闭式管理，平时不能外出，且教学任务繁重。不过，该校每月能提供3000元的收入，比公办学校教师的工资高出不少，这让丁某感到颇为欣慰。然而，寒假来临之际，丁某才了解到学校有一项规定：寒暑假期间不上课，每人每月仅发放150元的生活费。丁某对此十分不解，为何公办学校的教师能享受带薪休假，而民办学校的教师却不能？150元的生活费甚至低于当地的最低生活标准。

违法犯罪不过是弄脏了水流，而执法不严却污染了水源。

——培根

第八章　教育法律责任

课程目标

知识目标：学生明确教育法律责任的内涵、特征、类型和承担方式。

能力目标：学生能够体验不同的案例主题，掌握教育法律责任的类型、承担方式。并结合不同法律责任理论，具备案例分析能力。

素质目标：学生能够体验理解教育法律责任的归责要件、归责原则。掌握教育法律关系主体的归责形式，具备以案说法的基本法律思维。

重点与难点

学习重点：教育法律责任的归责要件、归责原则。

学习难点：教育法律关系主体的归责形式。

核心概念

教育法律责任

【政策链接 8-1】

《中华人民共和国教育法》(2021 年修正)(节选)

第七十九条 考生在国家教育考试中有下列行为之一的，由组织考试的教育考试机构工作人员在考试现场采取必要措施予以制止并终止其继续参加考试；组织考试的教育考试机构可以取消其相关考试资格或者考试成绩；情节严重的，由教育行政部门责令停止参加相关国家教育考试一年以上三年以下；构成违反治安管理行为的，由公安机关依法给予治安管理处罚；构成犯罪的，依法追究刑事责任：

(一)非法获取考试试题或者答案的；

(二)携带或者使用考试作弊器材、资料的；

(三)抄袭他人答案的；

(四)让他人代替自己参加考试的；

(五)其他以不正当手段获得考试成绩的作弊行为。

第八十条 任何组织或者个人在国家教育考试中有下列行为之一，有违法所得的，由公安机关没收违法所得，并处违法所得一倍以上五倍以下罚款；情节严重的，处五日以上十五日以下拘留；构成犯罪的，依法追究刑事责任；属于国家机关工作人员的，还应当依法给予处分：

(一)组织作弊的；

(二)通过提供考试作弊器材等方式为作弊提供帮助或者便利的；

(三)代替他人参加考试的；

(四)在考试结束前泄露、传播考试试题或者答案的；

(五)其他扰乱考试秩序的行为。

思考：什么是教育法律责任？

(资料来源：中华人民共和国教育部官网，http://www.moe.gov.cn.)

法律责任贯穿于各部教育法律之中，是教育实施的必要保障，也是维护教育法制的重要内容。本章主要探讨什么是教育法律责任，教育法律责任的基本理论，以及行政机关、社会、学校、教师和学生的法律责任。通过这些内容，旨在揭示和把握教育法的运行机制，增强学生遵守教育法的意识，提高学生依法维护自身权益的能力。

第一节　教育法律责任基本理论

教育法律责任基本理论

一、教育法律责任的内涵与特征

(一)教育法律责任的内涵

要正确理解教育法律责任这个概念，首先必须明晰法律责任的特殊内涵。法律责任是一种特殊的社会责任，它直接反映人与人之间的法律关系，并受法律关系的约束。它与义务含义相近，如一般的守法义务、赡养义务等，在法学领域称作“第一性义务”。狭义的法律责任是指法律关系主体实施了违法行为后，必须承担的否定性的法律后果。这种否定性的法律后果在法学上又被称为“第二性义务”，即施加于违法的法律关系主体的直接强制性义务。目前，人们通常使用的是狭义概念上的法律责任。基于此，教育法律责任是指教育法律关系主体因实施了违反教育法的行为，而必须承担的否定性的法律后果。

(二)教育法律责任的特征

教育法律责任与纪律责任、道德责任等社会责任不同，具有以下显著特征。

1. 责任的法律规定性

对教育活动中的哪些行为应当追究法律责任，由谁来追究，以及法律责任的种类，都必须在有关教育的法律、法规或其他法律、法规上有明文的规定。《教育法》(2021 年修正)第九章、《教师法》(2009 年修正)第八章、《义务教育法》(2018 年修正)第七章等，就是关于法律责任的明文规定。

2. 责任的国家强制性

对于违反教育法律、法规行为的追究，是以国家强制力为保障来实施的，并且对所有违法者和一切违法行为都会普遍予以制裁，具有普遍的约束力；而对于其他社会责任的追究，则不具备国家的强制性。

3. 责任的专权追究性

教育法律责任由国家专门机关或国家授权机关依法进行追究。负责追究法律责任的主体，必须是教育法律、法规授权的特定国家机关或组织，其他任何组织或个人都无权行使这一权利。

4. 归责的特定性

教育法律责任由违法的教育法律关系主体承担。教育法律责任的承担者必须是教育法律关系中义务的履行者，因其未履行相关义务而需承担教育法律责任。

二、教育法律责任的内容

趴桌子午休还要收费

2024 年 1 月，有家长在网上爆料称，自己的孩子在某中学读书，每学期需缴纳 260 元的午休费用，家长说："实际上孩子就是趴在桌子上睡。"

该家长发布了一段疑似与学校老师沟通的电话录音。录音中，面对家长的质疑，一名女子回复，"这个学期有 5 个月，也没有收那么多，相当于每天 1～2 元。不清楚有没有教育局的文件，我们也是做事的"。

1 月 11 日，记者多次尝试联系该中学，暂未获得回复。

当地教育局的一名工作人员透露，他们会进行核实了解。

1 月 11 日，奔流新闻记者联系到一位初一学生家长王光(化名)，他说："我家住在东城，步行到校也就八九分钟时间，考虑到孩子中午在学校休息不好，我特意向学校申请让孩子中午回家吃饭、休息，可学校不批准。现在，学校让孩子中午趴在桌子上休息，收费又这么高，这不合理。退一步讲，如果真要收费，作为家长我可以掏钱，但学校要拿出收费依据。"

该中学一名老师告诉奔流新闻记者："除特殊情况外，学生中午不能随意外出，这是更好地确保学生的安全与健康。事实上，看管学生午休并非老师的责任，但每个学生性格不同，如果别的学生都安静午休了，个别同学却追赶逗闹或大声喧哗，那肯定是不行的，这就需要老师看管。另外，学生中午在校内午休，势必会增加学校的管理压力，对老师而言也是一种考验。学校实行统一管理，每天 12:40 后，我们的老师在教室看着学生午休，能保证学生都能休息好。只有休息好了，才能保证学生下午的上课质量。"

对于有家长提出该校其他班级有学生中午在家吃饭、午休的情况，该老师表示："其他班什么情况我不了解，我们班统一管理，没有重大或特殊情况，学生中午是不让出学校的。"

这位老师还重申："这是午托费用，学校没有出具收费依据，但也不是家长所说的乱收费。"

12 日凌晨，当地教育局发布“关于该中学收取午休费用的情况说明”，内容如下。

1 月 11 日，网上出现“中学趴桌子午休收费”的信息，我局发现后，高度重视，立即组织人员进行调查，并责成收取费用的学校进行整改。

该校已于 1 月 11 日停止收费，并将已收取的 237 人的午休费用全部退还。下一步我局将加强对学校的管理，防止此类事情再次发生。

思考：教育法律责任归责的内容和种类有哪些？

(资料来源：百度网，https://baijiahao.baidu.com/s?id=1787852222014900772&wfr=spider&for=pc.)

教育法律责任的内容是指法律责任的内部要素，即教育法律责任由哪些内部要素构成。教育法律责任的内容包括制裁、补救和强制。

(一)制裁

制裁即是惩罚，是最严厉的责任形式。制裁的主要作用是预防和矫正。当教育法律关系受到破坏已无法挽回，教育秩序、教育教学活动受到了严重破坏时，执法者只能通过制裁来表明教育秩序的不可侵犯性，以起到警示作用，或通过制裁使违法者失去继续作案的能力。制裁手段在教育法律责任上主要有以下几种。

1. 对人身的制裁

《教育法》(2021 年修正)第七十二条第一款规定：“结伙斗殴、寻衅滋事，扰乱学校及其他教育机构教育教学秩序或者破坏校舍、场地及其他财产的，由公安机关给予治安管理处罚；构成犯罪的，依法追究刑事责任。”这就是对人身的制裁。

2. 限制行为能力

限制行为能力包括吊销许可证，取消考试、录取、入学报名资格，取消颁发证书资格，停考，撤销招生工作职务等。《教育法》(2021 年修正)第八十二条规定，违反本法规定，颁发学位证书、学历证书或者其他学业证书的，由教育行政部门宣布证书无效，责令收回或者予以没收；有违法所得的，没收违法所得；情节严重的，撤销其颁发证书的资格。

3. 剥夺财产

剥夺财产包括罚款、没收财产、没收非法所得、没收违法工具等。《义务教育法》(2018 年修正)规定，对招用适龄儿童、少年就业的组织或个人，由当地人民政府给予批评教育，情节严重的，可以处以罚款、责令停止营业或吊销营业执照。

4. 申诫罚

申诫罚包括取消荣誉称号、谴责、通报、训诫、责令道歉、警告等。

(二)补救

补救，是责令教育法律关系主体停止继续违反教育法律规范的行为，并通过一定方式的作为来弥补造成的损害。补救的主要作用是制止对教育法律关系的侵害以及恢复有序的教育法律关系。补救的手段包括财产上的补救、精神补救以及对违法行为的否定。

(1) 财产上的补救。主要包括：返还财产、恢复原状、支付赔偿金、赔偿损失、对合法行为造成的损失给予补偿等。如《义务教育法》(2018 年修正)规定，对侵占、克扣、挪用义务教育经费，扰乱教育秩序，侵占、破坏学校的场地、房屋和设备的组织或个人，根据不同情况，分别给予行政处分、行政处罚；造成损失的，责令赔偿损失。

(2) 精神补救。是对违法侵害公民、法人或其他组织姓名权、名誉权、名称权、荣誉权等所给予的补救，主要指消除影响、恢复名誉、赔礼道歉等。

(3) 对违法行为的否定。主要指停止侵害、纠正不当、排除妨碍、消除危险、返还权益等。例如，《教育法》(2021 年修正)规定，在国家教育考试中作弊的，非法举办国家教育考试的，由教育行政部门宣布考试无效。

(三)强制

强制是指迫使违法者履行原有的教育法定义务或新追加的作为惩戒的义务。它与制裁不同，从教育法的权利义务角度来说，制裁实际上是对违法者权利的剥夺，或者是使违法者承担一项新的义务，目的是使违法者引以为戒，今后不再犯。而强制一般是强迫违法者履行教育法定义务，包括因制裁引起的新义务，从这点上来说，强制又是使违法者承担责任的最后手段。

三、教育法律责任的种类

《教育法》根据违法主体的法律地位和违法行为的性质，规定了承担法律责任的三种主要方式，即行政法律责任、民事法律责任和刑事法律责任。

(一)教育法的行政法律责任

行政法律责任是指行政法律关系主体由于违反行政法律规范，构成行政违法而应当依法承担的否定性法律后果。由于现行教育法的相当一部分规定是以政府及其教育行政部门为一方，调整教育活动中的行政关系，具有行政法的属性。违反教育法律、法规的行为本身就带有行政违法性，所以，行政法律责任是违反教育法最主要的一种法律责任。在实际工作中，对于违反教育法律法规的行为追究法律责任，大多数是追究行政法律责任。

根据《教育法》(2021 年修正)《义务教育法》(2018 年修正)及其实施细则等法律法规的规定，违反教育法的行政法律责任的承担方式主要有两类，即行政处罚和行政处分。

(1) 行政处罚是国家行政机关依法对违反行政法律规范的组织或个人进行惩戒、制裁的具体行政行为。行政处罚的种类很多，教育法涉及的行政处罚有警告、通报批评、消除不良影响、罚款、没收、责令停止营业、吊销营业执照和许可证、取消资格、责令限期清退或修复、责令赔偿、拘留等。

(2) 行政处分是根据法律或国家机关、企事业单位的规章制度，由国家机关或企事业单位对犯有违法失职行为或违反内部纪律的所属人员实施的一种制裁。行政处分有时也被称为“纪律处分”，共有 8 种：警告、记过、记大过、降级、降职、撤职、开除留用察看、开除。

(二)教育法的民事法律责任

民事法律责任是指行为人由于民事违法行为而应承担的法律后果。教育法的民事法律责任是教育法律关系主体违反教育法律法规，破坏了平等主体之间正常的财产关系或人身关系，依照法律规定应承担的民事法律责任，是一种以财产为主要内容的责任。对违反教育法的民事责任，《教育法》(2021 年修正)第八十三条做了原则规定："违反本法规定，侵犯教师、受教育者、学校或者其他教育机构的合法权益，造成损失、损害的，应当依法承担民事责任。"在义务教育方面，《义务教育法》及《义务教育法实施细则》规定，下列行为应当承担相应的民事法律责任：①侵占、破坏学校的场地、房屋和设备的；②侮辱、殴打教师的；③体罚学生的；④将学校校舍、场地出租、出让或者移作他用，妨碍义务教育实施的。

《民法典》第一百七十九条规定，承担民事责任的方式主要有：①停止侵害；②排除妨碍；③消除危险；④返还财产；⑤恢复原状；⑥修理、重作、更换；⑦继续履行；⑧赔偿损失；⑨支付违约金；⑩消除影响、恢复名誉；⑪赔礼道歉。

(三)教育法的刑事法律责任

刑事法律责任是指行为人实施刑事法律所禁止的行为后，必须承担的法律后果。教育法的刑事法律责任是指行为人实施的违反教育法的行为，同时触犯了刑法，达到犯罪程度时，所必须承担的法律后果。

我国相关法律对教育违法行为需追究刑事责任的各种情形作出了规定。其中，《教育法》(2021 年修正)针对挪用、克扣教育经费，扰乱学校教育教学秩序，破坏校舍、场地及其他财产，招生中徇私舞弊等行为，规定要追究刑事责任。在《刑法》中，针对教育犯罪的特点，专门设置了"教育设施重大安全事故罪"和"招收公务员、学生徇私舞弊罪"。《教师法》(2009 年修正)规定，侮辱、殴打教师，情节严重，构成犯罪的；国家工作人员对教师打击报复构成犯罪的；教师体罚学生、品行不良、侮辱学生，影响恶劣，情节严重构成犯罪的，依法追究刑事责任。其他犯罪行为的刑事法律责任追究，在《刑法》中均有明确规定。

四、教育法律责任的归责

教育法律责任归责案例(节选)

小学三年级男生小强与同班女生小红发生矛盾，小强动手打了小红，老师对小强进行了批评教育。小红父亲得知此事后赶到学校，冲进教室，不顾上课老师的阻拦，将小强打伤。事后小强家长将小红父亲和学校一起告上法庭。该事件经法院审理，判决学校承担 40%的责任。在此案例中，法院对这起学生伤害事故采用的归责原则是过错责任原则。小红父亲是小强的直接加害人，承担主要责任；而学校在教育活动期间，由于安全管理工作不到位，比如，保安未对进校人员进行核查或者老师未能拦住家长，致使小红的父亲能够冲进教室，将小强打伤，因此学校要承担次要责任。

思考：教育法律责任归责的要件有哪些？

(资料来源：中公教育网，https://www.offcn.com/jiaoshi/2017/0330/149973.html.)

教育法设定了法律责任，那么依据什么来确定教育法律责任主体呢？这就是教育法律责任的归责问题。教育法律责任的归责是一个涉及法律专业知识和实践操作的复杂过程。在教育领域，责任的归责要件和原则是确保教育活动正常开展、维护教育参与者合法权益的重要法律工具。

(一)教育法律责任的归责要件

归责要件也称为构成要件。教育法律关系主体只有具备教育法律责任的归责要件，才会被认定为教育法律责任主体，承担相应的法律后果。这些要件包括以下几个方面。

1．有损害事实

有损害事实，即存在侵害教育管理、教学秩序以及从事教育教学活动的公民、法人和其他组织合法权益的客观事实，这是构成教育法律责任的结果要件。通常，教育法律责任损害的事实如下。①损害是已经发生的、客观存在的，若将来的损害必然发生，也视为已经发生的现实损害。例如，对未成年人造成的身心摧残，就其将来就业能力而言，属于确定的、现实的损害。②损害的权益，是责任人侵犯了教育法律规定的权利和违反了教育法律规定的义务所承担的实际后果。

2．损害的行为必须违反教育法

损害的行为必须违反教育法，即责任人实施了违反教育法规定的行为。如果责任人的行为违反了其他法律，而未触及教育法，他所应承担的就不是教育法的法律责任，而是其他法律责任，这是构成教育法律责任的结果要件。这里的违法行为包括直接违反《宪法》、教育法律法规的作为和不作为。

3．行为人有过错

过错是就行为人主观态度而言的。它是构成教育法律责任的主观要件，包括故意和过失。故意是侵害行为出于主观上的恶意，目的是希望或促成损害的发生，或预见其发生，且其发生并不违背本意。例如，殴打教师和学生，或教师体罚学生，情节严重的情况。过失指对于可能发生的损害欠缺合理的注意或未尽职责。例如，学校应对全体教职员工和学生进行安全教育却未作应急防范措施，对存在的安全隐患不加整改，造成严重后果的情况。

4．违法行为与损害事实之间具有因果关系

违法行为与损害事实之间具有因果关系，即违法行为是损害事实发生的原因，损害事实是违法行为造成的必然结果，二者之间存在着内在的必然联系。前者决定后者的发生，后者是前者的必然结果，这是构成教育法律责任的因果要件。

(二)教育法律责任的归责原则

教育法律责任的归责原则是指确认和承担教育法律责任时必须遵循的标准和准则。学校教育活动中产生的法律责任绝大多数情况下是侵权导致的民事法律责任。这种民事法律责任的追究，主要依据《民法典》中规定的过错责任原则、过错推定原则、无过错责任原

则和公平责任原则四项原则。四项归责原则有着不同的含义、举证方式以及适用范围(见表 8-1)。

表 8-1　四种归责原则

归责原则	含义	举证方式	教育领域常见的适用范围
过错责任原则	谁有错谁负责(大错主责；小错次责)	谁主张谁举证(受害人举证)	已满 8 周岁未满 18 周岁的限制民事行为能力人在学校受伤
过错推定原则	默认有错，自证清白，否则担责	谁被告谁举证(加害人举证)	未满 8 周岁的无民事行为能力人在幼儿园、学校或者其他教育机构学习、生活期间受到人身损害
无过错责任原则	无论是否有错，均负责	举证无意义	(1)用人单位责任(职务行为)； (2)监护人责任
公平责任原则	均无过错，分担损失，进行补偿		对抗性体育竞赛游戏中发生意外伤害

1. 过错责任原则

过错责任原则是以过错作为判断行为人对其造成的损害是否应承担侵权责任的归责原则。其实质是以行为人的主观心理状态作为确定责任归属的依据。《民法典》第一千一百六十五条第一款规定:“行为人因过错侵害他人民事权益造成损害的，应当承担侵权责任。”具体而言，就是有过错才有责任，无过错则无责任；根据过错大小，承担主次责任。这一原则采用的举证方法是“谁主张谁举证”，也就是如果学生或家长要起诉学校或老师，就需要拿出证据。过错责任原则适用于财产损害、人身损害等一般侵权行为，这是校园伤害事故中使用最多的原则，而且，受害者主要是限制民事行为能力人，即 10～18 岁的未成年学生。

2. 过错推定原则

过错推定原则是指一旦行为人的行为致人损害就推定其主观上有过错，除非行为人能证明自己没有过错，否则应承担民事责任。过错推定原则是过错责任原则的特殊形式。《民法典》第一千一百六十五条第二款规定：“依照法律规定推定行为人有过错，其不能证明自己没有过错的，应当承担侵权责任。”《民法典》第一千一百九十九条规定：“无民事行为能力人在幼儿园、学校或者其他教育机构学习、生活期间受到人身损害的，幼儿园、学校或者其他教育机构应当承担侵权责任；但是，能够证明尽到教育、管理职责的，不承担侵权责任。”过错推定原则主要针对的对象是无民事行为能力人，只要 8 岁以下的孩子在幼儿园或者学校受到人身伤害，即认为幼儿园、学校有过错，应承担法律责任，除非幼儿园或者学校能证明自己已尽职尽责，在教育、管理上没有过错，才能免责。这一原则采用的举证方法是“被告举证”。

3. 无过错责任原则

无过错责任原则是指在法律有特别规定的情况下，与损害结果有因果关系的行为人，不论其有无过错，都要承担侵权赔偿责任的归责原则。《民法典》第一千一百六十六条规定："行为人造成他人民事权益损害，不论行为人有无过错，法律规定应当承担侵权责任的，依照其规定。"无过错责任原则是指损害的发生既不是加害人的故意也不是受害人的故意和第三人的故意造成的，但法律规定由加害人承担民事责任的一种特殊归责原则；它是一种基于法定特殊侵权行为的归责原则，目的在于保护受害人合法权益，有效弥补受害人因特殊侵权行为所造成的损失。在认定责任时无须受害人对行为人具有过错提供证据，行为人也无须对自己没有过错提供证据，即使提供出自己没有过错的证据也应承担责任。

教育领域中有两种情况适用无过错原则。

(1) 用人单位责任(职务行为)，在校园伤害事故中，无过错责任侧重的是当教师和学校工作人员在履行工作职责时，因方法不当造成的损害应由用人单位即学校承担全责，这里的"无过错"强调的是学校没有过错但是也要承担责任。

(2) 监护人责任。非完全民事行为能力人导致他人受害，此时监护人需要承担无过错责任。

4. 公平责任原则

公平责任原则是指损害双方的当事人对损害结果的发生均无过错，但如果受害人的损失得不到补偿又显失公平的情况下，由人民法院根据具体情况和公平的观念，要求当事人分担损害后果。该原则适用于双方都没有过错的情形。《民法典》第六条规定："民事主体从事民事活动，应当遵循公平原则，合理确定各方的权利和义务。"这要求当事人在民事活动中应以社会正义、公平的观念指导自己的行为、平衡各方的利益，以社会正义、公平的观念来处理纠纷。公平主要体现在：①民事主体参与民事法律关系的机会平等；②当事人的关系利益上应均衡，合理分配义务；③当事人合理地承担民事责任。

第二节 行政机关的教育法律责任

行政机关的教育法律责任

学区划分引发的"就近入学争议"

说好的"就近入学"，可最终划片结果却并非距离最近的学校。对于义务教育阶段的学生家长们来说，"就近入学"是否等同于"最近入学"是大家共同关注的话题，每年都会有家长因此事进行维权。郑州某区的一名小学生，还因为此事与教育局闹上法庭。作为儿子的法定代理人，郑州某小区居民张先生告诉顶端新闻记者，儿子 2020 年参加"幼升小"，当时划片的 A 小学南校区，距离小区约 1300 米，而 B 小学距离小区仅有六七百米。他质疑某区教育局为何不将某小区划入 B 小学片区。张先生提出，按照《中小学校建筑设计规范》(GB 50099—2011)，城镇完全小学的服务半径宜为 500 米，学校布点要均匀，做到小学生上学时间控制在步行 10 分钟左右。"很显然，对于我们小区来说，B 小学更符合国标。"

"某区教育局在小学义务教育责任区划分方面的行政行为违反了法定程序。"张先生认为，小学划片应该属于重大行政决策，制定时至少应有相应程序，做到公开、透明。某区人民法院认为，学区划分是政府调整教育资源的一种行政手段，其目的是实现各区域内教育资源相对公平。学区划分关乎众多家庭的利益，直接关系广大适龄儿童受教育的权利，是涉及社会公众切身利益的重大事项。教育行政主管部门在作出重大行政决策时，要综合考量辖区内各项因素，平衡辖区内教育资源，保障适龄儿童公平接受义务教育的权利。同时，应广泛听取群众意见，拓宽群众参与的渠道，最大限度确保行政决策合法、合理。教育行政机关在履行划分学校施教区的职责时，应当遵循程序正当原则，严格按照法定程序公开行政管理内容。

在案件审理过程中，没有证据表明，某区教育局作出学区划分决策时，进行了征询意见、实际调研、研讨论证等，未能充分保障社会公众参与权。在作出学区划分决定之后，未及时向社会公开，仅在开学前两天，通过学校自行张贴招生公告的方式公布，未能充分保障公众知情权和监督权。

因此，法院确认某区教育局作出的2020年A小学学区划分行政行为程序违法。

思考：行政机关教育法律责任类型有哪些？

(资料来源：网易新闻，https://www.163.com/dy/article/FKSB84620541K3YN.html.)

一、行政机关承担教育法律责任的类型

行政机关的教育法律责任是指政府及其教育行政部门在管理和监督教育事务时，违法行为或不当行为导致损害他人合法权益时，应当承担的法律后果。行政机关的教育法律责任通常分为行政责任、民事责任和刑事责任三种类型。

(一)行政责任

行政机关及其工作人员在执行公务过程中，若违反了行政法规、规章或者政策指导，可能受到行政处罚，如警告、罚款、撤销违法决定、行政拘留等。此外，还可能包括行政处分，如警告、记过、降级、撤职直至开除公职。在某些情况下，如果行政机关的行为造成公民、法人或其他组织的权益受损，还可能需要承担行政赔偿责任。

(二)民事责任

当行政机关的行为侵犯了个人或组织的合法权益，导致经济损失时，根据民法的相关规定，可能需要承担民事责任，包括赔偿损失、恢复原状、赔礼道歉等。

(三)刑事责任

在特定的情况下，如果行政机关的行为触犯了刑法，构成犯罪，相关责任人可能会被追究刑事责任，面临罚金、拘役、有期徒刑等刑事处罚。

行政机关的教育法律责任是维护法律权威、促进依法行政和保障教育公平正义的重要手段。通过明确行政机关的法律责任，可以促使其更好地履行职责，预防和纠正违法行为，保护受教育者和教育机构的合法权益。同时，这也有助于建立健全教育法治体系，推动教育事业的健康有序发展。

二、行政机关承担教育法律责任的情况

教育乱收费行为

2022年5月，记者从教育部获悉，为严肃查处损害群众利益的教育乱收费行为，持续巩固教育乱收费治理成果，全国治理教育乱收费部际联席会议办公室通报了5起以教育信息化为由的违规收费典型问题查处情况。目前，河北、山西、海南、江苏和山东5省教育行政部门已会同有关部门对相关学校的违规收费问题进行了核实处理。

该通报强调，各地教育行政部门和各级各类学校(含幼儿园)要从几起典型问题中吸取教训，严禁以信息化教学或分班教学为名，强制或变相强制学生购买平板电脑或教育 App；作为教学、管理工具要求统一使用的平板电脑或教育 App，学校不得将其作为服务性收费和代收费项目向学生及家长收取任何费用，也不得以家委会等名义变相强制学生购买。各地教育行政部门要对以教育信息化为名的乱收费问题进行摸排核查，制定整改方案，推动问题整改到位；要严肃追究相关人员责任，切实保持治理教育乱收费的高压态势。

全国治理教育乱收费部际联席会议办公室通报了5起典型问题的具体情况及处理结果。

其中一起是河北省保定市某中学推广平板电脑教学违规收费问题。自2018年以来，某中学以教育信息化名义推广平板电脑教学，通过与教学管理行为挂钩的方式变相强制学生购买平板电脑及课程资源。学校违反了“不得强制或者暗示学生及家长购买指定的教辅软件或资料”的规定。目前，学校已清退违规收费601.47万元；保定市某区纪委监委对某区教体局负责人给予全区通报批评，对保定市某中学负责人给予行政警告处分，取消该校当年评优评先资格。

思考：行政机关哪些行为会承担教育法律责任？

(资料来源：百度网，https://baijiahao.baidu.com/s?id=1733895788776415669&wfr=spider&for=pc.)

行政机关的违法行为依据其承担责任的主体不同可分为两类：一是行政机关的违法行为；二是行政机关工作人员的违法行为。前者的责任主体是行政机关，责任承担方式有：通报批评、撤销违法决定、履行职务、纠正违法、行政赔偿等。后者的责任主体是行政机关工作人员，责任承担方式有：通报批评、赔礼道歉、承认错误、停止违法行为、赔偿损失、行政处分、罢免等，如果触犯刑法，还要承担刑事法律责任。目前，行政机关的教育法律责任大体上有以下几种情况。

(一)不按预算核拨教育经费的法律责任

行政机关在教育预算核拨过程中的法律责任，主要基于国家对于教育经费管理的法律法规。这些责任不仅涉及财政部门和教育行政部门，还包括参与预算编制、执行和监督的所有相关单位和人员。行政机关不按预算核拨教育经费的法律责任详细分析如下。

1. 违反《中华人民共和国预算法》(以下简称《预算法》)的责任

《预算法》规定了预算的编制、审批、执行和调整等程序，以及违反该法所应承担的法律责任。如果行政机关未按照法定程序和要求核拨教育经费，便构成了对《预算法》的违反。这通常表现为：未经批准擅自改变预算； 超出预算或在没有预算的情况下拨款；延迟拨付已批准的预算款项。

对于上述行为，《预算法》规定可以给予警告、责令改正、通报批评或者对直接负责的主管人员和其他直接责任人员依法给予处分。

2. 违反教育法律法规的责任

《教育法》(2021 年修正)明确规定了国家财政性教育经费的增长应当高于经常性财政收入的增长，并且使在校学生人均教育费用逐步增长，保障教育优先发展的战略地位。此外，《教师法》(2009 年修正)《义务教育法》(2018 年修正)等也对教育经费的使用与管理提出了明确要求。如果行政机关未能依照这些法律法规的要求核拨教育经费，便需要承担相应的法律责任，包括：教育质量受到影响，可能需对此进行补救；对教育事业发展的不利影响，可能需要通过追加投入等方式进行弥补；对具体责任人员的追责，可能涉及行政处分。

3. 财务管理条例违规的责任

除了上述法律外，还有其他关于财务管理的法规和条例，例如《财政违法行为处罚处分条例》，对行政机关及其工作人员在财务管理中的违法行为进行了规定，并设定了相应的法律责任。这包括：对于未按规定管理和使用教育资金的行为，可能会受到行政处罚；对于挪用、截留、私分教育经费等行为，除追回有关资金外，还可能对有关人员进行罚款、撤职直至开除公职的处分。

4. 损害公共利益的法律责任

教育作为基本的公共服务，其经费的合理分配和使用直接关系到公共利益和公民的基本受教育权。行政机关如不按预算核拨教育经费，可能导致教育资源浪费、教育公平受损和教育质量下降，进而影响整个国家和地区的发展。因此，相关责任人可能需要为此承担行政责任甚至刑事责任。

5. 其他相关责任

此外，行政机关还需遵循《政府信息公开条例》等相关法规，对于教育预算的相关信息进行公开，接受社会监督。如果不按预算核拨教育经费的行为涉及信息公开的违规，同样需要承担相应的法律责任。

综合来看，行政机关不按预算核拨教育经费的行为违反了多项法律法规的规定，可能面临包括行政责任、民事责任在内的多重法律责任。这些责任的追究旨在维护教育经费管理的法治化、规范化，确保教育资源得到合理有效利用，促进教育事业的持续健康发展。

(二)挪用、克扣教育经费的法律责任

根据《教育法》(2021 年修正)《义务教育法》(2018 年修正)等相关法律法规的规定，挪用、克扣教育经费是指行政机关在管理、使用教育经费过程中，违反国家规定，擅自改变

教育经费的用途，或者以各种借口减少教育经费的使用，导致教育经费不能按照国家规定的标准和要求用于教育事业的行为。

教育经费是国家为了保障教育事业的正常运行而专门设立的一项财政资金，其使用应当符合国家法律法规的规定。然而，近年来，一些地区的教育行政部门出现了挪用、克扣教育经费的现象，严重损害了教育公平和教育质量，影响了教育事业的发展。因此，对于行政机关挪用、克扣教育经费的行为，必须依法追究其法律责任。

1. 行政责任

《行政处罚法》《公务员法》等相关法律法规规定，对于挪用、克扣教育经费的行政机关，可以依法给予行政处罚，如警告、罚款、没收违法所得等。同时，对于直接负责的主管人员和其他直接责任人员，可以依法给予行政处分，如警告、记过、降级、撤职、开除等。

2. 刑事责任

根据《刑法》规定，对于挪用、克扣教育经费的行为，如果构成犯罪的，应当追究刑事责任。例如，挪用教育经费用于其他用途，数额较大的，可以认定为挪用公款罪；贪污、侵吞教育经费的，可以认定为贪污罪；滥用职权，造成教育经费损失的，可以认定为滥用职权罪；等等。

3. 民事责任

根据《民法典》等相关法律法规，挪用、克扣教育经费的行为可能导致教育工作者、学生等合法权益受到侵害。受害人有权要求赔偿损失，追究侵权人的民事责任。

行政机关挪用、克扣教育经费，不仅破坏了教育资金的管理规定，还对教育事业产生了深远的负面影响。对于行政机关挪用、克扣教育经费的行为，必须依法追究其法律责任，切实保障教育经费的合理使用，促进教育事业的健康发展。

(三)乱收费的法律责任

根据有关法规规定，行政部门可以向学校和其他教育机构收取费用，但是收费必须合法。合法的收费应符合以下三个条件：一是收费要符合国家法律法规规定的收费项目；二是收费要符合国家法律法规规定的收费标准；三是收费要符合国家法律法规规定的收费程序。违反其中的任何一条，都属于乱收费行为。因此，行政机关乱收费是指行政机关或其工作人员违反有关收费范围、标准用途或程序的规定，向学校或其他教育机构收取费用。

对于行政机关乱收费的违法行为应承担何种法律责任，《教育法》(2021 年修正)第七十四条作出了明确规定：“违反国家有关规定，向学校或者其他教育机构收取费用的，由政府责令退还所收费用；对直接负责的主管人员和其他直接责任人员，依法给予处分。”由此可见，对于行政机关的乱收费行为，直接负责的主管人员和其他直接责任人员，依法承担行政法律责任。

(四)在招生过程中的有关法律责任

招生工作环节众多，包括考生报名、思想品德考核审查、身体健康状况检查、档案调阅，还包括命题，试卷印刷、接送、保管，考场管理，评卷，录取，以及新生入学复查和体检等，其中任何一个环节的工作人员徇私舞弊，都是违法行为。因此，在招生工作中徇私舞弊的违法行为主体，既包括学校教师、招生工作人员，又包括行政机关工作人员。

行政机关工作人员在招生中的违法行为是指违反有关招生管理的规定和要求，利用职务上的便利，以歪曲事实、掩盖真相、以假乱真等手段，招收不该录取的考生或不招应该录取的考生，并从中获得好处。《教育法》(2021 年修正)第七十七条规定："在招收学生工作中滥用职权、玩忽职守、徇私舞弊的，由教育行政部门或者其他有关行政部门责令退回招收的不符合入学条件的人员；对直接负责的主管人员和其他直接责任人员，依法给予处分；构成犯罪的，依法追究刑事责任。"可见，我国法律对于行政机关在招生过程中的违法行为提供了明确的制裁措施。行政机关如果在招生过程中违法操作，首先，需要纠正错误，恢复受影响考生的合法权益。其次，相关责任人员会根据情节轻重接受行政处分，如警告、记过直至撤职等。若违规行为触犯刑法，则须移交司法机关处理，追究其刑事责任。

第三节　学校的教育法律责任

引导案例

4 名学生校门口追逐打闹撞伤八旬老人

2019 年 12 月 6 日 10 时许，4 名小学生在上体育课期间跑到学校门口嬉戏。一位 80 岁老人从该校正门外出时，在校门口被正在追逐打闹的这 4 名学生撞倒受伤，致残程度为九级残疾。老人将学生的家长和学校起诉至当地法院。

该法院经审理认为，事发时上述 4 名小学生是限制民事行为能力人，他们在追逐打闹时将老人撞倒受伤，4 人追逐打闹的行为紧密结合导致损害后果的发生，存在过错，应由 4 人的监护人承担侵权责任。4 人是共同侵权，应当承担连带责任。事发时为学校上课时间，学生处于学校监管之中，学生在校门口追逐打闹，学校门卫在门口也未予以制止，故学校明显未尽到教育、管理职责，过错较大，应承担主要责任。该法院判决学校承担 79%的赔偿责任，由 4 名小学生的监护人共同承担 21%的赔偿责任。

思考：学校哪些行为会承担教育法律责任？

(资料来源：南国早报网，http://nnwb.nnnews.net/rejian/p/82754.html.)

一、学校教育法律责任的含义与种类

(一)学校教育法律责任的含义

学校的教育法律责任是指在教育活动中，因学校的行为或疏忽导致学生权益受损时，学校应依法承担的法律后果。这种责任具有以下特征：法定性、限定性和补偿性。法定性意味着学校的责任是由法律规定的，并非随意赋予；限定性表明学校的责任在一定范围内，并非无限制；补偿性是指学校需对造成的损害进行补偿。

(二)学校教育法律责任的类型

学校在教育活动中可能承担的法律责任主要包括民事责任、行政责任和刑事责任。

1. 民事责任

当学校的行为或疏忽导致学生受到身体或财产上的损害时，学校应根据民法的相关规定承担赔偿责任。例如，学校设施不当导致的安全事故，学校需对受害学生的医疗费用、精神损失等进行赔偿。

2. 行政责任

行政责任指学校因违反教育行政法规而受到的行政处罚。例如，学校未严格执行国家教育政策，存在违规收费等问题，可能会被教育行政部门处以警告、罚款等行政处罚。

3. 刑事责任

在极端情况下，如果学校的行为构成犯罪，如严重的安全事故，相关责任人可能需要承担刑事责任。

学校教育法律责任是对教育法领域内违法行为的一种法律制裁，旨在维护正常的教育教学秩序，保障师生权益，促进教育事业的健康发展。

【案例 8-1】

下课期间在走廊奔跑被同学撞倒受伤

兰某、周某、袁某是初中学生，在晚自习下课期间，兰某跑过走廊上厕所时，周某、袁某相互追赶跑过走廊，周某与兰某相撞，导致兰某倒地受伤。然后同学找到兰某的班主任，班主任对兰某进行简单救治并通知其父母，随后班主任呼叫滴滴车将兰某送至医院救治。因为兰某受伤，兰某父母向人民法院递交了对学校周某、袁某的起诉书。

该法院经审理认为，根据事发当晚的录像显示，周某在走廊上跑在前面，袁某在周某后面追赶，兰某也从另一边走廊跑着上厕所，且跑得很快，因此，兰某摔倒是周某、袁某互相追赶和兰某奔跑上厕所的行为相结合所致，三人均存在过错。根据三人的过错在本案中的作用，该法院确定由周某承担 30%的民事责任，兰某自行承担 30%的民事责任，袁某承担 10%的民事责任。

学校作为教育机构，晚上下课期间仍有学生在走廊上奔跑，证明学校未尽到教育、管理职责，且在事件发生后，学校离医院不远，兰某晕倒，老师只进行简单处理，未及时打电话叫救护车，而是叫滴滴车送医院，延误了抢救时机，也存在过错，学校应承担 30%的民事责任。

思考：上述案件中，学校承担了何种教育法律责任？

(资料来源：本书作者整理编写.)

二、学校承担教育法律责任的形式

学校作为实施教育的重要机构，在法律上承担着一定的责任。学校可以多种形式承担教育法律责任，主要包括以下几种。

第一，通报批评。对于一些轻微的违规行为，学校可能会受到教育行政主管部门的通报批评。第二，整顿。如果学校的管理存在问题，可能需要进行整顿，有时候还包括领导班子的整顿。第三，停办、停招、取缔。对于严重违规的学校，可能会被勒令停止办学、停止招生或者被取缔。第四，取消发放学业证书资格。在一些情况下，学校可能会被取消发放毕业证书和其他学业证书的资格。第五，宣布考试结果无效。如果考试过程中存在严重违规行为，可能会导致考试结果被宣布无效。第六，没收违法所得。收回因违法行为而获得的收益。

此外，针对国家设立的全日制学校，一般不采取罚款或取缔的处罚形式，以不影响其完成国家教育任务和义务教育制度实施为原则。

综上所述，学校在未尽到教育和管理职责时，将根据具体情况和过错程度承担相应的教育法律责任。这些责任形式旨在促进学校加强管理，保障学生的安全与权益。同时，确保教育活动能在规范有序的环境中进行，维护教育公平正义。

三、学校承担教育法律责任的情况

(一)《教育法》(2021 年修正)中承担教育法律责任的情况

1. 违反国家财政制度、财务制度，挪用、克扣教育经费应承担的法律责任

违反国家财政制度、财务制度，挪用、克扣教育经费的此类违法行为，在客观构成要件上，主要表现为利用管理、经手或其他职务上的便利，挪用教育经费供个人或集体进行其他活动或非法活动等，克扣教育经费私分或归个人所有等。其中，利用职务上的便利，侵占、克扣教育经费私分或为个人非法占有的，属于贪污行为；违反有关规定，将教育经费挪作他用，无论是公用还是私用，都属于挪用行为。挪用教育经费数额较大且不退还的，构成贪污罪。

学校的负责人以及其他经手、 管理教育经费的人员，若有上述行为，则根据具体情节，分别作如下处理。①由上级机关责令限期归还被挪用、克扣的教育经费。②对直接负责的主管人员和其他直接责任人员，由有关部门和单位依法给予行政处分。③构成犯罪的，根据《刑法》和全国人大常委会《关于惩治贪污罪贿赂罪的补充规定》，对行为人追究刑事责任。

2. 使用危险教育设施造成人员伤亡或重大财产损失应承担的法律责任

使用危险房屋进行教育教学活动，违反了《教育法》和《未成年人保护法》。《学生伤害事故处理办法》规定，明知校舍或者教育教学设施有危险，而不采取措施，造成人员伤亡或重大财产损失的，属于犯罪行为，按玩忽职守罪论处。该犯罪的主观方面，是明知有危险，却放任或者轻信能够避免危险后果发生；客观方面，是责任主体的行为，一般表现为不负责任，不履行或不正确履行职责，即不采取任何措施，听之任之，漠不关心，或者认为可以侥幸避免危险。

3. 违反国家规定举办学校或者其他教育机构应承担的法律责任

非法举办学校的行为主要有：①不经批准或登记注册擅自举办教育机构，并且经教育

主管部门责令限期改正而逾期仍不改正的；②不符合国家规定的设置标准，弄虚作假，骗取主管机关批准或登记注册的；③实施了以营利为目的的办学行为。

属于上述行为①的，由教育行政部门对非法举办的学校予以撤销；属于上述行为②的，由教育行政部门或政府授权的其他行政机关对有违法所得的没收违法所得；属于上述行为③的，由主管部门追究直接负责的主管人员和其他直接责任人员的行政责任，依法给予行政处分。

4. 非法举办国家教育考试应承担的法律责任

非法举办国家教育考试是指未经国家教育考试管理机构的批准或授权，擅自举办各种国家教育考试，或设立国家教育考试考点，或与境外组织合作举办属于国家教育考试范围的考试项目，或虽经批准有承办资格，但在考试的种类设置与内容上与国家有关规定不符。

对上述行为，将根据具体情况，承担以下责任：①由教育行政部门宣布考试无效；②对有违法所得的，教育行政部门没收其违法所得；③对直接负责的主管人员和直接责任人员，教育行政部门或其主管部门依法给予行政处分。

5. 违法颁发学位证书、学历证书或其他学业证书应承担的法律责任

违法颁发学位证书、学历证书或其他学业证书的主要情形有：①不具有颁发学业证书和学位证书资格却发放学业证书、学位证书；②在颁发学业证书、学位证书中弄虚作假、徇私舞弊；③伪造、编造、买卖学业证书、学位证书；④对不符合规定条件的受教育者和其他人员颁发学业证书、学位证书；⑤滥发学业证书、学位证书从中牟利。

对于上述行为，应根据具体情节给予以下处理：①由教育行政部门或者其他有关行政部门宣布证书无效，责令收回或者予以没收；②对学校及其他教育机构等，在违法颁发证书过程中有违法所得的，没收违法所得；③对情节严重的，由教育行政部门撤销其颁发学业证书的资格。

6. 学校违法向受教育者收费应承担的法律责任

学校违法向受教育者收费是指学校及其他教育机构违反国家有关规定的收费范围、收费项目、收费标准以及有关收费事宜的审批、核准、备案以及收费的减免等方面的规定，自立收费项目或超过收费标准，非法或不合理向受教育者收取费用的行为。这种行为不仅损害了受教育者的财产权益，有时也会损害其受教育权益，是《教育法》(2021 年修正)明令禁止的行为。

对于学校违法向受教育者收费的行为，由主管的教育行政部门责令其退还所收费用，并对直接负责的主管人员和其他直接责任人员，依法追究行政法律责任，给予行政处分。

7. 招生工作中徇私舞弊应承担的法律责任

主管、直接从事和参与学校及其他教育机构统一招生的工作人员，违反招生管理的有关规定和要求，利用职权或工作之便，为达到使考生或其他人员被学校及其他教育机构招收录取等个人目的，故意采取隐瞒、虚构、篡改、毁灭、泄露、提示、协助考生作弊等手段，在招生考试、考核、体检、保送生推荐等各个环节上实施歪曲事实、掩盖真相、以假乱真等枉法渎职行为，使不应该被招收录取的考生及其他人员被招收录取，或使符合招收录取条件的考生及其他人员未被招收录取的均属徇私舞弊。

上述行为应承担的责任根据其情节及后果轻重决定适用行政制裁或刑事制裁，分别给予以下处理：①由教育行政部门责令退回招收人员；②由教育行政部门或主管部门对直接负责的主管人员和其他直接责任人员，依法给予行政处分；③由人民法院对构成犯罪的依法追究刑事责任。

8. 在国家教育考试中作弊应承担的法律责任

学校及其他教育机构在考试活动中实施欺骗、蒙混行为，或者指使、纵容、授意放松考试纪律，致使考试纪律混乱的行为。对于上述违法行为，学校应承担的责任是：①由教育行政部门宣布考试无效；②由教育行政部门或主管部门对直接负责的主管人员和其他直接责任人员，依法给予行政处分。

(二)《义务教育法》(2018 年修正)中承担教育法律责任的情况

1. 因工作失职未能实现义务教育实施规划目标，或未能如期达到规定办学条件要求的法律责任

实施义务教育是中小学校的法定职责，因工作失职而影响义务教育规划的如期完成或未达到办学条件标准的，属于违反《义务教育法》(2018 年修正)的行为。

上述违法行为，往往与违反《义务教育法》(2018 年修正)的其他行为结合在一起，如截留、挪用义务教育经费，由地方人民政府或者有关部门按照管理权限对有关责任人员给予相应的行政处分。

2. 乱收费或谋取不当利益的法律责任

学校违反国家规定收取费用的，由县级人民政府教育行政部门责令退还所收费用；对直接负责的主管人员和其他直接责任人员依法给予处分。

学校以向学生推销或者变相推销商品、服务等方式谋取利益的，由县级人民政府教育行政部门给予通报批评；有违法所得的，没收违法所得；对直接负责的主管人员和其他直接责任人员依法给予处分。

3. 违反教育教学管理有关规定的法律责任

《义务教育法》(2018 年修正)规定，学校违反教育教学管理规定的行为主要包括：学校拒绝接收具有接受普通教育能力的残疾适龄儿童、少年随班就读的；分设重点班和非重点班的；违反本法规定开除学生的；选用未经审定的教科书的。对于上述违法行为，由县级人民政府教育行政部门责令限期改正；情节严重的，对直接负责的主管人员和其他直接责任人员依法给予处分。

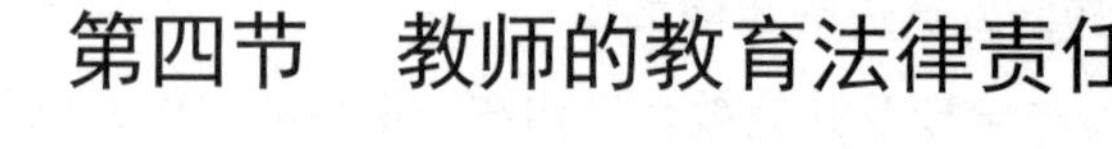

第四节　教师的教育法律责任

教师的教育法律责任

某中学教师贾某长期违规有偿补课问题

某市教育局在专项整治中查明，某中学教师贾某长期违规进行有偿补课，情节较为严

重，违反了《新时代中小学教师职业行为十项准则》第十项规定。根据《中小学教师违反职业道德行为处理办法》(2018 年修订)，给予贾某降低岗位等级处分，并将其调离工作岗位。同时，对其所在学校负责人进行约谈，取消该校年终考评评优资格。

思考：教师哪些行为会承担教育法律责任？

(资料来源：查字典范文网，https://fanwen.chazidian.com/fanwen3355207/.)

一、教师教育法律责任的含义

教师教育法律责任是指教师在履行教育职责过程中，因违反法律规定或未尽到应有的注意义务，而应当承担的法律后果。这种责任可能涉及民事责任、行政责任甚至刑事责任，具体取决于教师行为的违法性质和造成后果的严重性。教师的教学活动及其相关活动，直接关系到学生的健康成长。为了保证教学质量，维护教育秩序，国家制定了一系列教师从事职务活动应遵守的法律规范。教师必须依法执教，如有违反，就应当追究其法律责任。

教师教育法律责任有以下内涵。

首先，教师教育法律责任是在教师从事职务过程中发生的，即在教学、对学生进行管理的过程中，发生违法行为而引起的法律责任。如果教师是在从事与教师职务无关的活动中发生违法行为，则不会引发教育法律责任。

其次，教师的教育违法行为所侵害的是正常的教育教学秩序。正常的教育教学秩序是指学校教育活动按照国家教育方针、法律法规和学校规章制度有序进行的状态。这包括教育教学活动的正常运行、学生合法权益得到有效保障、教师履行职责和维护学校纪律等各个方面。

最后，教师的教育法律责任确实是一种法定责任，这意味着它是由国家法律法规所规定和界定的责任。这种责任感源于教师的职业行为规范以及教育法律法规对教师职责的明确规定。当教师违反这些规定时，必须按照法律规定承担相应后果。

【案例 8-2】

师者仁心：家访途中的生命守护与法律责任担当

在山东莒县，有一位小学班主任陈元珍，她的事迹体现了教师积极履行教育法律责任的正能量。一天，陈元珍发现学生小明缺课，按照学校的教育管理要求以及教师对学生的监护职责，她决定进行家访以了解情况。当她到达小明家时，发现小明和其祖母因煤气中毒晕倒在家中。陈元珍迅速采取行动，打开门窗通风，并及时呼叫急救人员，最终成功挽救了祖孙二人的生命。

从教育法律责任的角度来看，陈元珍的行为符合相关法律规定中教师对学生的教育、管理和保护责任。《教师法》(2009 年修正)第八条明确规定，教师要关心、爱护全体学生，尊重学生人格，促进学生在品德、智力、体质等方面全面发展。陈元珍的家访行为正是对学生关心爱护的体现，她没有忽视学生的缺课现象，而是积极主动地去了解原因，这是履行教育责任的表现。

同时，《学生伤害事故处理办法》也规定，学校对学生进行安全教育、管理和保护应当针对学生的年龄、认知能力和法律行为能力的不同采取相应的内容和预防措施。陈元珍在家访中发现学生家庭的安全隐患并及时处理，避免了严重后果的发生，这也是教师在履行学校对学生安全教育和保护责任向课外延伸的一种体现，虽然事件发生在校外，但教师依然有责任保障学生的安全。

陈元珍的行为不仅彰显了教师的高尚师德和强烈的责任感，也为其他教师树立了良好的榜样，让人们看到了教师在教育教学活动之外，对学生安全和健康成长的重要守护作用。更重要的是，这一案例从正面诠释了教师如何在日常工作中积极履行教育法律责任，为构建和谐的师生关系和安全的教育环境做出贡献。

案情评析：

在山东莒县的这一案例中，陈元珍老师的行为具有多方面的重要意义与深刻内涵。从教育法律责任的教育层面看，陈元珍老师因学生缺课展开家访，这是积极践行教师对学生教育责任的表现。《教师法》(2009 年修正)规定教师需关注学生全面发展，其中学业进步是重要部分。缺课可能影响学生知识获取与学业进程，老师主动探寻缘由，是保障教育有序开展的积极作为，防止无故缺课导致学生学习断层，维护了学生接受完整教育的权利。

在管理责任方面，尽管是在校外的家庭环境中发现问题，但体现了教师对学生管理责任范围的合理延伸。学校管理学生并非局限于校园内的时空，对于学生无故缺课这种脱离正常教学秩序管理的情况，老师通过家访进行调查与干预，是对可能出现的管理漏洞进行有效弥补，确保学生处于可被教育管理的视野范围内，如同在校园内对学生的日常行为规范管理一样，保证学生的学习生活轨迹不偏离正常轨道。

在保护责任方面，发现学生与祖母煤气中毒后，陈元珍老师迅速采取通风、呼救等急救措施，成功挽救了他们的生命。这契合《学生伤害事故处理办法》中教师对学生安全保护的要求。即使事件发生在校外家庭场景，教师依然凭借职业敏感性与责任感，成为学生生命安全的守护者，避免了一场家庭悲剧演变为不可挽回的后果，切实履行了在任何可能危及学生生命健康情境下的保护责任。陈元珍老师的事迹为广大教师树立了典范，明确展示了在日常教育教学及相关延伸情境中，如何全方位履行教育法律责任，保障学生的教育权益、规范管理与生命安全。

(资料来源：海报新闻，https://w.dzwww.com/.)

二、教师承担教育法律责任的条件

教师承担教育法律责任通常需要满足以下条件。

(一)违法行为

教师的行为必须违反现行的教育法律法规或相关政策。这些违法行为可能包括但不限于体罚学生、歧视学生、侵犯学生权益、挪用教育经费、疏忽教学职责等。

(二)损害后果

教师的违法行为必须导致了实际的损害后果。这些后果可能包括学生的身心受到伤害、教学质量下降、学校财产损失等。

(三)因果关系

所谓因果关系，即教师的违法行为与损害后果之间应有直接的联系。只有当能够证明教师的违法行为导致了损害后果时，教师才需承担相应的法律责任。

(四)过错要件

教师在行为上存在过错，这种过错可能是故意造成的，也可能是疏忽大意造成的。例如，教师明知其行为会对学生造成伤害但仍实施该行为，或者未尽到合理的注意义务导致学生受到伤害。

如果教师的行为满足了上述条件，根据具体情况和违法行为的严重性，教师可能需要承担民事责任、行政责任或者刑事责任。教育行政部门或法院将依据相关法律法规对教师的行为进行评判，并作出相应的处理决定。

三、教师承担教育法律责任的情况

《教师法》(2009 年修正)第三十七条规定："教师有下列情形之一的，由所在学校、其他教育机构或者教育行政部门给予行政处分或者解聘：(一)故意不完成教育教学任务给教育教学工作造成损失的；(二)体罚学生，经教育不改的；(三)品行不良、侮辱学生，影响恶劣的。教师有前款第(二)项、第(三)项所列情形之一，情节严重，构成犯罪的，依法追究刑事责任。"《教师法》(2009 年修正)规定，教师承担教育法律责任主要有以下三种情况。

(一)故意不完成教育教学任务给教育教学工作造成损失应承担的法律责任

教育教学任务是指按照聘任合同的约定或岗位职责所明确规定的教师应当完成的教育教学任务。《教师法》(2009 年修正)第三条规定："教师是履行教育教学职责的专业人员，承担教书育人，培养社会主义事业建设者和接班人、提高民族素质的使命。教师应当忠诚于人民的教育事业。"教育教学既是教师的权利，又是教师的义务。教师必须按照聘任合同的约定或岗位职责完成教育教学任务，否则就可能构成违法行为。

故意不完成教育教学任务是指主观过错必须为"故意"，而不包括"过失"。这种"故意"可能表现为作为，也可能表现为不作为，主要有以下几种情况。

第一，教学内容偏离教学计划和教学大纲。内容太深导致学生不及格；内容太浅导致学生学不到知识。

第二，教学态度极端不认真。不备课导致课堂经常出错；不辅导、不批改作业；不深入学生、了解学生，甚至厌恶学生。

第三，随意削减学时，经常无故不上课。

这里需要注意的是"故意"不完成教育教学任务只是教师构成违法行为的前提，即违法的主观方面。教师的这些主观故意是否真的构成违法行为，还要看是否给教育教学工作造成损失。一般来说，给教育教学造成损失是指没有达到教学大纲所规定的教育教学目标的要求，使学生没有学到应掌握的知识或技术。教师故意不完成教育教学任务，给教学工作造成损失的，所在学校可以给予行政处分或者解聘。

(二)体罚学生、经教育不改应承担的法律责任

体罚和变相体罚学生都是指教师或学校工作人员采取身体惩罚的方式，对学生造成身体痛苦或精神伤害，以此来惩罚或试图纠正学生的行为。这些行为都违反了学生的人权，特别是《儿童权利公约》中规定的儿童有权受到保护，免受身体或精神暴力的权利。

体罚通常包括以下形式：①打击：使用手或其他物品直接击打学生的身体；②掐伤：用力掐学生，造成身体疼痛或留下瘀青；③拖拽：强行拖拽学生，可能导致摔倒或受伤；④罚站：强迫学生长时间站立，有时伴随不合理的负重；④限制自由：非法限制学生的活动自由，如关禁闭；⑥物品惩罚：使用教鞭、尺子等物品击打学生等。变相体罚则是一些非直接身体接触的惩罚方式，但同样会造成身心伤害，包括以下形式：①羞辱性惩罚：在同学面前公开羞辱或讽刺学生，损害其尊严；②过度运动：强迫学生做超出体能极限的运动；③剥夺权益：无理剥夺学生的课间休息、参与活动的权利；④负面标记：在学生身体上做记号，以示惩罚等。《教师法》(2009 年修正)规定，教师体罚学生，经教育不改的，首先由所在学校、其他教育机构或者教育行政部门给予行政处分或者解聘，即承担行政法律责任；如体罚学生造成学生身体的伤害，则还需承担相应的民事责任；如果造成学生身体受到严重伤害，即情节严重，构成犯罪的，就要依法追究刑事责任。

(三)品行不良、侮辱学生，影响恶劣应承担的法律责任

教师品行不良、影响恶劣通常是指教师在职业行为上存在严重违反教育原则、职业道德和法律法规的行为。这些行为不仅损害了学生的权益，也对教育环境和学校的声誉造成了负面影响。教师品行不良的表现主要包括：消极对待教育事业；学术失范；缺乏社会公德。

教师侮辱学生、影响恶劣是指教师在职业行为中严重违反教育原则和职业道德，通过言语或行为对学生进行辱骂、歧视、讥讽等，这些行为不仅损害了学生的人格尊严，还可能对学生的心理健康造成长远的负面影响。

侮辱学生主要表现在两个方面。一是表现在语言方面，例如，对学生使用讽刺、侮辱、蔑视、过激、恐吓、指责、训斥的语言，使学生当众难堪，造成严重的心理负担和压力，甚至导致学生轻生。二是表现在行为方面，例如，教师行为不检点，对学生性骚扰、宣扬学生的隐私等。侮辱学生的行为可能因情节较轻而承担民事责任，也可能因情节严重而承担刑事责任，即由所在学校、其他教育机构或者教育行政部门给予行政处分或者解聘，或由教育行政部门撤销其教师资格；还可以依据《民法典》的规定承担民事责任，甚至可以依据《刑法》的规定追究相应的刑事责任。例如，《刑法》第二百四十六条关于侮辱罪、诽谤罪的规定：“以暴力或者其他方法公然侮辱他人或者捏造事实诽谤他人，情节严重的，处三年以下有期徒刑、拘役、管制或者剥夺政治权利。”

第五节 学生的教育法律责任

引导案例

校园意外判责明：学生担责促监管，学校履责得免责

在广州某中学，初一学生思思和小杰是同班同学。一天午休时，思思起身与前座同学

交流，小杰路过时出于玩心，偷偷将思思的椅子往后拉出一定距离，思思坐下时不慎坐空，摔成重伤。因协商赔偿事宜未果，思思的父母遂起诉要求小杰和学校承担连带侵权赔偿责任。

法院经审理查明，学校张贴了学生行为准则、安全准则标语等，班主任也经常在班级开展安全教育。事发后，学校还及时将思思送去就医，并通知了双方家长。由此，法院认为，学校已尽到教育管理职责，无须承担赔偿责任。而思思受伤是小杰的恶作剧导致，应当由小杰的父母作为监护人承担侵权责任，最终，法院判决小杰的父母向思思赔偿医疗费等合计 10 万余元。

在此案例中，学校通过张贴行为准则和安全标语，以及班主任开展安全教育等措施，积极履行了教育管理职责。在事故发生后，学校又及时救助并通知家长，充分展现了其对学生安全和教育责任的重视，也符合相关法律中对于学校责任的规定，因此无须承担赔偿责任。而小杰作为限制民事行为能力人，其监护人需对他的侵权行为承担责任，这也体现了法律对于侵权责任认定的公正性和合理性，督促家长加强对孩子的教育和监管，避免类似事件再次发生。整个案件的判决结果，既保障了受伤学生的合法权益，又明确了各方的责任，为今后类似案件的处理提供了有益的参考，对于维护校园安全和教育秩序具有积极的意义。

(资料来源：网易手机网，https://3m.163.com.)

《宪法》《教育法》等相关法律对学生的义务作出了具体规定。学生不履行义务甚至作出违法行为，就要承担否定性的法律后果，即学生的教育法律责任。学生承担教育法律责任主要有以下几种情况。

一、违反学校管理制度的法律责任

学校管理制度包括思想政治教育管理制度、教学管理制度、学籍管理制度、宿舍管理制度、体育卫生管理制度等。学校管理制度是国家法律法规的具体化，遵守学校管理制度是学生的一项基本义务。学生违反学校管理制度的行为会引发一定的法律责任，这些责任通常首先由学校内部的纪律处分机制处理。但在某些情况下，如果违反学校管理制度的行为严重到一定程度，可能触及外部法律体系。学生违反学校管理制度可能需要承担的相应法律责任如下。

(一)学校纪律处分

学校纪律处分是最直接的后果，包括警告、记过、留校察看、停课、降级、开除学籍等。这些处分通常记录在学生的档案中，可能会影响其未来的教育和就业机会。

(二)民事责任

如果违反学校管理制度的行为导致他人遭受损失，如人身伤害或财产损失，学生可能需要承担民事赔偿责任。例如，学生在校园内打架导致他人受伤，可能需要支付医疗费用和精神损害赔偿。

(三)刑事责任

在严重的情况下，学生的行为可能构成刑事犯罪，如校园暴力、纵火、严重破坏公共财物等，可能会面临刑事责任，包括罚金、拘役、监禁等。

(四)行政责任

对于某些特定行为，如未成年人吸烟、饮酒等，学生可能会受到行政处罚，如罚款、行政拘留等。

值得注意的是，学校在处理学生违反校规校纪的行为时，应当遵循教育惩戒与教育相结合的原则，既要对学生的不当行为进行必要的惩戒，也要注重对学生的教育和引导，帮助学生认识错误，改正行为。同时，学校在处理此类问题时，也应当遵守法律规定，确保处理程序的公正性和合法性。

二、考试作弊的法律责任

学生参加考试的类型，既有国家统一考试，如英语、普通话和计算机等级考试以及高考等，又有学校组织的期中、期末课程考试。在学校期末考试中作弊的，根据学校内部的管理规定进行处理。应该承担法律责任的主要是在国家教育考试中作弊的违法行为。《教育法》《刑法》对学生参加考试的违纪、作弊、严重作弊行为的认定标准及责任后果作出了明确规定。

(一)《教育法》(2021 年修正)中规定的法律责任

《教育法》(2021 年修正)第七十九条规定，考生在国家教育考试中有下列行为之一的，由组织考试的教育考试机构工作人员在考试现场采取必要措施予以制止并终止其继续参加考试；组织考试的教育考试机构可以取消其相关考试资格或者考试成绩；情节严重的，由教育行政部门责令停止参加相关国家教育考试一年以上三年以下；构成违反治安管理行为的，由公安机关依法给予治安管理处罚；构成犯罪的，依法追究刑事责任：(一)非法获取考试试题或者答案的；(二)携带或者使用考试作弊器材、资料的；(三)抄袭他人答案的；(四)让他人代替自己参加考试的；(五)其他以不正当手段获得考试成绩的作弊行为。

《教育法》(2021 年修正)第八十条规定，任何组织或者个人在国家教育考试中有下列行为之一，有违法所得的，由公安机关没收违法所得，并处违法所得一倍以上五倍以下罚款；情节严重的，处五日以上十五日以下拘留；构成犯罪的，依法追究刑事责任；属于国家机关工作人员的，还应当依法给予处分：(一)组织作弊的；(二)通过提供考试作弊器材等方式为作弊提供帮助或者便利的；(三)代替他人参加考试的；(四)在考试结束前泄露、传播考试试题或者答案的；(五)其他扰乱考试秩序的行为。

(二)《刑法》中规定的法律责任

《刑法》第二百八十四条之一规定：“在法律规定的国家考试中，组织作弊的，处三年以下有期徒刑或者拘役，并处或者单处罚金；情节严重的，处三年以上七年以下有期徒刑，并处罚金。为他人实施前款犯罪提供作弊器材或者其他帮助的，依照前款的规定处罚。为实施考试作弊行为，向他人非法出售或者提供第一款规定的考试的试题、答案的，依照第一款的规定处罚。代替他人或者让他人代替自己参加第一款规定的考试的，处拘役或者管制，并处或者单处罚金。”

三、其他违法行为的法律责任

学生的其他违法行为包括打架斗殴、盗窃、诈骗、敲诈勒索、故意伤害、抢劫、强奸、投毒、杀人以及网络违法犯罪等，这些行为已超出了教育法律法规的调整范围。学校只能根据其违法行为的严重程度分别作出处理决定；对情节较轻者给予批评教育甚至纪律处分，对情节严重构成犯罪的，则应移交司法机关依照《刑法》处理。下面对主要的违法行为进行介绍。

盗窃是指以非法占有为目的，秘密窃取公私财物的行为。盗窃是学生违法犯罪类型中最普遍、数量最多的一种。根据《刑法》规定，盗窃财物数额较大或者多次盗窃的行为，构成盗窃罪，视其盗窃数额的大小，可以处以拘役、管制、有期徒刑并处罚金。

诈骗是指用虚构事实或隐瞒真相的方法骗取公私财物的行为。诈骗数额较大的构成诈骗罪，视其诈骗数额的大小可以处以拘役、管制、有期徒刑甚至无期徒刑。

敲诈勒索是指用威胁或要挟的方法，强索公私财物的行为。敲诈数额达到千元以上的构成敲诈勒索罪。敲诈数额达到万元以上的或有其他严重情节的，如冒充国家机关工作人员、无中生有、捏造事实等，可以处以有期徒刑。

故意伤害是指故意非法损害他人身体健康的行为，情节严重的构成故意伤害罪。致人轻伤的可处以拘役或管制、三年以下有期徒刑，致人死亡的构成故意杀人罪，可以处以无期徒刑或死刑。

网络违法犯罪的表现形式多种多样，归纳起来主要有两类。一是只能在计算机信息系统网络内实施的犯罪，包括侵入计算机信息系统罪、破坏计算机数据和应用程序罪、制作传播破坏性程序罪。二是网络关联犯罪，常见的有利用网络实施金融诈骗、盗窃、贪污、挪用公款、窃取国家秘密、传播淫秽物品等。

学生的犯罪行为还有性犯罪、毒品犯罪，以及抢劫、纵火、投毒等，在此不一一列举，学校、教师及家长应该予以关注。

本章小结

教育法律责任是保障教育活动依法进行的关键。其基本理论为理解后续责任主体的责任界定奠定基础，明确了责任基于法律规定、违法行为产生，旨在恢复被破坏的教育法律关系和秩序。

行政机关肩负依法管理教育事务的重任。若在教育政策制定、经费分配、监督等方面履职不当，如未保障教育经费投入法定增长，就需承担教育法律责任，以确保教育事业宏观管理的合法性与有效性。

学校作为教育实施主体，若违反法律法规，像违规招生、侵犯学生受教育权、校园安全管理不善等，需承担相应责任。这促使学校规范办学，为学生提供安全、公平的教育环境。

教师在教育教学中举足轻重，其故意不完成教学任务、体罚学生、品行不良、侮辱学生等行为，损害学生权益和教育秩序，要接受行政处分甚至面临刑事指控，从而约束教师依法执教、关爱学生。

学生虽多为未成年人，但实施严重不良行为，如校园欺凌致他人身心伤害，也须承担相应的责任，以引导其树立法律意识，对自身行为负责。

各责任主体的教育法律责任紧密相连，共同织就教育法治网络，推动教育事业在法治轨道上健康发展，保障各方合法权益，维护教育秩序与公平。

课后习题

一、选择题

1. 教育法律责任由违法的教育法律关系主体承担，这体现了教育法律责任的(　　)特点。

A. 责任的法律规定性　　B. 归责的特定性

C. 责任的国家强制性　　D. 责任的专权追究性

2. 根据教育法律责任的内容，“取消教师资格”属于(　　)。

A. 对人身的制裁　　B. 限制行为能力

C. 剥夺财产　　D. 申诫罚

3. (　　)是使违法者承担责任的最后手段。

A. 制裁　　B. 补救　　C. 强制　　D. 剥夺财产

4. 地方人民政府对违反《教师法》(2009 年修正)规定，拖欠教师工资或者侵犯教师其他合法权益的，应当(　　)

A. 责令其立即改正　　B. 责令其限期改正

C. 依法追究刑事责任　　D. 给予直接责任人员行政处分

5. 小华的妈妈发现 7 岁的小华从幼儿园回来后身上有多处伤痕，认为小华受到老师虐待。在此案例中的归责应该遵循(　　)。

A. 过错推定责任　　B. 过错责任原则

C. 公平责任原则　　D. 无过错责任原则

6. 学校在举办运动会期间，由于使用了不符合安全规范的塑胶跑道，14 岁的学生张三跌倒骨折。在此案例中的归责应该遵循(　　)。

A. 过错推定责任　　B. 过错责任原则

C. 公平责任原则　　D. 无过错责任原则

二、思考题

案件简述：陕西省铜川市某中学七年级二班的学生王某某，6 月 2 日到学校上课时，外套里套一件被青年们称为“一把火”的红衬衫，被班主任孙某发现后，当即责令其脱掉。

自尊心很强的王某某坚持不当众脱衣，孙某将其赶出教室，并未向家长通报情况。直到 6 月 14 日晚入睡前，王某某才对奶奶说："老师欺负我，我找他讲理去。"次日早上 7:30 左右，王某某在铜川市公园投湖身亡。

思考：在这起案件中，教师以衣着为由，擅自命令学生停课，致使学生投湖自杀，教师应承担什么责任？

法律的目的是对受法律支配的一切人公正地运用法律，借以保护和救济无辜者。

——英国哲学家约翰·洛克

第九章　教育法律救济

课程目标

知识目标：准确理解教育法律救济的内涵和作用。

能力目标：学生通过案例分析，掌握教育法律救济的途径，并结合理论，具备运用不同方法进行法律救济的能力。学生应理解和掌握教师申诉制度、学生申诉制度、教育行政复议、教育行政赔偿、教育行政诉讼制度的范围和程序。

素质目标：学生在主题感悟中，能有效运用教育法律救济制度，保护教育法律关系主体的合法权益。

重点与难点

学习重点：掌握教育法律救济的途径和程序。

学习难点：运用教育法律救济制度保护教育法律关系主体的合法权益。

核心概念

教育法律救济

【政策链接 9-1】

《中华人民共和国教师法》(2009 年修正)(节选)

第二十五条 教师的平均工资水平应当不低于或者高于国家公务员的平均工资水平，并逐步提高。建立正常晋级增薪制度，具体办法由国务院规定。

第二十六条 中小学教师和职业学校教师享受教龄津贴和其他津贴，具体办法由国务院教育行政部门会同有关部门制定。

第二十七条 地方各级人民政府对教师以及具有中专以上学历的毕业生到少数民族地区和边远贫困地区从事教育教学工作的，应当予以补贴。

第二十八条 地方各级人民政府和国务院有关部门，对城市教师住房的建设、租赁、出售实行优先、优惠。

县、乡两级人民政府应当为农村中小学教师解决住房提供方便。

第二十九条 教师的医疗同当地国家公务员享受同等的待遇；定期对教师进行身体健康检查，并因地制宜安排教师进行休养。

医疗机构应当对当地教师的医疗提供方便。

第三十条 教师退休或者退职后，享受国家规定的退休或者退职待遇。

县级以上地方人民政府可以适当提高长期从事教育教学工作的中小学退休教师的退休金比例。

第三十一条 各级人民政府应当采取措施，改善国家补助、集体支付工资的中小学教师的待遇，逐步做到在工资收入上与国家支付工资的教师同工同酬，具体办法由地方各级人民政府根据本地区的实际情况规定。

第三十二条 社会力量所办学校的教师的待遇，由举办者自行确定并予以保障。

（资料来源：中华人民共和国教育部官网，
http://www.moe.gov.cn/jyb_sjzl/sjzl_zcfg/zcfg_jyfl/tnull_1314.html.）

在教育教学活动中，教育法律关系主体可能因各种纠纷导致自身合法权益受到侵害。当合法权益受到侵害后，他们应如何寻求法律保护，需要经过哪些程序和步骤。本章将围绕这些问题展开讨论。

第一节 教育法律救济概述

教育法律救济概述

当我们的合法权益受到侵害时，我们应运用法律武器维护自己的合法权益。教育法律救济是法律赋予我们维护自身权益的有力武器。它能使受纠纷影响的合法权利和法定义务得以实现和履行。

一、教育法律救济的内涵

法律救济是法律领域的一个专门概念，是指当相对人的权益受到侵害时，相对人可通过法定程序和途径使受损害的权益获得法律上的补救。教育法律救济是指权益受到侵害的教育法律关系主体通过法定程序和途径寻求国家保护，以解决纠纷，使受到损害的权益得到法律上补救的一种制度。对于这一概念，可从以下几个方面理解。

第一，教育法律救济以相对人的合法权益受到损害为前提。在教育活动中，权益纠纷难以避免，少数或个别相对人的权益受到侵害是常见现象。受到侵害的相对人需要获得法律救济以得到补偿。可以说，权益受损是教育法律救济产生的前提，没有权益受损，就不会有法律救济。

第二，教育法律救济行为因权益受损当事人的申请产生。公民有维护自身权利的权利，也有请求国家保护自己权利的权利，这是《宪法》赋予公民的权利。只有当权利受到侵害或权益受到损害的公民向国家有关机关提出申请，要求补救受损权益时，才会产生法律救济行为。

第三，教育法律救济的根本目的是保障合法权益的实现和法定义务的履行。权利纠纷或冲突会导致合法权益受损或特定义务无法履行，法律救济就是要使受纠纷影响的合法权利和法定义务能够切实得到实现和履行。通过法律途径解决教育纠纷，维护教育法律关系主体的合法权益，要求教育立法对各种教育法律关系主体的权利、义务作出详尽规定，为维护他们在教育活动中的合法权益提供必要的法律依据。

二、教育法律救济的作用

有权利就必须有救济，法律救济对于保障学校、教师、学生的合法权益，以及监督政府依法治教具有重要的现实意义。教育法律救济在教育活动中的作用主要体现在以下几个方面。

(一)教育法律救济是教育权利的重要保障

《教育法》对教育法律关系的主体，特别是教师、学生及学校在教育活动中的合法权益作出了明确规定。这些权利的保障，除了依靠教育行政机关和相对主体依法办事外，还需要教育法律救济对受损害方合法权益进行法律保护。教育法律关系主要表现为教师与学生、学生与学校、教师与学校、教师和学生与教育行政部门、学校与教育行政部门等之间的关系。在这些关系中，难免会出现相对人权益受到侵害的情况。在教育的行政法律关系中，行政主体与相对人处于领导与被领导、命令与服从的不平等地位。教育行政机关以管理者的身份行使国家授予的涉及相对人人身权和财产权的行政执法权。在执法活动中，若发生违法或不当行政行为，必将给相对人，即教师、学生和学校等教育主体的合法权益造成损害。相对人处于被管理的不平等地位，无力直接对抗教育行政机关实施的违法或不当具体行政行为，这就需要通过法律救济获得法律对其合法权益的保护。

(二)教育法律救济是对教育行政的重要制约

教育法律救济制度能够有效预防和控制教育行政机关及其授权组织的侵权行为，促进国家机关加强内部监督管理，提高国家工作人员的法治意识。当教育行政机关及其工作人员的行为违法或不当时，法律救济机制可促使其承担相应的法律责任，从而推动教育行政部门加强自我管理和依法行政，确保教育行政活动的规范性、公正性和合法性。

(三)教育法律救济是教育法治的重要标志

教育法律救济的存在是现代法治国家民主和法治完善的重要标志。它体现了国家对公民承担教育侵权责任的方式，彰显了国家和政府与公民同样守法的原则。随着教育法律体系的完善，教育法律救济制度的建立对于加强对教育法律实施的监督、明确教育行政执法主体的法律责任、纠正教育行政机关的违法或不当行为、保护教育法律主体的合法权益以及保障教育事业的健康有序发展具有重要意义。

三、教育法律救济的原则

教育法律救济要依法进行，因此我国有关法律对教育法律救济的对象、受理机关、程序等都作出了具体、明确的规定。这些规定构成了教育法律救济的基本原则。

(一)事后救济原则

事后救济原则表明，只有在当事人的合法权益受到侵害之后，才能启动法律救济程序。

这意味着法律救济是针对已经发生的侵权行为，而非预防性的或针对正在进行中的侵权行为。该原则要求当事人在权利受到侵害后，通过法律途径寻求保护和补救。

(二)主管恒定原则

当事人的权益受到损害请求法律救济时，只能向辖区内法律规定的受理机关提出申请。也就是说，只有法律规定的国家机关才有权力裁决或实施法律救济。例如，教师申诉只能向主管学校的教育行政部门提起，学校提出行政复议只能向政府部门申请；民事诉讼和行政诉讼只能向人民法院提起；刑事诉讼则一般要由公安机关侦查、检察机关公诉、人民法院审判。

(三)合法程序原则

法律救济受理机关在实施法律救济过程中，必须严格按照法律规定的程序进行。程序不合法，裁决结果就不具有法律效力，也就无法达到法律救济的目的。同时，对于这种不符合法律程序的救济，当事人有权提出申诉。

(四)符合救济目的的原则

法律救济以恢复应有的权利或补偿受损的利益为目的，若偏离这一目的，就失去了法律救济的意义。

四、教育法律救济的渠道

教育法律救济的渠道指的是在教育活动中，合法权益受到侵害的一方请求法律救济的程序。在我国，相关法律主体若认为自身合法权益受到侵害，可通过以下几种方式寻求救济。

(一)司法救济渠道

司法救济渠道是指借助法定诉讼制度来寻求法律救济的途径。依据法律规定，受害人可通过现行的行政诉讼、民事诉讼、刑事诉讼等司法制度，获得司法裁决，从而实现法律救济。

(二)行政救济渠道

行政救济渠道是指法律关系主体，尤其是公民、法人或其他组织，若认为具体行政行为直接侵害其合法权益，可请求有权的国家机关依法对行政违法或行政不当行为予以纠正，并追究其行政责任，以保护行政相对人的合法权益的法律救济途径。我国有明确的行政申诉、行政复议和行政赔偿等形式的行政救济方式。行政申诉包括教育行政人员的一般申诉、教师的申诉、受教育者的申诉等。

(三)其他救济渠道

除司法救济和行政救济外，还有其他非正式的救济途径，如教育调解、教育仲裁和教育监督等。这些途径通常更为灵活，能够针对特定的教育问题提供专业的解决方案。

应当说，受害人可自主选择救济途径。在我国，有关教育法律主体受到侵害后，既可以先寻求行政救济，若行政救济无果，再寻求司法救济；当然，也可以直接寻求司法救济。

第二节 教育行政救济

教育行政救济

延安三县补发特岗教师拖欠工资(略有改动)

2019 年 4 月下旬，有媒体报道陕西省延安市延长县特岗教师反映被拖欠工资问题，引发社会关注。陕西省委教育工作委员会、省教育厅高度重视，迅速成立专项督查组，于 4 月 23 日赴延安进行专项督查。经核实，自 2012 年以来，延长县招聘的特岗教师“五险一金”和各项补贴未能及时发放。同时发现，延安市吴起县和宜川县也存在特岗教师待遇落实不达标不到位的情况。

从 4 月 24 日起，延长县、吴起县、宜川县开始补发特岗教师工资和相关津贴补贴，并已全部补发到位。延长县补发 126 名在岗特岗教师工资和相关津贴补贴，补缴“五险一金”。吴起县补发 104 名在岗特岗教师工资和相关津贴补贴。宜川县补发 83 名在岗特岗教师工资，补缴住房公积金。

思考：什么是教育法律救济？

(资料来源：中华人民共和国教育部官网，
http://www.moe.gov.cn/jyb_xwfb/s5147/201904/t20190426_379589.html.)

一、教育申诉制度

教育申诉制度是申诉制度在教育活动中的具体应用，是指教育法律关系主体的合法权益受到侵害时，向相应的机关陈述理由，请求处理的制度。作为一种非诉讼形式的行政申诉，教育申诉制度强调尊重并保护个人在教育法律关系中的申诉权利。我国的教育申诉制度主要包括教师申诉制度和学生申诉制度。

(一)教育申诉制度的内涵

申诉是指公民或其他组织成员依据《宪法》、法律或组织章程所享有的权利受到侵害时，按照法定程序向有权机关或组织说明情况、诉说理由，请求处理。我国现行的法律规定了许多申诉制度，大体上可分为两类：一类是诉讼性质的申诉制度，另一类是非诉讼性质的申诉制度。诉讼性质的申诉制度是指诉讼当事人或其他公民对已经发生法律效力的裁决或裁定不服，向人民法院或人民检察院提出要求重新处理的申诉。而非诉讼性质的申诉制度是指不以发生法律效力的裁决、裁定为必要前提，当事人或其他公民不服处分、处罚，依法向司法机关以外的机构提出要求改正的申诉。正是由于它不以法律裁决为必要前提，受理机关也不限于司法机关，因此，这种申诉制度较诉讼性质的申诉制度适用范围更广。

近年来，随着教育权益纠纷日益增多，教育申诉制度的地位逐步凸显，成为法学界和教育界共同关注的焦点问题之一。为了使有关部门在处理教育纠纷案件时有法可依，使教师、学生的合法权益得到有效救济，需要在法律和制度层面进一步对教育申诉制度进行研究和完善。

(二)教师申诉制度

1. 教师申诉制度的概念

教师申诉制度是指教师在其合法权益受到侵害时，向相应的国家行政机关陈述理由，请求处理的制度。教师申诉制度是专门为教师建立的一种救济制度。教师申诉制度以教师作为申诉主体，以学校、有关政府部门或其他教育机构的违法行为或不当处理为申诉内容，以政府或行政部门为申诉受理机关。

确立教师申诉制度的根本法律依据是《宪法》的有关规定，在《宪法》的指导下，《教师法》(2009 年修正)的有关规定成为教师申诉制度的具体法律依据。《教师法》(2009 年修正)第三十九条规定："教师对学校或者其他教育机构侵犯其合法权益的，或者对学校或者其他教育机构作出的处理不服的，可以向教育行政部门提出申诉，教育行政部门应当在接到申诉的三十日内，作出处理。教师认为当地人民政府有关行政部门侵犯其根据本法规定享有的权利的，可以向同级人民政府或者上一级人民政府有关部门提出申诉，同级人民政府或者上一级人民政府有关部门应当作出处理。"

2. 教师申诉制度的特征

教师申诉制度是一项具体的法律救济制度。与一般申诉制度相比，教师申诉制度具有以下特征。

(1) 法定性。法定性是指教师申诉的程序、范围、主管机关、处理办法等均由法律明确规定。

(2) 特定性。教师申诉制度是在《宪法》赋予公民申诉权利的基础上，将教师这一特定专业人员的申诉权利具体化的法律制度。教师申诉制度的特定性，有利于保障教师的合法权益。

(3) 非诉讼性。教师申诉制度有别于诉讼法上的申诉制度，是由行政机关依法对教师的申诉，根据法定行政职权和程序作出行政处理的制度，这种行政处理决定具有行政法上的效力。

3. 教师申诉的范围

教师可以提出申诉的范围主要包括以下几个方面。

(1) 教师对学校或其他教育机构侵犯其合法权益的，可以提出申诉。教师的合法权益主要指法律规定的教师的权利。《教师法》(2009 年修正)中规定了教师在职务聘任、科研教学、工作条件、民主管理、培训进修、考核奖惩、福利待遇等各方面的合法权益。如果教师认为学校及其他教育机构侵犯了其上述合法权益，就可以进行申诉。

(2) 教师对学校或其他教育机构作出的处理决定不服的，可以提出申诉。如果教师认为学校及其他教育机构或教育行政部门对某一项事务的处理不公正、不客观、不合法时，可以向上一级教育行政部门提出申诉，由受理机关裁决学校及其他教育机构是否真的侵犯了教师的合法权益。

(3) 教师认为当地人民政府有关行政部门侵犯其合法权益的，可以提出申诉。被申诉人只限于当地人民政府的有关行政部门，即教师认为作出侵权行为的具体行政部门，而不能是当地人民政府。

4. 教师申诉的受理机关

教师申诉的受理没有特定条件的限制。教师只要主观上认为学校及其他教育机构或当地人民政府的各有关行政部门侵犯其合法权益，或对学校及其他教育机构作出的处理不服，就可以提出申诉。教师申诉的受理机关因被申诉人的不同而不同。如果对学校或其他教育机构提出申诉，受理机关为教育行政部门；如果对当地人民政府的有关行政部门提出申诉，受理机关为同一级人民政府或上一级人民政府；如果申诉对象是当地人民政府，受理机关是上一级人民政府。教师提出申诉是向行政机关提出，而不是向行政部门的个人提出。

5. 教师申诉的程序

教师申诉的程序主要由申诉的提出、申诉的受理和申诉的处理等三个环节构成。如果出现不受理或对处理结果不服的情况，可以从第一个环节重新开始。

(1) 申诉的提出。教师提出申诉，应当以书面形式向受理机关送交申诉书。申诉书应包含以下内容：申诉人的基本情况，如姓名、性别、年龄、教师类别、职称、住址等；被申诉人的情况，如名称、单位性质、地址、法定代表人的姓名、性别、职务等；诉讼请求，写明申诉人的具体申诉要求；申诉理由，写明受侵害的事实依据，或不服被申诉人处理决定的事实依据。同时，写明纠正被申诉人错误决定或进行侵权补救的法律依据，并提供所需要的相关物证的原件或复印件等。

(2) 申诉的受理。受理申诉的行政机关在接到申诉书后，应当及时对申诉人的资格和申诉条件进行审查，并根据不同情况作出处理。对符合申诉条件的，应予以受理；对不符合申诉条件的，应当以书面形式决定不予受理，并通知申诉人；对申诉书中未写清楚的事项或缺少的材料，要求申诉人重新提交申诉书或补充有关所缺材料。

(3) 申诉的处理。行政机关对受理的申诉案件，应当进行全面调查核实，并根据不同情况作出处理决定。若被申诉人的行为或决定符合法定权限和程序，没有不当之处，可以维持原处理结果；若被申诉人没有按照法律法规行事，其行为构成了对申诉人的侵权或其决定不当，就需要变更原处理决定，可责令限期改正；若被申诉人的行为违反法律法规，就要撤销原处理结果。对学校或其他教育机构提出的申诉，主管教育行政部门应当在收到申诉书的次日起 30 天内进行处理。对当地人民政府有关行政部门提出的申诉，受理申诉的行政机关也应当及时作出处理。行政机关在作出申诉处理决定后，应当将申诉处理决定书发送给申诉当事人。申诉处理决定自送达之日起生效。如果申诉当事人对申诉处理决定不服，可向原处理机关隶属的人民政府申请复核。其申诉内容直接涉及人身权、财产权及其他属于行政复议、行政诉讼受案范围事项的，可以依法提起行政复议或者行政诉讼。

(三)学生申诉制度

1. 学生申诉制度的概念

学生申诉制度是指学生对学校给予的处分不服，或认为学校、教师侵犯了他们的合法权益，依法向有关部门提出申诉，请求处理的制度。《教育法》(2021 年修正)规定，学生对学校给予的处分不服，或者对学校、教师侵犯其人身权、财产权等合法权益的行为，可向有关部门提起申诉。这从法律上确立了学生的申诉制度，为学生的合法权益受到侵害时寻求法律救济提供了法律保障。

2. 学生申诉制度的特征

学生申诉制度的特征主要表现在以下几个方面。

(1) 法定性。学生申诉制度是由《教育法》(2021 年修正)直接规定的教育法律救济制度，这是其法定性特点的具体体现。凡是学生认为学校及其工作人员和教师侵犯其合法权益，均可提出申诉，任何有关机关不得阻碍、剥夺或压制学生的申诉权利。

(2) 特定性。学生申诉制度，顾名思义，是一种只有学生才能运用的法律救济途径。它是一种特殊的权利救济制度，目的和实质在于补救和保护学生的合法权益。学生的受教育权、公正评价权、隐私权等多项权利可能会因教师和学校的不当处理受到侵害，如开除、体罚等。由于学生处于特定地位，既不能采取拒不履行的方式来维护合法权益，又不能采取强制手段制止或纠正校方或教师的侵权行为，因此，学生只能运用法定的申诉制度来保护自己的合法权益。学生申诉制度就是专门用于补救受教育者受损害合法权益的特定权利救济制度。

(3) 非诉讼性。学生申诉制度是一种行政性质的申诉制度，而非司法性质的诉讼制度。

学生申诉的受理部门是学校或者教育行政部门，而不是人民法院或人民检察院；是学校或者教育行政部门按照行政工作程序进行处理，而不是法院或者检察院按照司法工作程序进行处理。

3. 学生申诉制度的范围

根据相关教育法律的规定，学生申诉的范围主要有以下几种。

(1) 学生对学校给予的处分不服。这些处分包括学籍、考试、纪律、校规等方面。如果学生认为学校的处理不公正或侵害了其合法权益，可以提出申诉。

(2) 学校或教师违反规定乱收费。如果学生认为学校侵犯了其合法财产权利，如非法收费、罚款等，学生有权提出申诉。

(3) 学校或教师侵犯学生人身权。学生对学校侵犯其人身权利的行为，可以提出申诉。我国有关法律规定学校或教师不得体罚或变相体罚学生，不得侮辱学生人格尊严，否则学生有权提出申诉。

(4) 学校或教师对学生的评价不公正。学生的评价包括多个方面，从日常的操行评语，到小考、中考、期末考、毕业考、升学考等，学校和教师对所有这些评价都必须坚持客观、公正原则。如果学生认为评价不公正，影响到学生的学业、生活或升学，可以提出申诉。

(5) 学生的其他合法权益受到侵害。其他合法权益包括侵犯学生的隐私权、知识产权、荣誉权、肖像权等，对这些侵权行为，学生可以提出申诉。

4. 学生申诉的程序

学生申诉的程序包括申诉的提出、申诉的受理和申诉的处理等。如果对申诉处理结果不服，还可以向法院提起诉讼。

(1) 申诉的提出。学生提出申诉可以采用口头形式或书面形式。以口头形式提出申诉时，要讲明申诉人和被申诉人的基本情况，申诉的理由以及事件发生的基本事实经过，最后提出申诉的具体要求。

书面形式的申诉应包含以下内容：申诉人的基本情况，如姓名、性别、年龄、住址以及与被申诉人的关系；被申诉人的情况，如名称、地址、法定代表人的姓名、性别、职务等；申诉请求，写明申诉人因被申诉人侵犯其合法权益，对处理决定不服或对某个具体行为不满，要求受理机关重新处理或撤销原决定的具体诉求；申诉理由，写明受侵害的事实依据，或不服被申诉人处理决定的事实依据，同时写明纠正被申诉人错误决定或进行侵权补救的法律依据。只要学生认为自身合法权益受到侵害，就可以提出申诉。

(2) 申诉的受理。主管机关接到学生的口头申诉或书面申诉后，应根据具体情况进行审查，并作出不同的处理。对于口头申诉，主管机关应当在当时或规定时间内作出是否受理的答复；对于书面申诉，则应在规定时间内给予是否受理的正式通知。各个学校都应对申诉的受理时间限制作出明确规定。

(3) 申诉的处理。如果主管机关受理了申诉，就应该对事件进行调查核实，并根据不同情况作出相应处理。

二、教育行政复议

白某诉B市教育局不依法履职案(略有改动)

基本案情：2018 年 3—4 月，申请人白某(以下简称申请人)多次通过电话、电子邮件、“12345”便民服务平台、面谈等途径，向被申请人 B 市教育局(以下简称被申请人)反映其女儿小白(某国际学校小学二年级学生，该校系被申请人代管的民办学校)在学校遭受校园欺凌的情况，要求被申请人按照教育部等十一部门联合印发的《加强中小学生欺凌综合治理方案》(以下简称《综合治理方案》)进行处理。

被申请人接到反映后，开展了一系列工作，包括要求学校提供情况说明、进行现场调查、督促学校带申请人女儿看病并劝导其回校上课、组织并指导学校及双方家长进行调解、向上级部门作出汇报等，还通过电话、网络及面谈的方式给出了相关的处理意见。在复议过程中，还协调申请人和学校就民事赔偿达成了调解协议。被申请人认为其已按照《学生伤害事故处理办法》进行了处理，但承认未按照《综合治理方案》的规定处理此事。

申请人认为被申请人未按照《综合治理方案》的规定成立调查组对事件是否属于校园欺凌进行认定，构成不作为，故申请行政复议。

行政复议结果：某市人民政府作出〔2018〕X 行复第 53 号《行政复议决定书》，责令被申请人履行职责。

理由为：复议机关认为，教育部等十一部门联合印发的《综合治理方案》对各地教育行政部门在处置学生欺凌事件方面的职责进行了明确规定，被申请人应当按照该方案履行相应职责。教育行政部门负责对学生欺凌治理进行组织、指导、协调和监督，是学生欺凌综合治理的牵头单位。该治理方案对各级教育行政部门提出了履职要求。

在本案中，申请人自 2018 年 3 月 13 日起多次通过电话、电子邮件、“12345”便民服务平台等方式向被申请人反映其女儿在学校受到同学伤害，上述过程属于投诉举报。2018 年 4 月 13 日，申请人至被申请人处当面沟通并提出处理要求，这是申请人向被申请人提出履行职责的申请。被申请人在接到申请人的投诉举报和履行职责申请后，确实开展了大量工作，进行了相应的调查、指导、协助处理，并促使学校与申请人达成了协议。但被申请人的组织、指导、协调、监督工作未能按照《综合治理方案》的规定进行，未对案涉学校的处理结果提出明确的确认或启动复查程序，构成未全面正确履行职责。

思考：什么是教育行政复议？

(资料来源：郑州大学法治网，https://www5.zzu.edu.cn/fzb/info/1084/1106.htm.)

教育行政复议制度是一项严格的非诉讼法律救济制度，它是教育行政机关在其系统内部自行解决争议的一种有效方式。教育行政复议制度不仅为保护教育行政管理相对人的合法权益提供了法律途径和手段，而且有利于监督和维护教育行政机关依法行使职权，提高行政工作效率。

(一)教育行政复议的内涵

教育行政复议是指教育行政管理相对人认为教育行政机关的具体行政行为侵犯其合法权益时，向上一级教育行政机关或本级人民政府提出请求，由受理机关对被申请的具体行政行为进行合法性、适当性审查并作出裁决的活动。

(二)教育行政复议的特征

1. 教育行政复议是一种依申请的行政行为

教育行政复议以行政管理相对方的申请为前提，是行政机关“不告不理”的行为，而非行政机关依照自身职权主动进行的行为。

2. 申请人与被申请人不能互换

教育行政复议的申请人只能是教育行政管理相对人(包括教师、学生和其他公民、组织等)，被申请人是作出具体行政行为的教育行政机关或其他行政机关，二者不能互换。

3. 教育行政复议的对象只能是具体行政行为，且具体行政行为引起了争议

教育行政复议的对象只能是具体行政行为，且具体行政行为引起了争议教育行政机关的具体行政行为是教育行政复议的前提。对抽象行政行为不服不能申请行政复议，而只能向制定该规范文件的行政机关的同级权力机关或该行政机关的上一级行政机关提出。如果教育行政机关的具体行政行为未发生，或者相对一方当事人对具体行政行为的处理没有争议，教育行政复议就不会产生。由此可见，具体行政行为的存在和争议是教育行政复议的

前提条件。

4. 教育行政复议机关审查的内容包括合法性和适当性

教育行政复议机关作为受理和审理行政争议案件并作出复议决定的机关，必须按照法定职权和程序，全面审查具体行政行为的合法性和适当性，及时纠正违法或不当的行政行为，以恢复和补救相对人的合法权益。

5. 教育行政复议的决定一般不是终局决定

教育行政复议不是解决教育行政争议的最终手段，申请人若不服复议决定，还可以向人民法院提起诉讼。

6. 教育行政复议具有行政性和司法性两种属性

教育行政复议是一种特殊的行政行为。教育行政复议的范围、管辖、受理和程序，较一般的行政行为更为规范、严格，接近于司法程序，可以说是一种行政司法行为。因为教育行政复议虽是行政机关的行为，但从其法律关系、行为程序和方式来看，又具有司法活动的特征。教育行政复议是行政机关依法行使职权的行为，是为解决教育行政纠纷而作出的行政行为，虽带有司法性质，但从本质上讲，它不是司法机关解决纠纷的诉讼活动，而是一种行政行为。

(三)教育行政复议的范围

教育行政复议的范围是指哪些具体的教育行政行为引起的行政纠纷或争议可以通过行政复议的方式解决。对教育行政相对人来说，教育行政复议受案的范围是申请教育行政复议案件的范围；对教育行政复议机关来说，其受案范围则是受理教育行政复议案件的范围。对于一般行政复议而言，所有侵犯相对人的人身权和财产权的具体行政行为都属于复议申请范围。根据《中华人民共和国行政复议法》和有关的教育法律，在下列情形下，相对人可以依法申请行政复议。

1. 对教育行政处罚行为不服的

对拘留、罚款、吊销办学许可证和执照、责令退学、没收学校财产等行政处罚不服的，相对人可以申请行政复议。

2. 对教育行政强制措施行为不服的

对限制人身自由或者对财产的查封、扣押、冻结等行政强制措施不服的，相对人可以申请行政复议。

3. 不作为违法的

符合法定条件办学，向行政机关申请颁发许可证和执照，行政机关拒绝颁发或者不予答复的；申请行政机关履行保护人身权、财产权的法定职责，行政机关拒绝或不予答复的；行政机关没有依法足额拨付教育经费的，相对人可以向行政机关申请复议。

4. 对教育行政的侵权行为

对教育行政的侵权行为主要包括对教育行政相对人自主经营权的侵犯、违法设定义务以及侵犯人身权和财产权。

(四)教育行政复议的程序

教育行政复议的程序与一般行政复议程序一样，大致分为复议申请、复议受理、复议审理、复议决定、复议决定执行五个阶段。

1. 复议申请

(1) 申请期限。复议申请人提出复议申请必须在法定期限内，超过法定期限就丧失申请复议的权利。在我国，提出复议申请的法定期限一般为自告知具体行政行为之日起15日内，法律法规另有规定的除外。因不可抗力或其他特殊原因耽误，未能在法定期限内提出复议申请的，可在障碍消除后10日内提出申请延长期限，是否准许延长以及延长多久，由有管辖权的复议机关决定。

(2) 申请复议的条件。申请教育行政复议需满足以下基本条件：①申请人是认为具体行政行为直接侵犯其合法教育权益的相对人；②有明确的被申请人；③有具体的复议请求和事实根据；④属于申请教育行政复议的范围；⑤属于受理教育行政复议机关管辖；⑥符合有关法律法规规定的其他条件。

(3) 复议申请书。申请人在提出教育行政复议申请时，应向复议机关递交复议申请书，并按被申请人人数提交复议申请书副本。申请书作为提起复议的法律文书，应载明以下内容：①申请人姓名、性别、年龄、职业、住址，法人或其他组织的名称、地址、法人代表的姓名等；②被申请人的名称、地址；③申请复议的要求和理由；④提出复议申请的日期。

2. 复议受理

教育行政复议机关在收到复议申请书后，依法应于收到之日起10日内，对复议申请分别作出如下处理：对符合申请条件，且未向人民法院起诉的复议申请，依法作出予以受理的决定；对复议申请书不符合要求的复议申请，发还申请人，限期补正，逾期未补正的，视为未申请；对不符合条件的复议申请，告知理由并不予受理。

申请人在受理阶段还享有一定申诉权，即对复议机关不予受理的裁决不服的，可依法向人民法院提起诉讼。复议机关的上一级行政机关或法律规定的行政机关，在复议机关无正当理由拒绝受理复议申请或对复议申请不予答复的情况下，有权责令其受理或答复。

3. 复议审理

根据《行政复议法》，行政复议案件的审理应遵循以下要求和步骤。

(1) 复议机关应在受理之日起 7 日内将复议申请书副本发送被申请人，被申请人在接到申请副本的10日内，向复议机关提交作出具体行政行为的有关材料和证据，并提出答辩书，逾期不答辩的不影响审理。

(2) 审理阶段的有关制度。

复议案件在审理过程中实行如下制度：①以书面审理为主，其他方式为辅；②复议期间不停止执行原具体行政行为原则，但也有例外；③复议审理的法律依据。复议案件的审理，以法律、行政法规、地方性法规、规章、上级行政机关依法制定和发布的具有普遍约束力的决定、命令为依据，在审理民族自治地方的复议案件时，还应以民族自治地方的自治条例、单行条例为依据。

4. 复议决定

在对复议案件进行审理后，复议机关要根据具体行政行为的合法性和适当性作出相应的裁决。复议裁决的具体决定如下。

(1) 维持决定。原教育行政执法行为经审理被认为适用法律、行政法规、规章正确，事实清楚，符合法定权限和程序，复议机关应作出维持决定。

(2) 补正程序决定。审理后认为，教育行政执法事实清楚，权限合法，适用法律正确，只是程序存在不足且未影响行政行为的正确性或复议申请人权益的，复议机关对被申请人作出补正程序的决定。

(3) 撤销和变更决定。审理后认为原教育行政执法行为有下列情形之一的，复议机关应作出撤销或变更决定，并可视情况责令被申请人在一定期限内重新作出具体行政行为。这些情形包括主要事实不清、证据不足；适用法律、法规和具有普遍约束力的决定错误；违反法定程序，影响申请人合法权益；超越或滥用职权；具体行政行为明显不当。

在复议决定阶段，教育行政复议机关要在收到复议申请书之日起 2 个月内作出复议决定，法律、行政法规另有规定的按规定处理。

5. 复议决定执行

教育行政复议决定一经宣布即发生法律效力，复议双方应自觉履行，否则应由有关部门强制执行。若申请人对复议决定不服，可在收到复议决定书之日起 15 日内，或法律法规规定的期限内向法院起诉。

三、教育行政赔偿

有权利的侵犯，就应有责任的承担，同时也可能伴随着损害的赔偿。行政赔偿是国家赔偿的重要方式之一。若教育行政机关及其工作人员违法行使职权，侵犯了学生、学校或其他教育机构的合法权益并造成损害，教育行政主体应对其损害行为给予赔偿。

(一)教育行政赔偿的内涵

教育行政赔偿是指国家教育行政机关及其工作人员违法行使职权，侵犯了学生、学校或其他教育机构的合法权益并造成损害，依照《国家赔偿法》的规定由国家承担赔偿责任的制度。教育行政赔偿实质上是一种侵权赔偿，其侵权行为源于教育行政机关及其工作人员的违法行政。

(二)教育行政赔偿的特征

教育行政赔偿具有不同于一般侵权赔偿的特征，具体如下。

(1) 教育行政赔偿的侵权主体只能是教育行政机关及其工作人员，而不能是其他公民、法人或组织。

(2) 只有在行使教育行政权力、执行行政职务行为过程中发生的侵权行为，才属于教育行政赔偿的范围。

(3) 教育行政机关及其工作人员的侵权行为是违法行政的行为。

(4) 教育行政赔偿的主体是国家，其具体承担者是代表国家并以国家名义执行行政职务的具体的国家教育行政机关。

(5) 教育行政赔偿是一种具有惩戒意义的法定赔偿制度，是国家机关承担法律责任和进行法律救济的一种方式。

(三)教育行政赔偿的范围

教育行政赔偿的范围适用《国家赔偿法》及《行政诉讼法》规定的范围。我国行政赔偿即国家赔偿的范围，仅限于违法行政行为对受害人的人身权利和财产权利的侵犯方面，具体如下。

1. 侵犯人身权的违法行为

侵犯人身权的违法行为包括：违法拘留或者违法采取限制公民人身自由的行政强制措施；非法拘禁或以其他非法手段剥夺公民人身自由；以殴打等暴力行为或者唆使他人以殴打等暴力行为造成公民身体伤害或者死亡；违法使用武器、警械造成公民身体伤害或者死亡；造成公民身体伤害或者死亡的其他违法行为，如行政机关拒绝履行保护人身权的法定职责造成公民人身伤害的，国家应负赔偿责任。

2. 侵犯财产权的违法行为

侵犯财产权的违法行为包括：违法实施罚款、吊销许可证和执照、责令停产停业、没收财物等行政处罚；违法对财产采取查封、扣押、冻结等行政强制措施；违反国家规定征收财物、摊派费用；违法侵犯财产权造成损害的其他行为，如行政机关不履行法定职责给公民、法人或者其他组织造成损害，对行政机关工作人员作出的奖惩任免决定违法造成损害，行政机关侵犯经营自主权并造成损害等，国家应当承担赔偿责任。

此外，《国家赔偿法》第五条规定了国家不予赔偿的三种情况：一是行政机关工作人员与行使职权无关的个人行为，国家不承担赔偿责任；二是因公民、法人和其他组织自己的行为致使损害发生的，国家不承担赔偿责任；三是法律规定的其他情形。

(四)教育行政赔偿的程序

教育行政赔偿的程序是指受害人提出赔偿请求，赔偿义务机关履行赔偿义务的步骤、方法、顺序、形式等要求。在我国，提起行政赔偿有两种途径：一是单独就赔偿问题向行政机关或者人民法院提出；二是在行政复议、行政诉讼中一并提出。

1. 教育行政赔偿请求的提出

(1) 单独提出教育行政赔偿请求及先行程序。受害人单独提起行政赔偿请求的，应该先向教育行政赔偿义务机关提出，这就是先行程序。在赔偿义务机关不予赔偿或对赔偿数额有异议时，赔偿请求人可以向上级行政机关申请复议或者直接向人民法院提起诉讼。

(2) 一并提出赔偿请求。赔偿请求人在申请教育行政复议或提起教育行政诉讼时一并提出赔偿要求。复议机关或人民法院须先审查行政行为的合法性，然后根据结论再处理赔偿问题。

(3) 允许提出数项赔偿请求。按《国家赔偿法》规定，请求人根据自己受害的程度，可以同时提出数项赔偿请求。

(4) 行政赔偿申请书。申请书是赔偿请求人向赔偿义务机关提出赔偿请求的书面文件，也是赔偿义务机关据以审查赔偿请求的资料。申请书应载明下列事项：受害人姓名、性别、年龄、工作单位和住所，法人或其他组织的名称、住所和法定代表人或者主要负责人的姓名、职务，具体的要求、事实根据和理由，申请的年、月、日。赔偿请求人书写申请书确有困难的，可以委托他人代书，也可口头申请，由赔偿义务机关记入笔录。

2. 教育行政赔偿的处理程序

赔偿义务机关收到请求赔偿的申请后，应予以审查。审查的内容主要包括：是否符合行政赔偿的要件；申请书的内容和形式是否符合要求；申请人所要求的赔偿之损害是否确系职务行为主体的违法行为所造成；申请人的赔偿请求是否属于《国家赔偿法》所规定的赔偿范围。经过审查，对于符合受理条件的，应作出决定予以受理；对于不符合受理条件的，则不予受理，但应告知申请人不予受理的原因。

赔偿义务机关经过审查确认行政赔偿申请符合赔偿条件后，应立即与请求人进行协商。双方就赔偿问题意见统一后，应制作具有法律效力的"赔偿协议书"，对赔偿方式、金额、履行的期限等作出规定，并在收到申请之日起两个月内，依照赔偿协议书之规定给予赔偿。赔偿义务机关逾期不赔偿或者赔偿请求人对赔偿数额有异议的，赔偿请求人自期限届满之日起3个月内向人民法院提起诉讼。

第三节 司 法 救 济

教育司法救济制度，即教育诉讼制度，是依靠司法机关的外部介入，给予权益受害者法律上补救的制度。司法救济作为一种具有权威性、中立性和终极性的救济方式，成为教育行政管理相对人权利保障的最后一道防线。

司法救济

一、教育行政诉讼

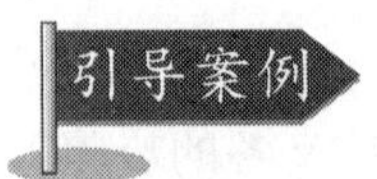

校园消防安全隐患整治案

在天水市秦州区，随着教育事业的蓬勃发展，一批新建学校拔地而起，为当地学子提供了更为优质的学习环境。然而，秦州区检察院在履行法律监督职责时，敏锐地发现部分新建学校存在不容忽视的消防安全隐患。

以某重点中学为例，其新建的教学楼为了所谓的"便于管理"，在走廊尽头及一些关键疏散通道处安装了全封闭式铁栅栏。这在日常或许能起到一定的限制人员随意走动的作用，但一旦发生火灾等紧急情况，这些铁栅栏将瞬间成为阻碍师生逃生的“夺命锁”。同时，宿舍区域也问题颇多，窗户开启面积过小，远远达不到消防安全规范要求的标准，紧急疏散时无法快速排出浓烟，给师生的生命安全埋下了巨大隐患。

发现问题后，秦州区检察院迅速行动，第一时间邀请消防领域的资深专业人员，组成联合调查组深入校园。这些专业人员携带专业检测设备，对教学楼、宿舍的每一处消防细节进行精准勘查，从消防设施的配备情况、消防通道的畅通程度，到电气线路的铺设是否合规等，无一遗漏。在此基础上，检察院召开了一场公开透明的听证会，邀请学校代表、家长代表、教育部门工作人员、消防部门专家等各方人士齐聚一堂。会上，专业人员详细阐述了所发现的消防安全隐患及其可能带来的严重后果，各方代表也纷纷发表意见，进行深入交流探讨。

随后，检察院依据翔实的调查资料，精准地向相关行政机关制发检察建议，明确指出问题所在，以及整改的紧迫性和必要性。相关行政机关收到检察建议后高度重视，立即成立以一把手为组长的专项领导小组，统筹协调各方力量，全力推进消防隐患整改工作。一方面，组织专业施工队伍，迅速拆除教学楼、宿舍违规安装的铁栅栏，确保疏散通道畅通无阻；另一方面，安排专业的消防检修团队，对校内所有消防设施进行全面细致的检修，从灭火器的压力是否正常，到消防栓是否正常出水，再到火灾自动报警系统是否灵敏可靠等，逐一排查、修复与升级。

经过一段时间的不懈努力，这些学校的消防安全状况得到了极大改善，师生们得以在安全无忧的环境中安心学习和生活。该案例也为当地校园消防安全保障工作树立了典范，为后续新建学校的消防安全管理提供了宝贵经验。

(资料来源：天水秦州：公益诉讼助力消除校园消防安全隐患. 今日头条，http://m.toutiao.com/group/7387583580303573541/?upstream_biz.)

(一)教育行政诉讼的内涵

教育行政诉讼是指教育行政管理相对人认为教育行政机关的具体行政行为侵犯了其合法权益，依法定程序向人民法院起诉，人民法院对行政机关具体行政行为的合法性进行审查并作出裁决的活动。

(二)教育行政诉讼的特征

1. 诉权专属

在教育行政诉讼中，有权提起诉讼的主体只能是教育行政管理相对方。在行政诉讼中，法律只赋予行政管理相对人诉权，而未赋予行政机关诉权。教育行政诉讼只能由教育行政管理相对人提起，不能由教育行政机关提起。

2. 主管恒定

《行政诉讼法》第四条规定：“人民法院依法对行政案件独立行使审判权，不受行政机关、社会团体和个人的干涉。”教育行政诉讼由教育行政管理相对人认为教育行政机关侵害其合法权益而引发，但解决侵权纠纷的诉讼活动由法院负责。法院有权力和责任运用司法权力，控制行政权力的膨胀或滥用，制止和纠正行政权力侵犯他人权益的行为。

3. 标的恒定

教育行政诉讼的标的是教育法律规定的具体教育行政行为。对于教育行政机关的民事行为，相对人只能向人民法院提起民事诉讼，而不能提起行政诉讼。对于教育行政机关实施的制定教育行政法规、规章的教育行政立法行为与抽象行政行为，也不能进行行政诉讼。因此，教育行政诉讼的标的只能是具体的教育行政行为。

4. 被告举证

教育行政诉讼中，由被告，即教育行政机关承担举证责任，行政机关应当提供作出具体行政行为的证据和所依据的法律法规。

5. 不得调解

人民法院在审理教育行政诉讼案件时，不得采用调解作为审理程序和结案方式。在教育行政法律关系中，教育行政机关享有的是一种公权力，其义务是为公共利益必须履行的法定职责。如果随意处分这种权力和职责，就意味着违法失职。

(三)教育行政诉讼和教育行政复议的关系

1. 相同之处

教育行政诉讼和教育行政复议都是解决行政争议的基本途径。两者都以具体行政行为引起的行政争议为处理对象，都是在行政管理相对人认为行政机关的具体行政行为侵犯其合法权益的情况下提出的，都是公民、法人或其他组织认为行政机关侵犯其合法权益时的补救手段。

2. 不同之处

教育行政诉讼和教育行政复议作为两种不同的行政救济制度，其区别主要体现在以下几个方面。

(1) 性质不同。教育行政诉讼是人民法院的司法行为，属于司法救济途径；而教育行政复议则是一种行政行为，属于行政救济途径。

(2) 受理机关不同。行政诉讼是人民法院运用审判权的司法活动；而行政复议则是行政机关运用行政权的行政行为。

(3) 审查范围不同。行政诉讼原则上只审查具体行政行为的合法性；而行政复议则对具体行政行为是否合法与适当进行全面审查。

(4) 适用程序不同。行政诉讼按照《行政诉讼法》的规定，适用严格的普通司法程序，具有严格、全面的特点；而行政复议则按照《行政复议法》的规定，适用准司法程序，虽具有一定的司法性质，但同时又具有行政性，总体上仍是一种行政程序，要体现行政特有的迅速、简便等特点。

(5) 法律效力不同。除有法律明文规定外，行政复议决定不具有最终的法律效力，即复议申请人不服复议决定的，可依法向人民法院提起行政诉讼，因此行政诉讼的终审判决具有最终的法律效力。

(四)教育行政诉讼的范围

教育领域中涉及行政诉讼的受案范围主要包括以下内容。

(1) 对行政处罚不服的，包括拘留、罚款、吊销许可证和执照、责令停产停业、没收财物等。

(2) 对行政强制措施不服的。相对人对教育行政部门限制其人身自由或对财产的查封、扣押、冻结等行政强制措施不服的，可以向人民法院提起行政诉讼。

(3) 对行政机关拖延或拒不履行其行政职责的。相对人认为符合法定条件申请行政机关颁发许可证和执照，行政机关拒绝颁发或者不予答复的；申请行政机关保护人身权、财产权的法定职责，行政机关拒绝履行或者不予答复的；地方政府机关不依法履行向学校下拨教育财政经费等，相对人可以依法向人民法院提起行政诉讼。

(4) 行政机关侵犯相对人其他人身权、财产权的。

(五)教育行政诉讼的程序

根据《行政诉讼法》的规定，我国行政诉讼的程序包括一审程序、二审程序、再审程序和执行程序。一审程序又包括起诉、受理、审理和判决四个相互衔接、依次推进的阶段。

二、教育民事诉讼

王某某诉青岛市黄岛区某幼儿园教育机构民事侵权责任案

王某某(原告)是某幼儿园(被告)的学生。2013 年 4 月 1 日上午 9 时许，原告在被告两名老师的带领下做游戏时受伤，导致右胳膊骨折。2013 年 4 月 1—8 日，原告在解放军 401 医院住院治疗 7 天，被诊断为右肱骨外髁骨骨折伴骨骺损伤。原告认为被告对其受伤存在重大过错，请求法院依法判令被告支付原告医疗费 91.8 元(被告已付医疗费 10000 元)、残疾赔偿金 140908 元(35227 元/年×20 年×20%)、护理费 700 元(100 元 / 天×7 天)、住院伙食补助费 140 元(20 元/天×7 天)、交通费 300 元、精神抚慰金 5000 元、鉴定费 800 元，共计 147939.8 元。

被告在一审中辩称：被告两名教师组织原告所在班级学生在学校操场上做游戏，原告是在玩跷跷板时不慎坠落，导致胳膊受伤。事故发生后，被告及时将原告送到医院并通知了原告父母。被告认为已尽到管理、教育职责，可承担本次事故的次要责任，但原告主张的赔偿数额过高。

法院经过审理认为，无民事行为能力人在幼儿园、学校或者其他教育机构学习、生活期间受到人身损害的，幼儿园、学校或者其他教育机构应当承担责任，但能够证明已尽到教育、管理职责的不承担责任。原告在被告处正常学习、生活期间受到伤害，对于本次事故的发生，被告未能提交证据证实其已对原告尽到教育、管理的职责，因此，被告应对本次事故承担全部责任，对原告合理损失予以赔偿。

思考：什么是民事诉讼？

(资料来源：王某某与青岛市黄岛区某幼儿园教育机构责任纠纷二审民事判决书.信法网，http://law.qdxin.cn/2016/03/120583.html.)

(一)教育民事诉讼的内涵

教育民事诉讼是指处于平等地位的教育法律关系主体之间因财产关系或人身关系产生纠纷，依法向人民法院起诉，请求给予法律救济。人民法院在双方当事人和其他诉讼参加人的参加下，依法审理和解决民事纠纷，保护当事人合法权益的法律救济活动。

(二)教育民事诉讼的特征

1. 教育民事诉讼活动受《民事诉讼法》调整

教育民事诉讼活动受《民事诉讼法》调整，即民事诉讼活动不是依照其他诉讼法律规范，而必须依照民事诉讼法律规范进行。在教育民事诉讼中，任何违反民事诉讼法律规范的行为都将会使诉讼活动无效。

2. 调解贯穿于教育民事诉讼活动的始终

在人民法院主持下，在合法自愿的基础上进行的调解是民事诉讼中特有的结案方式之一。调解虽不是民事诉讼的必经程序，但调解贯穿于民事诉讼的始终，在开庭后到判决前的任何阶段，都可以进行调解。这一特征也是其他诉讼所不具备的。

(三)民事诉讼的受案范围

《民事诉讼法》规定，人民法院受理公民之间、法人之间、其他组织之间以及他们相互之间因财产关系和人身关系提起的民事诉讼。具体来说，民事诉讼的受案范围主要有三类：一是由民法所调整的财产关系和人身关系而发生的案件，如财产所有权纠纷、损害赔偿纠纷、著作权纠纷等；二是由婚姻法调整的婚姻家庭关系而发生的案件，如离婚纠纷、收养纠纷、继承纠纷等；三是由合同法所调整的财产关系而发生的案件，如购销合同纠纷、租赁合同纠纷、承揽合同纠纷等。除此之外，法律规定的或最高人民法院司法解释文件规定的应由人民法院受理的其他民事案件也属于法院受理的范围。

(四)民事诉讼的程序

民事诉讼的程序较为复杂，涉及第一审程序、第二审程序(上诉审程序)、审判监督程序(再审程序)等。其中，一审程序大致经历以下步骤：①起诉；②受理；③审理前的准备；④开庭审理；⑤判决；⑥执行。

三、刑事诉讼

未成年抢劫犯获缓刑后积极进取

近日，一名未成年被告人小王及其父亲向少年法庭法官王静以及刑事审判庭赠送锦旗。小王曾参与多人实施的多起抢劫犯罪，经过审理，法官综合考虑其年龄、在犯罪中的作用、参与次数和违法所得金额，对小王判处缓刑。在审理期间经过多次面对面的教育、感化，让当时已尝过"牢狱"滋味的小王彻底悔悟，如今因缓刑重获自由，小王对所拥有的一切倍感珍惜。宣判后三个月内，父亲看到小王的变化，发自内心地向法官表达感谢："王法官，真的太感谢您明察秋毫，为孩子做出的公正判决！"当法官问及小王现在在做什么、将来有什么打算时，小王腼腆地说："虽然现在在打工，但是想找个学校，学一门自己感兴趣的技术，真诚感谢您给我重新开始的机会，我也一定会珍惜这次机会，好好努力的。"

(资料来源：用心、用情挽救迷途少年，用爱、用法引导未来之路. 今日头条，http://m.toutiao.com/group/7396855973296308788/?upstream_biz.)(一)刑事诉讼的含义

(一)刑事诉讼的概念

刑事诉讼是指公安机关、人民检察院、人民法院在当事人及其他诉讼参与人的参与下，依照法律规定的程序和要求，揭露犯罪、证实犯罪和惩罚犯罪的活动。刑事诉讼提供的法律救济主要体现在通过惩罚犯罪分子，使社会正义得以实现；通过教育已经实施犯罪行为和将要实施犯罪行为的人，为公民、法人和其他社会组织提供安全的社会环境。

(二)刑事诉讼的特征

刑事诉讼具有以下特征。

1. 刑事诉讼是公、检、法机关代表国家进行的一种活动

《宪法》规定，人民法院、人民检察院和公安机关办理刑事案件，应当分工负责，互相配合，互相制约，以保证准确有效地执行法律。这一规定明确了刑事诉讼是由行使国家审判权的人民法院、行使国家法律监督权的人民检察院和行使国家侦查权的公安机关进行的一种国家的专门活动。

2. 刑事诉讼是公、检、法机关行使国家刑罚权的活动

刑事诉讼的核心内容是解决被告人的刑事责任问题，即被告人的行为是否构成犯罪，犯何种罪，处以何种刑罚等。刑事诉讼所解决的实体问题不同于民事诉讼和行政诉讼所要解决的实体问题，因此其采取的诉讼形式和程序不同于民事诉讼和行政诉讼。这与民事诉讼、行政诉讼有明显的区别。

3. 刑事诉讼是严格依照法定程序进行的活动

在刑事诉讼中，公、检、法机关和其他诉讼参与人都必须严格根据法律规定的诉讼权利和义务，采用法律规定的方式和手段，完成各自在不同阶段的诉讼职能和诉讼任务。

4. 刑事诉讼是在当事人和其他诉讼参与人的参加下进行的活动

刑事诉讼除司法机关和当事人外，一般也会有其他诉讼参与人参加，如证人、鉴定人、辩护人、翻译等。这是三大诉讼活动具有的共同特点。

第四节 其他救济途径

教育相关法律主体的合法权益受到侵害后，除了可以通过行政救济与司法救济途径外，

还能通过教育组织内部机构以及其他民间渠道，如校内调解、教育仲裁等来实施救济。随着教育法制的不断健全，其他教育救济制度逐步建立与完善，教育法律关系主体能够通过更多、更有效的途径获得法律救济。

一、校内调解

校园玩闹起争端 积极调解化隔阂

李某某和陈某某均在某小学读书，且为同班同学。2022 年 11 月 20 日午餐期间，李某某在与其他几名同学追逐打闹时，被正在吃饭的陈某某不慎绊倒，导致李某某脚踝处骨折。由于李某某和陈某某事发时均为未成年人，此事由双方法定监护人处理。陈某某监护人主动探望李某某，并提出赔偿其医药费、营养费、后续治疗费等各项费用共计人民币 2000 元的方案，但李某某监护人认为赔偿金额过低，未予接受。待李某某伤情恢复后，其监护人要求陈某某监护人赔偿医药费、营养费、后续治疗费等各项费用共计人民币 6000 元，陈某某监护人则认为赔偿金额过高，拒绝了该赔偿要求。针对此纠纷，学校专门成立了调解委员会，在合法、自愿的基础上，对双方当事人做了耐心细致的思想工作，最终达成了调解协议。

(资料来源：本书作者整理编写.)

调解是指双方或多方当事人之间发生权益纠纷，在有和好或和解可能时，第三人依据一定的道德和法律规范，在查明事实、分清责任的基础上，为减少诉讼，对发生纠纷的当事人摆事实、讲道理，促使双方在相互谅解和让步的基础上达成协议，从而解决纠纷的活动。调解包括司法调解、行政调解、民间调解三种形式。调解在教育活动中的表现形式，依其调解的性质、范围和主持者的不同，也可分为校内调解、教育行政调解和法院调解。下面主要介绍校内调解。

(一)校内调解的内涵与特征

校内调解是指在校内设立调解委员会，通过校内调解委员会对校内发生的纠纷进行调解，促使当事人达成协议，解决矛盾，消除分歧的活动。校内调解是解决校内纠纷的重要途径之一，具有以下特点。

1. 校内调解的主持者是校内调解委员会，是校内群众性的自治组织

校内调解的主持者为校内调解委员会，它是学校教职工自我教育、自我约束、自我解决纠纷的群众性组织。它既不同于国家行政机关，也不同于国家审判机关，既无行政命令权，也无审判权。校内调解委员会在调解纠纷时，与各方当事人地位平等，不带有任何强制性。

校内调解委员会一般由 3~ 9 人组成，成员来自三个方面，即教职工代表、学校行政代表和学校工会委员会代表。校内调解委员会委员必须为人公正、品质高尚、热心调解工作且具备一定的法律知识和政策水平。校内调解委员会承担着调解校内纠纷，并通过调解工

作宣传法律法规、规章和政策，教育教职员工及学生遵纪守法，遵守职业道德及社会公德等重要任务。

2. 校内调解从性质上属于民间调解，不具备法律效力

校内调解是解决纠纷的非诉讼活动，属于诉讼外的民间调解。各方当事人在协商基础上达成的协议，主要依靠当事人的承诺、信用等约束当事人自觉履行，不具有法律上的强制性。而人民法院主持调解所达成的协议，一经送达便发生与判决书同等的效力，若一方当事人不自动履行，另一方当事人可申请人民法院强制执行。校内调解中，如一方当事人或双方当事人反悔，均有权向人民法院提起诉讼或根据双方约定向仲裁机构申请仲裁。

3. 校内调解的范围是由教育活动或与教育有关的活动引起的校内纠纷

校内调解所涉及的校内纠纷主要包括：民事纠纷，例如，学生在校发生伤害事故而引发的人身损害赔偿纠纷，侵犯姓名权、名誉权等其他合法权益引发的纠纷等；轻微的刑事纠纷，如《刑法》规定的告诉才处理的危害不严重的侮辱、诽谤、轻伤害等轻微刑事违法行为引发的纠纷；因违反教师职业道德或社会公德引发的纠纷。这类纠纷虽不违反法律规范，也缺少权利与义务内容，但若不及时解决，可能会使事态扩大，矛盾激化。

(二)校内调解的作用

校内调解作为教育法治建设的一项重要制度，具有以下几个方面的作用。

1. 有利于及时、快捷解决各种校内纠纷

随着教育活动日益广泛，各种原因引发的校内纠纷大量增加。纠纷发生后，若得不到及时解决，不仅会影响校内正常的教育教学秩序和教育教学工作，还会使争议双方矛盾日益激化，造成严重后果。校内调解由于调解人员来自群众、生活在群众之中，对人、地、情况熟悉，且调解方式易被接受，因此有些纠纷不仅能被及时发现，还能得到及时解决，减少了诉讼，权益受到损害者也能及时得到补救。

2. 有利于增强团结，维护校内的正常秩序

校内纠纷，无论是教师与学生之间发生的纠纷，还是教师与学生各自之间发生的纠纷，绝大部分都属于人民内部矛盾，若处理不当或不及时，就会影响团结和安定。校内调解采取宣传教育和思想疏导的方法，促使当事人双方在自愿、平等协商的情况下达成协议，能够不伤和气，增强团结，维护校内安定，促进学校工作。

3. 有利于教育教职员工遵守法律，预防和减少纠纷的发生

校内调解通过查明事实、分清是非，有针对性地对当事人进行法治宣传教育，增强当事人的法治观念，使他们了解哪些是法律允许的，哪些是法律禁止的，并能自觉履行法律规定的义务，从而更好地预防和减少校内纠纷的发生。

(三)校内调解的原则

校内调解应遵循以下原则。

1. 合法原则

合法原则是指校内调解委员会在调解校内纠纷时，必须依照法律法规、规章和政策进行；若法律法规、规章和政策没有规定，则依据社会公德进行调解。这是社会主义法治原则对校内调解的要求，也是正确解决校内各种纠纷的保证。因此，校内调解委员会在调解校内纠纷过程中，要严格依据法律法规、规章和政策，不能毫无原则地“和稀泥”。对于当事人达成的协议，也要审查是否符合相关规定，确保当事人的处分权在法律规定的范围内行使。

2. 自愿原则

校内调解委员会调解校内纠纷，必须依据双方当事人的意愿，不能施加任何压力，用简单粗暴的办法强迫当事人达成调解协议。自愿原则贯穿校内调解的整个过程，首先，校内纠纷发生后，是否由校内调解委员会进行调解，完全取决于当事人的自愿，不得采取任何强制手段迫使当事人接受调解。其次，校内调解委员会在调解具体纠纷时，要对当事人做耐心细致的思想工作，不能采用任何压制、逼迫，甚至体罚等粗暴手段。最后，调解协议的达成及执行，也都必须基于双方当事人的自愿，不能勉强，更不能在当事人思想不通、相互未达成谅解的情况下强迫他们达成调解协议和强制执行协议。只有始终坚持自愿原则，才能彻底解决纠纷。

3. 可以起诉原则

根据有关法律规定，公民、法人和其他任何组织为保护其合法权益，可向人民法院提起诉讼。这是任何人不能限制和剥夺的权益。校内调解委员会的调解是诉讼外调解，并非诉讼的必经程序。当事人发生纠纷后，不愿调解、调解不成或反悔的，可以向人民法院提起诉讼。调解人员不得阻挠、干涉当事人的起诉，人民法院也不得以未经调解为由拒绝受理。

(四)校内调解的程序

校内调解因纠纷的当事人、纠纷的性质和程度不同，调解方式也多种多样。一般来说，要经过以下工作程序。

1. 受理纠纷

校内调解委员会受理校内纠纷，一方面依据纠纷当事人一方或双方的请求，请求可以是口头的，也可以是书面的；另一方面是纠纷发生后，为防止矛盾扩大、激化，主动前往调解。无论哪种情况，均必须以当事人的意愿和便利为准。调解委员会受理纠纷时，在条件具备的情况下，应进行登记备案。

2. 查明事实，分清是非

调解委员会受理纠纷后，应认真对纠纷进行调查研究，查明纠纷发生的原因、性质及其他有关情况，并依据法律分清是非，判明责任。

3. 主持调解

调解委员会在查明事实、分清是非、判明责任的基础上，首先，将双方当事人召集在一起，说明对于此纠纷事实的认定和有关法律法规的规定及各方应承担的责任，以取得对基本事实和适用法律等方面基本一致的意见。其次，调解委员会应分别做当事人的工作，讲明利弊，确定各自对调解提出的方案。最后，针对双方提出的调解方案，进行协调，找出双方都能接受的调解途径。

4. 促成当事人达成协议

经过耐心细致的说服劝导工作，当事人在原则问题上达成统一认识后，调解委员会应促使其达成协议。协议可以由当事人草拟，意见一致后，由调解委员会定稿；也可以由调解委员会起草，在征得双方同意后定稿。协议要合法、明确、可行。

5. 调解协议的执行

校内调解达成的协议虽不具有法律上的强制性，但由于协议反映的是双方当事人的真实意愿，依靠双方当事人的相互承诺、信用、社会舆论和道德力量能够促使其自觉履行。当事人对调解协议的执行只负有道义上的责任，调解委员会无权采取强制措施使其执行调解协议。在执行过程中，如出现新情况，调解委员会可重新进行调解，双方可对协议进行修改。若协议无法执行或一方反悔，当事人可以向人民法院提起诉讼。

二、教育仲裁

(一)教育仲裁的含义及特点

仲裁作为解决民事经济纠纷的一种方式，在世界范围内被普遍认可和采用。从字义上解释，“仲”表示地位居中，“裁”表示衡量、判断，“仲裁”即居中公断之意。法学上将“仲裁”定义为：争议双方在争议发生前或争议发生后达成协议，自愿将争议交给第三者作出裁决，双方有义务执行的一种解决争议的方法。仲裁渠道与行政、司法渠道不同，行政、司法救济是由国家机关运用国家强制力实施的，而仲裁没有国家机关的参与，是建立在纠纷双方自愿接受仲裁的基础上，由非国家机关的仲裁机构进行的。

教育仲裁是指学校、教师、学生将其在教育教学过程中发生的有关教育关系的权利义务的法律纠纷，提交给依法设立的专门处理教育法律纠纷的教育仲裁委员会，由该委员会对双方的纠纷进行处理，并作出对双方具有约束力的裁决，从而解决教育法律纠纷的活动和制度。

仲裁的基本特点主要包括以下几个方面。

(1) 提交仲裁以双方当事人自愿为前提。仲裁必须有三方活动主体，第三方的行为以当事人双方自愿为基础。若当事人一方或双方不同意提交仲裁，第三方则不能进行仲裁。在仲裁过程中，当事人也具有很强的自愿性，可以自主选择仲裁员、约定仲裁程序，并根据自身要求决定是否公开审理案件。

(2) 仲裁的客体是当事人双方之间发生的一定范围的争议。可仲裁的争议范围不仅取决于当事人的意愿，还取决于法律或者法律惯例。目前，我国的仲裁客体大致包括经济纠纷、劳动纠纷、对外经济贸易纠纷、海事纠纷等。

(3) 裁决具有强制性。当事人一旦选择用仲裁的方式解决其争议，仲裁者所做的裁决即具有法律效力，对双方当事人都有拘束力，当事人应当履行。否则，权利人可以向法院申请强制执行。

(二)建立教育仲裁制度的步骤

随着教育法治的不断健全，可以尝试在教育领域中建立教育仲裁委员会，以促进教育领域内纠纷的解决，保障教育法律关系主体的合法权益。教育仲裁委员会可以通过以下几个步骤建立。

1. 组成教育仲裁委员会

可以参照《仲裁法》的有关规定，结合《民法典》的要求，抽调法院、教育行政部门、青少年维权组织的有关人士以及律师或其他专业人士组成教育仲裁委员会，专门处理教育领域中的问题。仲裁委员会的仲裁员应当包括多方面领域的专家，以便当事人根据自己争议的性质和案情选择合适的仲裁员。仲裁委员会的主要职责是受理教育领域中发生的各种纠纷。该仲裁委员会业务上可以直接受人民法院的指导和监督，同时独立进行仲裁，其裁决为终局裁决，仲裁结果具有法律效力，任何一方都不得再提起诉讼。

2. 选聘仲裁员

仲裁员是仲裁庭的成员，具体承担审理案件的任务。参照《仲裁法》中仲裁员应具备条件的规定选聘仲裁员。仲裁员应该精通《民法典》《行政法》《刑法》《教育法》《未成年人保护法》等相关法律方面的专业知识。仲裁员经仲裁委员会聘任后，列入仲裁员名册并公之于众，供当事人选择。

3. 组成仲裁庭

选任仲裁员是当事人的权利。仲裁机构应当向双方当事人提交仲裁员名册，由申诉人和被申诉人各指定一名仲裁员。仲裁机构在申诉人、被申诉人指定仲裁员后决定首席仲裁员。若申诉人、被申诉人在规定的期限内未指定仲裁员，仲裁机构可以以仲裁委员会主席的名义指定仲裁员。申诉人和被申诉人也可以委托仲裁机构指定仲裁员。仲裁案件有两个或者两个以上申诉人或者被诉人时，申诉人之间或被诉人之间应当协商指定一名仲裁员，协商不成的，由仲裁机构指定。

(三)通过教育仲裁途径解决纠纷的程序

教育仲裁程序主要包括以下几个过程。

1. 申请

教育纠纷发生后，双方主体可以在自愿的基础上签订书面的仲裁协议，向协议中约定的仲裁机构提出申请。申诉人申请仲裁时，应当向仲裁机构提交仲裁申请书、仲裁协议及有关证据材料，并按规定缴纳仲裁费。申请书应当写明：申诉人和被申诉人的名称、地址、申请仲裁的要求及所依据的事实和证据。

2. 受理

仲裁机构在接到当事人提出的仲裁申请后，经调查符合受理条件的，应予以受理。受理仲裁的条件是：具有合法有效仲裁协议；申诉人与本案具有直接利害关系；具有明确的被申诉人、具体的请求；申请日期未超过申请仲裁的法定期限。仲裁机构应在受理之日起10日内将受理通知书和申诉人的仲裁申请书副本发送被申诉人。

3. 答辩和反诉

被申诉人应当在收到受理通知书和仲裁申请书副本之日起15日内向仲裁机构提交答辩书及有关证明材料。被申诉人未按时提交答辩书的，不影响仲裁机构审理。被诉人可以在答辩书规定的期限内提起反诉。反诉书应当写明反诉要求及所依据的事实和证据，并附有关证明材料。

4. 代理

当事人可以委托代理人办理仲裁事项，代理人应当向仲裁机构提交由委托人签名盖章的授权委托书。代理人在委托人授权范围内办理仲裁事项所产生的法律后果，由委托人承担。

5. 证据

当事人应当就申诉和答辩所依据的事实提交证据。仲裁庭认为必要时，也可以主动调查，收集证据。

6. 审理

开庭审理的日期、地点由仲裁机构决定，并提前10日通知当事人。当事人无正当理由而不出席的，仲裁庭可以缺席审理并作出裁决。当事人可以约定是否公开审理，若当事人没有约定或者未经当事人双方同意，仲裁庭应当不公开审理。

7. 调解

当事人可以约定是否进行调解，若当事人双方约定或同意调解，仲裁庭可以在开庭审理前或开庭审理中进行调解。经调解达成协议的，应当制作调解书。调解书一经送达，即与裁决书具有同等法律效力。

8. 裁决

调解不成的，应当及时作出裁决。仲裁实行一裁定案制度。仲裁裁决既不允许向上级仲裁机构上诉，也不允许向人民法院起诉，一经作出即发生法律效力，当事人不得通过仲裁协议规定上诉或再行起诉。

本章小结

有权利必有救济。教育法律救济制度的确立是公民、法人和其他社会组织维护其在教育活动中合法权益的主要途径和重要保障。全面了解和掌握行政救济的教师申诉制度、学生申诉制度、行政复议制度，以及司法救济中的行政诉讼、民事诉讼和刑事诉讼制度，明确各项法律救济制度的概念特征、适用范围和程序，对于建立和完善教育法律救济体系，切实维护教育主体的合法权益，保障教育公平，推进教育治理法治化、现代化具有重要的现实意义。

课后习题

一、选择题

1. 以下可以称为教师申诉中被申诉人的有(　　)。

A. 校长　　B. 教师　　C. 学校　　D. 教育行政部门

2. 可以通过校内协商解决的纠纷包括(　　)。

A. 民事纠纷　　B. 轻微刑事案件

C. 严重的刑事纠纷　　D. 因违反教师职业道德引起的纠纷

3. 以下教育法律救济中，属于非诉讼渠道的有(　　)。

A. 行政诉讼　　B. 行政复议　　C. 行政赔偿　　D. 教育仲裁

4. 王某某为某县小学的教师，认为学校侵犯了其正常评定职称的权利，可以向(　　)部门提出申诉。

A. 市政府　　B. 市教育局　　C. 县教育局　　D. 县政府

5. 以下属于教育行政诉讼特征的有(　　)。

A. 主管恒定　　B. 标的恒定　　C. 原告举证　　D. 可以调解

6. 教师可以采用的行政救济途径主要有(　　)。

A. 民事诉讼　　B. 行政复议　　C. 仲裁　　D. 教师申诉

7. 张某某为某县中学的地理教师，因下海经商，擅自脱岗长达一年，被县教育局剥夺教师资格。张某某不服，可以向以下(　　)部门提出申诉。

A. 县政府　　B. 市教育局　　C. 县教育局　　D. 市政府

8. 以下属于校内调解原则的有(　　)。

A. 不得起诉原则　　B. 自愿原则　　C. 可以起诉原则　　D. 合法原则

9. 教师申诉制度的特点有(　　)。

A. 法定性　　B. 特定性　　C. 非诉讼性　　D. 诉讼性

10. 以下哪些可以成为教育行政诉讼的标的(　　)。

A. 具体的教育行政行为　　B. 教育行政机关的民事行为

C. 教育行政立法行为　　D. 抽象的教育行政行为

二、判断题

1. 教育行政赔偿实质上是一种侵权赔偿，其侵权行为源于教育行政机关及其工作人员的违法行政。(　　)

2. 教育申诉制度以发生法律效力的判决或裁定为必要前提。 ( )
3. 抽象行政行为的存在和争议是教育行政复议的前提。 ( )
4. 人民法院在审理教育行政诉讼案件时，主要审查具体行政行为的合法性和适当性。 ( )
5. 学生只能以书面形式提出申诉。 ( )
6. 对于教育行政机关的民事行为，相对人可以提起教育行政诉讼。 ( )
7. 在教育行政诉讼中，由作为被告的教育行政部门负举证责任。 ( )
8. 教育行政诉讼和教育行政复议在审理结果的效力上是相同的。 ( )
9. 只要是教育行政机关及其工作人员的侵权行为，都属于教育行政赔偿的范围。 ( )
10. 校内调解不具有法律效力，对于调解达成的协议当事人可以拒不履行。 ( )

三、简答题

1. 简述教师申诉制度的特征与适用范围。
2. 简述学生申诉制度的特征与适用范围。
3. 简述教育行政复议与教育行政诉讼的关系。
4. 简述教育法律救济途径。

法律是经验的总结。

——美国法学家霍姆斯

第十章　教育法规文件解读

课程目标

知识目标：掌握《中华人民共和国教育法》(2021 年修正)《中华人民共和国义务教育法》(2018 年修正)《中华人民共和国未成年人保护法》(2020 年修订)中的重点法条。

能力目标：能够运用所学的法条，在教学过程中践行教育法规，利用法律条款分析突发状况，并解决问题。

素质目标：掌握这三部法律的具体规定，形成依法治学的法律素养。

重点与难点

学习重点：理解重点法律条文，掌握教育法律关系主体的权利和义务。

学习难点：全面掌握并灵活运用教育法规的相关规定。

核心概念

教育法规文件

【政策链接 10-1】

《教育部办公厅关于学习宣传贯彻实施新修订的教育法的通知》

(教政法厅函〔2021〕12 号)

各省、自治区、直辖市教育厅(教委)，各计划单列市教育局，新疆生产建设兵团教育局，有关部门(单位)教育司(局)，部属各高等学校、部省合建各高等学校，部内各司局、各直属单位：

2021 年 4 月 29 日，第十三届全国人民代表大会常务委员会第二十八次会议审议通过了《全国人民代表大会常务委员会关于修改〈中华人民共和国教育法〉的决定》，2021 年 4 月 30 日起施行。为做好新修订的教育法的学习宣传和贯彻实施工作，现就有关要求通知如下。

一、充分认识教育法修订的重大意义

教育法是教育领域的基本法，是全面依法治教的法律基础。此次教育法修订，是贯彻落实党的十九大精神、全国教育大会精神的重要举措，是对教育基本法律制度的进一步完善。修订的五个条款，丰富了教育的指导思想、凸显了教育的重要地位、完善了教育方针、充实了教育内容，健全了“培养什么人、怎样培养人、为谁培养人”的法律规范和制度要求，对构建德智体美劳全面培养的教育体系、推动教育高质量发展意义重大。2021 年是“十四五”规划开局之年，各地各校要深刻认识教育法修订的重大意义，将新修订的教育法贯彻落实到教育工作的全过程和各方面，转化成深化教育改革发展、落实立德树人根本任务的生动局面。

二、认真组织学习新修订的教育法的主要内容

各地要将新修订的教育法的学习宣传和贯彻实施作为一项重要任务，切实加强组织领导，大力开展学习宣传活动，推动各级领导干部、广大师生深入领会新修订的教育法的重要内容，全面增强依据教育法保障推动教育改革、破解教育热点难点问题的能力。

要与党史学习教育结合起来，深入了解加强党对教育事业的领导的历史与现实意义，了解党的教育方针的历史演变，深刻领悟将习近平新时代中国特色社会主义思想作为教育指导思想是新时代教育发展的必然要求。要与贯彻落实习近平总书记关于教育的重要论述结合起来，深刻领悟教育国之大计、党之大计的重要地位和对提高人民综合素质、促进人的全面发展、增强中华民族创新创造活力、实现中华民族伟大复兴的决定性意义，把习近平总书记关于教育的重要论述转化为法律的刚性约束和制度规范。要与贯彻落实习近平法治思想结合起来，深刻领悟教育法修订对全面推进依法治教的重要意义，发挥法治固根本、稳预期、利长远的重要作用，在法治轨道上推进教育治理体系和治理能力现代化。要与破解教育领域突出问题结合起来，深刻领悟教育公平是社会公平的重要基础，领会新修订的教育法对保障教育公平、维护人民群众教育获得感、坚持以人民为中心发展教育的重要意义。

三、切实做好新修订的教育法的贯彻实施工作

各地各校要以习近平新时代中国特色社会主义思想为指导，学习宣传和贯彻实施新修订的教育法，落实法律要求，履行法定职责，服务支撑保障教育高质量发展、办好人民满意的教育。

1. 健全党对教育事业全面领导的体制机制。加强党对教育工作的全面领导，是办好教育的根本保证。各地各校要进一步健全、完善党的领导的组织体系、制度体系、工作机制，形成党的领导纵到底、横到边、全覆盖的工作格局。

2. 全面贯彻落实党的教育方针。要以切实提高各级各类学校劳动教育的水平和质量为切入点，努力构建德智体美劳全面培养的教育体系，完善学科体系、教学体系、教材体系和管理体系，推动中华优秀传统文化、革命文化、社会主义先进文化进教材进课堂进头脑，把立德树人融入思想道德教育、文化知识教育、社会实践教育各环节，贯穿基础教育、职业教育、高等教育各领域全过程。要按照新修订的教育法第五条“教育必须为社会主义现代化建设服务、为人民服务，必须与生产劳动和社会实践相结合，培养德智体美劳全面发展的社会主义建设者和接班人”，规范对党的教育方针的表述，使党的教育方针成为广大教育工作者耳熟能详、自觉运用的日常规范。

3. 依法推进教育改革发展。要将新修订的教育法对教育在中华民族伟大复兴历史进程中战略地位的最新定位，自觉转化为保障教育优先发展的体制机制和制度规范，落实到教育事业“十四五”发展规划等各项教育政策、法规规章和规范性文件中。要着力提升教育

服务经济社会发展的能力，加快推进教育现代化、建设教育强国、办好人民满意的教育。要进一步提高运用法治思维和法治方式推动教育改革发展的思想自觉和行动自觉，大力推进依法治教、依法行政、依法办学。

4. 着力维护教育公平公正。要坚持把促进公平作为基本教育政策，全面把握新修订的教育法对冒名顶替行为违法情形、处罚办法的规定，坚决依法打击冒名顶替入学行为，依法完善考试招生的制度规范，加大对违法违规行为的查处力度，切实维护考试招生秩序和教育公平正义。

各地各校要及时总结学习宣传和贯彻实施新修订的教育法工作中的好经验、好做法。学习宣传和贯彻实施中反映出的问题和有关工作建议，请及时报送教育部政策法规司。

教育部办公厅

2021 年 5 月 14 日

第一节　《中华人民共和国教育法》(2021 年修正)解读

《教育法》(2021 年修正)解读

《中华人民共和国教育法》(以下简称《教育法》)是为了发展教育事业，提高全民族的素质，促进社会主义物质文明和精神文明建设，根据宪法制定的。1995 年 3 月 18 日第八届全国人民代表大会第三次会议通过；根据 2009 年 8 月 27 日第十一届全国人民代表大会常务委员会第十次会议《关于修改部分法律的决定》第一次修正；根据 2015 年 12 月 27 日第十二届全国人民代表大会常务委员会第十八次会议《关于修改〈教育法〉的决定》第二次修正；根据 2021 年 4 月 29 日第十三届全国人民代表大会常务委员会第二十八次会议《关于修改〈教育法〉的决定》第三次修正。《教育法》(2021 年修正)全文包括总则、教育基本制度、学校及其他教育机构、教师和其他教育工作者、受教育者、教育与社会、教育投入与条件保障、教育对外交流与合作、法律责任和附则等共十章八十六条。

一、立法目的

《教育法》(2021 年修正)第一条明确了立法目的：“为了发展教育事业，提高全民族的素质，促进社会主义物质文明和精神文明建设，根据宪法，制定本法。”《教育法》的颁布，标志着中国教育工作全面进入了依法治教的新阶段，对我国教育事业的改革与发展产生了重大而深远的影响。

二、《教育法》主要修正内容

《教育法》(2021 年修正)共十章八十六条，重点对教育基本制度、学校及其他教育机构、教师和其他教育工作者、受教育者、教育投入与条件保障、法律责任等方面作出了规定。尤其是对总则中第三条指导思想、第四条第一款教育作用、第五条教育方针、第七条教育内容，第九章第七十七条冒名顶替入学的法律责任等内容进行了修改完善。

(一)进一步明确适用范围

《教育法》(2021 年修正)第二条规定："在中华人民共和国境内的各级各类教育，适用本法。""各级各类教育"是指学前教育、初等教育、中等教育、高等教育和职业教育、成人教育及各种民办教育、自学等教育形式及教育科研等教育活动。

(二)进一步丰富教育指导思想

《教育法》(2021 年修正)第三条规定："国家坚持中国共产党的领导，坚持以马克思列宁主义、毛泽东思想、邓小平理论、'三个代表'重要思想、科学发展观、习近平新时代中国特色社会主义思想为指导，遵循宪法确定的基本原则，发展社会主义的教育事业。"本条增加"国家坚持中国共产党的领导"，并将"建设有中国特色社会主义理论"修改为"邓小平理论、'三个代表'重要思想、科学发展观、习近平新时代中国特色社会主义思想"，体现了教育的政治属性和意识形态要求。

(三)进一步确立教育基本原则

《教育法》(2021 年修正)第六条至第十三条对教育基本原则作出明确规定，概括为以下几个方面：①对受教育者进行政治思想道德教育的原则；②继承和吸收优秀文化成果的原则；③教育公益性原则；④教育与宗教相分离原则；⑤受教育机会平等原则；⑥帮助特殊地区和保护弱势群体的原则；⑦建立和完善终身教育体系原则；⑧鼓励教育科学研究原则；⑨推广普通话原则；⑩奖励突出贡献原则。其中，第十二条对民族地区教育教学语言文字作出明确规定："民族自治地方以少数民族学生为主的学校及其他教育机构，从实际出发，使用国家通用语言文字和本民族或者当地民族通用的语言文字实施双语教育。"

(四)进一步完善教育方针

《教育法》(2021 年修正)第五条规定："教育必须为社会主义现代化建设服务、为人民服务，必须与生产劳动和社会实践相结合，培养德智体美劳全面发展的社会主义建设者和接班人。"充实了教育"培养什么人"的内容，将"劳"纳入教育方针，把劳动教育纳入人才培养全过程，贯通大中小学各学段，与德育、智育、体育、美育相融合。

(五)进一步明确教育的基本制度

《教育法》(2021 年修正)第十七条至第二十五条对教育基本制度作出明确规定。具体为：国家实行学前教育、初等教育、中等教育、高等教育的学校教育制度，九年制义务教育制度，职业教育制度和继续教育制度，国家教育考试制度，学业证书制度，学位制度，扫除文盲教育制度，教育督导制度和学校及其他教育机构教育评估制度。

(六)进一步强调教育作用

《教育法》(2021 年修正)第四条第一款规定："教育是社会主义现代化建设的基础，对提高人民综合素质、促进人的全面发展、增强中华民族创新创造活力、实现中华民族伟大复兴具有决定性意义，国家保障教育事业优先发展。"第四条第一款增加教育"对提高人民综合素质、促进人的全面发展、增强中华民族创新创造活力、实现中华民族伟大复兴具有决定性意义”的表述，着力凸显教育国之大计、党之大计的地位和作用。

(七)进一步丰富教育内容

《教育法》(2021 年修正)第六条、第七条对教育内容作了规定，并将“中华民族优秀的历史文化传统”修改为：“中华优秀传统文化、革命文化、社会主义先进文化”，强化了教育对继承和弘扬中国特色社会主义文化的重要作用。

(八)进一步明确教师的权利与义务

《教育法》(2021 年修正)第三十三条明确规定，教师享有法律规定的权利，履行法律规定的义务，忠诚于人民的教育事业。国家保护教师的合法权益，改善教师的工作条件和生活条件，提高教师的地位。《教师法》(2009 年修正)第七条和第八条对教师的权利与义务作出了明确表述，包括 6 项权利和 6 项义务。

(九)进一步明确受教育者的权利与义务

《教育法》(2021 年修正)第三十七条至第四十五条对受教育者的权利与义务作出明确规定，享有的权利为：受教育者在入学、升学、就业等方面依法享有平等权利；参加教育教学活动权；获得奖学金、助学金、贷学金的权利；获得公正评价和证书的权利；提出申诉和依法起诉的权利；法律法规规定的其他权利。履行的义务为：遵守法律法规义务；遵守学生行为规范，尊敬师长，养成良好的思想品德和行为习惯的义务；努力学习，完成规定的学习任务的义务；遵守所在学校或者其他教育机构的管理制度的义务。

(十)进一步完善教育经费保障机制

《教育法》(2021 年修正)第五十四条第一款规定：“国家建立以财政拨款为主、其他多种渠道筹措教育经费为辅的体制，逐步增加对教育的投入，保证国家举办的学校教育经费的稳定来源。”第五十六条第二款规定：“各级人民政府教育财政拨款的增长应当高于财政经常性收入的增长，并使按在校学生人数平均的教育费用逐步增长，保证教师工资和学生人均公用经费逐步增长。”

(十一)进一步明确冒名顶替入学行为的法律责任

《教育法》(2021 年修正)第九章第七十七条第一款规定：“在招收学生工作中滥用职权、玩忽职守、徇私舞弊的，由教育行政部门或者其他有关行政部门责令退回招收的不符合入学条件的人员；对直接负责的主管人员和其他直接责任人员，依法给予处分；构成犯罪的，依法追究刑事责任。”同时增加了四款内容，对多种冒名顶替入学行为进行完善，法律责任进一步明确，切实回应社会关切，维护教育公平。

(1) 《教育法》(2021 年修正)第七十七条第二款规定：“盗用、冒用他人身份，顶替他人取得的入学资格的，由教育行政部门或者其他有关行政部门责令撤销入学资格，并责令停止参加相关国家教育考试二年以上五年以下；已经取得学位证书、学历证书或者其他学业证书的，由颁发机构撤销相关证书；已经成为公职人员的，依法给予开除处分；构成违反治安管理行为的，由公安机关依法给予治安管理处罚；构成犯罪的，依法追究刑事责任。”

(2) 《教育法》(2021 年修正)第七十七条第三款规定：“与他人串通，允许他人冒用本人身份，顶替本人取得的入学资格的，由教育行政部门或者其他有关行政部门责令停止参加相关国家教育考试一年以上三年以下；有违法所得的，没收违法所得；已经成为公职人员的，依法给予处分；构成违反治安管理行为的，由公安机关依法给予治安管理处罚；构成犯罪的，依法追究刑事责任。”

(3) 《教育法》(2021 年修正)第七十七条第四款规定：“组织、指使盗用或者冒用他人身份，顶替他人取得的入学资格的，有违法所得的，没收违法所得；属于公职人员的，依法给予处分；构成违反治安管理行为的，由公安机关依法给予治安管理处罚；构成犯罪的，依法追究刑事责任。”

(4) 《教育法》(2021 年修正)第七十七条第五款规定：“入学资格被顶替权利受到侵害的，可以请求恢复其入学资格。”

三、重点内容解读

(一)总则

1. 教育法的基本原则

1) 方向性原则

(1) 坚持教育的社会主义性质。国家坚持中国共产党的领导，坚持以马克思列宁主义、毛泽东思想、邓小平理论、“三个代表”重要思想、科学发展观、习近平新时代中国特色社会主义思想为指导，遵循宪法确定的基本原则，发展社会主义教育事业。

教育必须为社会主义现代化建设服务、为人民服务，必须与生产劳动和社会实践相结合，培养德智体美劳全面发展的社会主义建设者和接班人。

(2) 重视德育。教育应当坚持立德树人，对受教育者加强社会主义核心价值观教育，增强受教育者的社会责任感、创新精神和实践能力。国家在受教育者中进行爱国主义、集体主义、中国特色社会主义的教育，进行理想、道德、纪律、法治、国防和民族团结的教育。

(3) 继承和吸收人类优秀文化成果。教育应当继承和弘扬中华优秀传统文化、革命文化、社会主义先进文化，吸收人类文明发展的一切优秀成果。

2) 符合国家和社会公共利益原则

(1) 教育活动必须符合国家和社会公共利益。

(2) 不得以营利为目的办学。国家鼓励企业事业组织、社会团体、其他社会组织及公民个人依法举办学校及其他教育机构。以财政性经费、捐赠资产举办或者参与举办的学校及其他教育机构不得设立为营利性组织。

3) 独立性原则

国家实行教育与宗教相分离。任何组织和个人不得利用宗教进行妨碍国家教育制度的活动。

4) 公平性原则

中华人民共和国公民有受教育的权利和义务。公民不分民族、种族、性别、职业、财产状况、宗教信仰等，依法享有平等的受教育机会。

5) 救助性原则

国家根据各少数民族的特点和需要，帮助各少数民族地区发展教育事业。国家扶持边远贫困地区发展教育事业。国家扶持和发展残疾人教育事业。

6) 建立和完善终身教育体系和鼓励教育科学研究

国家适应社会主义市场经济发展和社会进步的需要，推进教育改革，推动各级各类教育协调发展，完善现代国民教育体系，健全终身教育体系，提升教育现代化水平。

国家采取措施促进教育公平，推动教育均衡发展。

国家支持、鼓励和组织教育科学研究，推广教育科学研究成果，提高教育质量。

7) 使用国家通用语言文字进行教育教学

国家通用语言文字为学校及其他教育机构的基本教育教学语言文字，学校及其他教育机构应当使用国家通用语言文字进行教育教学。

民族自治地方以少数民族学生为主的学校及其他教育机构，应从实际出发，使用国家通用语言文字和本民族或者当地民族通用的语言文字实施双语教育。

国家采取措施，为以少数民族学生为主的学校及其他教育机构实施双语教育提供条件和支持。

8) 激励性原则

国家对在发展教育事业中做出突出贡献的组织和个人，给予奖励。

2. 教育管理体制

1) 教育管理体制的基本原则

国务院和地方各级人民政府根据分级管理、分工负责的原则，领导和管理教育工作。中等及中等以下教育在国务院领导下，由地方人民政府管理。高等教育由国务院和省、自治区、直辖市人民政府管理。

2) 教育行政体制

国务院教育行政部门主管全国教育工作，统筹规划、协调管理全国的教育事业。县级以上地方各级人民政府教育行政部门主管本行政区域内的教育工作。县级以上各级人民政府其他有关部门在各自的职责范围内，负责相关的教育工作。

(二)教育基本制度

1. 学校教育制度

国家实行学前教育、初等教育、中等教育、高等教育的学校教育制度。

国家建立科学的学制系统。学制系统内的学校和其他教育机构的设置、教育形式、修业年限、招生对象、培养目标等，由国务院或国务院授权的教育行政部门规定。

2. 国家教育制度

《教育法》(2021 年修正)第十九条至第二十五条明确规定了我国实行的国家教育制度，即九年制义务教育制度、职业教育制度、继续教育制度、国家教育考试制度、学业证书制度、学位制度、扫除文盲教育制度、教育督导制度和学校及其他教育机构教育评估制度。

(三)学校及其他教育机构

1. 学校及其他教育机构设立的条件

设立学校及其他教育机构，必须具备下列基本条件。

(1) 有组织机构和章程。

(2) 有合格的教师。

(3) 有符合规定标准的教学场所、设施、设备等。

(4) 有必备的办学资金和稳定的经费来源。

2. 学校及其他教育机构设立、变更和终止的程序

学校及其他教育机构的设立、变更和终止，应当按照国家有关规定办理审核、批准、注册或者备案手续。

3. 学校及其他教育机构的权利

学校及其他教育机构行使下列权利。

(1) 按照章程自主管理。

(2) 组织实施教育教学活动。

(3) 招收学生或者其他受教育者。

(4) 对受教育者进行学籍管理，实施奖励或者处分。

(5) 对受教育者颁发相应的学业证书。

(6) 聘任教师及其他职工，实施奖励或者处分。

(7) 管理、使用本单位的设施和经费。

(8) 拒绝任何组织和个人对教育教学活动的非法干涉。

(9) 法律法规规定的其他权利。

国家保护学校及其他教育机构的合法权益不受侵犯。

4. 学校及其他教育机构的义务

学校及其他教育机构应当履行下列义务。

(1) 遵守法律法规。

(2) 贯彻国家的教育方针，执行国家教育教学标准，保证教育教学质量。

(3) 维护受教育者、教师及其他职工的合法权益。

(4) 以适当方式为受教育者及其监护人了解受教育者的学业成绩及其他有关情况提供便利。

(5) 遵照国家有关规定收取费用并公开收费项目。

(6) 依法接受监督。

5. 学校内部管理体制

学校及其他教育机构的举办者按照国家有关规定，确定其所举办的学校或者其他教育机构的管理体制。

学校及其他教育机构的校长或者主要行政负责人必须由具有中华人民共和国国籍、在

中国境内定居、并具备国家规定任职条件的公民担任，其任免按照国家有关规定办理。学校的教学及其他行政管理，由校长负责。

学校及其他教育机构应当按照国家有关规定，通过以教师为主体的教职工代表大会等组织形式，保障教职工参与民主管理和监督。

6. 学校及其他教育机构的法人资格

学校及其他教育机构具备法人条件的，自批准设立或者登记注册之日起取得法人资格。

学校及其他教育机构在民事活动中依法享有民事权利，承担民事责任。学校及其他教育机构中的国有资产属于国家所有。学校及其他教育机构兴办的校办产业独立承担民事责任。

(四)教育与社会

1. 社会积极营造良好社会环境

国家机关、军队、企业事业组织、社会团体及其他社会组织和个人，应当依法为儿童、少年、青年学生的身心健康成长营造良好的社会环境。

2. 社会对教育发展的支持

1) 开展合作

国家鼓励企业事业组织、社会团体及其他社会组织与高等学校、中等职业学校在教学、科研、技术开发和推广等方面开展多种形式的合作。

2) 支持学校建设

企业事业组织、社会团体及其他社会组织和个人，可以通过适当形式，支持学校的建设，参与学校管理。

3) 提供便利

国家机关、军队、企业事业组织及其他社会组织应当为学校组织的学生实习、社会实践活动提供帮助和便利。

4) 发挥公共设施教育功能

图书馆、博物馆、科技馆、文化馆、美术馆、体育馆(场)等社会公共文化体育设施，以及历史文化古迹和革命纪念馆(地)，应当对教师、学生实行优待，为受教育者接受教育提供便利。

广播、电视台(站)应当开设教育节目，促进受教育者思想品德、文化和科学技术素质的提高。

3. 学校及其他教育机构参加社会公益活动

学校及其他教育机构在不影响正常教育教学活动的前提下，应当积极参加当地的社会公益活动。

4. 未成年人的父母或者其他监护人对教育的支持

未成年人的父母或者其他监护人应当为其未成年子女或者其他被监护人受教育提供必要条件。

未成年人的父母或者其他监护人应当配合学校及其他教育机构，对其未成年子女或者其他被监护人进行教育。学校、教师可以为学生家长提供家庭教育指导。

(五)教育投入与条件保障

1. 教育经费的筹措

国家建立以财政拨款为主、其他多种渠道筹措教育经费为辅的体制，逐步增加对教育的投入，保障国家举办的学校教育经费的稳定来源。

企业事业组织、社会团体及其他社会组织和个人依法举办的学校及其他教育机构，办学经费由举办者负责筹措，各级人民政府可以给予适当支持。

1) 国家财政性教育经费的支出

(1) 国家财政性教育经费支出占国民生产总值的比例应当随着国民经济的发展和财政收入的增长逐步提高。具体比例和实施步骤由国务院规定。

(2) 全国各级财政支出总额中教育经费所占比例应当随着国民经济的发展逐步提高。

2) 发展校办产业和社会服务

国家采取优惠措施，鼓励和扶持学校在不影响正常教育教学的前提下开展勤工俭学和社会服务，兴办校办产业。

3) 捐资助学和金融、信贷手段

国家鼓励境内、境外社会组织和个人捐资助学。国家鼓励运用金融、信贷手段，支持教育事业的发展。

4) 设立教育专项资金和征收教育费附加

国务院及县级以上地方各级人民政府应当设立教育专项资金，重点扶持边远贫困地区、少数民族地区实施义务教育。

税务机关依法足额征收教育费附加，由教育行政部门统筹管理，主要用于实施义务教育。

2. 教育经费的管理和监督

各级人民政府及其教育行政部门应当加强对学校及其他教育机构教育经费的监督管理，提高教育投资效益。

国家财政性教育经费、社会组织和个人对教育的捐赠，必须用于教育，不得挪用、克扣。

3. 教育条件的保障

1) 学校基本建设保障

地方各级人民政府及其有关行政部门必须把学校的基本建设纳入城乡建设规划，统筹安排学校的基本建设用地及所需物资，按照国家有关规定实行优先、优惠政策。

2) 教育设施与物资保障

各级人民政府对教科书及教学用图书资料的出版发行，对教学仪器、设备的生产和供应，对用于学校教育教学和科学研究的图书资料、教学仪器、设备的进口，按照国家有关规定实行优先、优惠政策。

3）　教育技术保障

国家推进教育信息化，加快教育信息基础设施建设，利用信息技术促进优质教育资源普及共享，提高教育教学水平和教育管理水平。

县级以上人民政府及其有关部门应当发展教育信息技术和其他现代化教学方式，有关行政部门应当优先安排，给予扶持。

国家鼓励学校及其他教育机构推广运用现代化教学方式。

(六)法律责任

1. 违反有关教育经费的法律责任

违反国家有关规定，不按照预算核拨教育经费的，由同级人民政府限期核拨；情节严重的，对直接负责的主管人员和其他直接责任人员，依法给予处分。

违反国家财政制度、财务制度，挪用、克扣教育经费的，由上级机关责令限期归还被挪用、克扣的经费，并对直接负责的主管人员和其他直接责任人员，依法给予处分；构成犯罪的，依法追究刑事责任。

2. 扰乱教育秩序及破坏、侵占学校财产的法律责任

结伙斗殴、寻衅滋事，扰乱学校及其他教育机构教育教学秩序或者破坏校舍、场地及其他财产的，由公安机关给予治安管理处罚；构成犯罪的，依法追究刑事责任。侵占学校及其他教育机构的校舍、场地及其他财产的，依法承担民事责任。

3. 使用危险教育设施造成人员伤亡或重大财产损失的法律责任

明知校舍或者教育教学设施有危险，而不采取措施，造成人员伤亡或者重大财产损失的，对直接负责的主管人员和其他直接责任人员，依法追究刑事责任。

4. 违法收费、违法办学的法律责任

违反国家有关规定，向学校或者其他教育机构收取费用的，由政府责令退还所收费用；对直接负责的主管人员和其他直接责任人员，依法给予处分。

违反国家有关规定，举办学校或者其他教育机构的，由教育行政部门或者其他有关行政部门予以撤销；有违法所得的，没收违法所得；对直接负责的主管人员和其他直接责任人员，依法给予处分。

5. 违法招生的法律责任

学校或者其他教育机构违反国家有关规定招收学生的，由教育行政部门或者其他有关行政部门责令退回招收的学生，退还所收费用；对学校、其他教育机构给予警告，可以处违法所得五倍以下罚款；情节严重的，责令停止相关招生资格一年以上三年以下，直至撤销招生资格、吊销办学许可证；对直接负责的主管人员和其他直接责任人员，依法给予处分；构成犯罪的，依法追究刑事责任。

在招收学生工作中滥用职权、玩忽职守、徇私舞弊的，由教育行政部门或者其他有关行政部门责令退回招收的不符合入学条件的人员；对直接负责的主管人员和其他直接责任人员，依法给予处分；构成犯罪的，依法追究刑事责任。

6. 冒名顶替的法律责任

盗用、冒用他人身份，顶替他人取得的入学资格的，由教育行政部门或者其他有关行政部门责令撤销入学资格，并责令停止参加相关国家教育考试二年以上五年以下；已经取得学位证书、学历证书或者其他学业证书的，由颁发机构撤销相关证书；已经成为公职人员的，依法给予开除处分；构成违反治安管理行为的，由公安机关依法给予治安管理处罚；构成犯罪的，依法追究刑事责任。

与他人串通，允许他人冒用本人身份，顶替本人取得的入学资格的，由教育行政部门或者其他有关行政部门责令停止参加相关国家教育考试一年以上三年以下；有违法所得的，没收违法所得；已经成为公职人员的，依法给予处分；构成违反治安管理行为的，由公安机关依法给予治安管理处罚；构成犯罪的，依法追究刑事责任。

组织、指使盗用或者冒用他人身份，顶替他人取得的入学资格的，有违法所得的，没收违法所得；属于公职人员的，依法给予处分；构成违反治安管理行为的，由公安机关依法给予治安管理处罚；构成犯罪的，依法追究刑事责任。

入学资格被顶替权利受到侵害的，可以请求恢复其入学资格。

7. 考试作弊的法律责任

考生在国家教育考试中有下列行为之一的，由组织考试的教育考试机构工作人员在考试现场采取必要措施予以制止并终止其继续参加考试；组织考试的教育考试机构可以取消其相关考试资格或者考试成绩；情节严重的，由教育行政部门责令停止参加相关国家教育考试一年以上三年以下；构成违反治安管理行为的，由公安机关依法给予治安管理处罚；构成犯罪的，依法追究刑事责任。

(1) 非法获取考试试题或者答案的。

(2) 携带或者使用考试作弊器材、资料的。

(3) 抄袭他人答案的。

(4) 让他人代替自己参加考试的。

(5) 其他以不正当手段获得考试成绩的作弊行为。

任何组织或者个人在国家教育考试中有下列行为之一，有违法所得的，由公安机关没收违法所得，并处违法所得一倍以上五倍以下罚款；情节严重的，处五日以上十五日以下拘留；构成犯罪的，依法追究刑事责任；属于国家机关工作人员的，还应当依法给予处分。

(1) 组织作弊的。

(2) 通过提供考试作弊器材等方式为作弊提供帮助或者便利的。

(3) 代替他人参加考试的。

(4) 在考试结束前泄露、传播考试试题或者答案的。

(5) 其他扰乱考试秩序的行为。

举办国家教育考试，教育行政部门、教育考试机构疏于管理，造成考场秩序混乱、作弊情况严重的，对直接负责的主管人员和其他直接责任人员，依法给予处分；构成犯罪的，依法追究刑事责任。

8. 违法颁发证书的法律责任

学校或者其他教育机构违反本法规定，颁发学位证书、学历证书或者其他学业证书的，由教育行政部门或者其他有关行政部门宣布证书无效，责令收回或者予以没收；有违法所得的，没收违法所得；情节严重的，责令停止相关招生资格一年以上三年以下，直至撤销招生资格、颁发证书资格；对直接负责的主管人员和其他直接责任人员，依法给予处分。

前款规定以外的任何组织或者个人制造、销售、颁发假冒学位证书、学历证书或者其他学业证书，构成违反治安管理行为的，由公安机关依法给予治安管理处罚；构成犯罪的，依法追究刑事责任。

以作弊、剽窃、抄袭等欺诈行为或者其他不正当手段获得学位证书、学历证书或者其他学业证书的，由颁发机构撤销相关证书。购买、使用假冒学位证书、学历证书或者其他学业证书，构成违反治安管理行为的，由公安机关依法给予治安管理处罚。

第二节 《中华人民共和国义务教育法》(2018 年修正)解读

《义务教育法》(2018 年修正)解读

《中华人民共和国义务教育法》(以下简称《义务教育法》)是关于教育的单行法，是我国历史上第一部关于基础教育的法律。《义务教育法》于 1986 年 4 月 12 日第六届全国人民代表大会第四次会议通过，并于 2006 年 6 月 29 日第十届全国人民代表大会常务委员会第二十二次会议修订。2015 年、2018 年全国人民代表大会常务委员会分别对其进行了修正。《义务教育法》(2018 年修正)共八章、六十三条，内容包括：总则、学生、学校、教师、教育教学、经费保障、法律责任和附则。

一、《义务教育法》的修正背景

1986 年 4 月 12 日，第六届全国人民代表大会第四次会议审议通过了《义务教育法》，以国家立法的形式正式确立我国实施九年义务教育。客观而言，《义务教育法》颁布以来，我国义务教育发展实现了历史性的跨越，已经基本普及九年制义务教育，以政府为主的经费渠道趋于明确，全民族素质有了较大的提高。但也暴露出不少问题：农村义务教育经费投入严重不足，一些孩子因贫失学令人痛心；城市教育资源分配失衡，“择校”成为许多家长的困扰；“分数至上、考试至上”的社会风气让无数孩子失去快乐；乱收费现象严重，个别学校和老师频频把敛财黑手伸向孩子；“上学难，上学贵”已成为人民群众普遍关注的问题随着经济、社会的快速发展，出现了一些新的情况和问题，党和国家对教育的发展也提出了新的要求。因此，有必要对现行义务教育法进行修改、完善。

义务教育是涉及人群最广、受益人群最多的社会公共事业，其实施程度和教育质量如何，不仅关乎个人的发展，更关系到全体公民素质和民族的未来。正因为如此，如何修改义务教育法，使我国实施义务教育的整体水平不断提升，一直受到人大代表和政协委员的关注。仅 2003 年就有 1000 多名全国人大代表提交有关修订义务教育法的议案。在第十届全国人民代表大会第一次会议上，376 名全国人大代表联名提交了修改义务教育法的议案，到目前为止，成为第十届全国人民代表大会上代表联名最多的议案之一。全国人大常委会委员、教科文卫委员会主任委员朱丽兰感慨地说，《义务教育法》的修改也是她感受民主氛围最浓的一次修法。

2006 年 1 月 4 日，国务院常务会议讨论并原则通过《义务教育法(修订草案)》。6 月 29 日，第十届全国人大常委会第二十二次会议表决通过了新修订的《义务教育法》。新修订的《义务教育法》，以农村义务教育经费投入保障机制为核心内容，强调政府应当承担的出资义务，旨在保障农村贫困地区孩子享受九年义务教育。这部法律将于 2006 年 9 月 1 日起正式施行。这是现行《义务教育法》自 1986 年颁布以来的一次重大修改，进一步明确了义务教育的公益性、统一性和义务性，将使近 1.8 亿义务教育阶段的在校学生受益。

除 2006 年的重大修订外，还有两次修正。2015 年 4 月 24 日，第十二届全国人民代表大会常务委员会第十四次会议第一次修正，将第四十条修改为："教科书价格由省、自治区、直辖市人民政府价格行政部门会同同级出版行政部门按照微利原则确定。"2018 年 12 月 29 日第十三届全国人民代表大会常务委员会第七次会议第二次修正，将第四十条中的"出版行政部门"修改为"出版主管部门"。

二、《义务教育法》(2018 年修正)的突破

(一)指明了义务教育均衡发展这个根本的方向

由于各地经济、文化水平的差异，我国的义务教育阶段形成了地区之间、城乡之间乃至学校之间较大的发展差距。随着经济的发展，这种差距越来越大。《义务教育法》将义务教育的均衡发展纳入了法治的轨道，将均衡教育思想作为该法的根本指导思想，因此《义务教育法》的里程碑意义，最重要的就体现在从过去的各自发展走上均衡发展的道路。

(二)明确了义务教育承担实施素质教育的重大使命

我们过去推进义务教育时，主要是解决孩子有书可读、有学可上的问题，还谈不上素质教育。《义务教育法》(2018 年修正)站在新的历史起点上，把义务教育纳入实施素质教育的轨道，把实施素质教育作为义务教育的一项新的历史使命。该法同时把注重培养学生的独立思考能力、实践能力和创新能力作为促进学生全面发展的重点，并且提出了一系列实施素质教育的措施。

(三)回归了义务教育免费的本质

普及教育、强制教育和免费教育是义务教育的本质特征，免费的步骤可以根据国情来分步实施，但必须坚持免费的特点。公益性是整个教育事业的特征，义务教育要更彻底一些，不仅是普及的、强制的，还应该是免费的。《义务教育法》(2018 年修正)在免费教育上又迈出了一大步，在 1986 年不收学费的基础上增加了不收杂费的内容。中央财政从 2006 年开始，用两年时间免除农村地区义务教育阶段的杂费；同时，对于城市地区义务教育阶段学杂费的免除也在推进中。2008 年，16 个省(区、市)和 5 个计划单列市进行免除城市义务教育学杂费试点，同年秋，全国所有城市免除义务教育学杂费。

(四)进一步完善了义务教育的管理体制，强化了省级的统筹实施

《义务教育法》(2018 年修正)的一个很大突破，就是在“以县为主”管理体制的基础上，进一步加大了省级政府的统筹和责任，实现着从“人民教育人民办”到“义务教育政府办”的转变。乡镇一级难负其责，县级基本上是吃财政饭，也无力承担，事业的发展必须加大省级的责任。省级的统筹对教育的均衡发展、加大对农村教育经费保障的力度、加强对贫困地区的支持而言都非常重要，这也是《义务教育法》(2018 年修正)的一大亮点。

(五)确立了义务教育经费保障机制

明确了义务教育经费的“三个增长”；建立农村义务教育经费的分担机制，分项目、按比例分担；义务教育经费预算单列；规范义务教育的专项转移支付；设立义务教育的专项资金。通过这样几个渠道，建立起义务教育比较完善的经费保障机制。

(六)保障接受义务教育的平等权利

《义务教育法》(2018 年修正)强调了对非户籍所在地，特别是流动人口子女接受义务教育的问题；确定了流动人口子女居住地人民政府要为他们提供平等接受义务教育的条件，这对城市化进程的平稳推进起到了关键性作用。

(七)规范了义务教育的办学行为

《义务教育法》(2018 年修正)对规范义务教育办学行为作出了明确规定。一是不得将学校分为重点学校和非重点学校，学校不得分设重点班和非重点班。关键是要对学校在资源、政策上进行公平的分配，不得有政策、资金、资源的倾斜，这一规定体现了全社会对教育公平的强烈愿望。二是不得以任何名义改变或变相改变公办学校的性质，也就是“名校不能变民校”。三是该法第二十五条规定：“学校不得违反国家规定收取费用，不得以向学生推销或者变相推销商品、服务等方式谋取利益。”

(八)建立了义务教育新的教师职务制度

《义务教育法》(2018 年修正)将义务教育阶段的教师职务序列打通，小学和中学的差别不复存在，初级、中级、高级与助教、讲师和副教授相对应，小学教师也可以评副教授。这一新规定对调动广大教师的积极性，发挥其聪明才智是一个很大的激励，特别是让小学教师看到了自身发展提高的前景。当然，其还需要一些配套性的规定。

(九)增强了《义务教育法》执法的可操作性

全面规定了《义务教育法》的法律责任，63 条中有 10 条规定的是法律责任，将《义务教育法》的执法性、操作性提升到一个空前的高度。而且规范了违反《义务教育法》的违法行为及应该承担的法律责任。1986 年《义务教育法》的第十八条虽然起到了很大的历史作用，但操作性比较差，《义务教育法》(2018 年修正)则完全弥补了这种缺憾，显著增强了可操作性，加大了执法力度。

三、重点内容解读

(一)总则

1. 立法宗旨

《义务教育法》的立法宗旨是保障适龄儿童、少年接受义务教育的权利，确保义务教育的实施，提升全民族素质。

2. 义务教育制度和义务教育性质

国家实行九年义务教育制度。

义务教育是国家统一实施的所有适龄儿童、少年必须接受的教育，是国家必须予以保障的公益性事业。实施义务教育，不收取学费、杂费。国家建立义务教育经费保障机制，保障义务教育制度实施。

3. 义务教育的方针和目标

义务教育必须贯彻国家的教育方针，实施素质教育，提高教育质量，使适龄儿童、少年在品德、智力、体质等方面全面发展，为培养有理想、有道德、有文化、有纪律的社会主义建设者和接班人奠定基础。

4. 义务教育实施的对象

凡具有中华人民共和国国籍的适龄儿童、少年，不分性别、民族、种族、家庭财产状况、宗教信仰等，依法享有平等接受义务教育的权利，并履行接受义务教育的义务。

5. 实施义务教育的保障

各级人民政府及其有关部门应当履行本法规定的各项职责，保障适龄儿童、少年接受义务教育的权利。

适龄儿童、少年的父母或者其他法定监护人应当依法保证其按时入学接受并完成义务教育。依法实施义务教育的学校应当按照规定标准完成教育教学任务，保证教育教学质量。社会组织和个人应当为适龄儿童、少年接受义务教育营造良好的环境。

6. 义务教育的均衡发展

国务院和县级以上地方人民政府应当合理配置教育资源，促进义务教育均衡发展，改善薄弱学校的办学条件，并采取措施，保障农村地区、民族地区实施义务教育，保障家庭经济困难的和残疾的适龄儿童、少年接受义务教育。国家组织和鼓励经济发达地区支援经济欠发达地区实施义务教育。

7. 义务教育的管理体制

(1) 行政体制。义务教育实行国务院领导，省、自治区、直辖市人民政府统筹规划实施，县级人民政府为主管理的体制。

县级以上人民政府教育行政部门具体负责义务教育实施工作；县级以上人民政府其他有关部门在各自的职责范围内负责义务教育实施工作。

(2) 督导体制。人民政府教育督导机构对义务教育工作执行法律法规情况、教育教学质量以及义务教育均衡发展状况等进行督导，督导报告向社会公布。

(3) 问责制度。任何社会组织或者个人有权对违反本法的行为向有关国家机关提出检举或者控告。

发生违反本法的重大事件，妨碍义务教育实施，造成重大社会影响的，负有领导责任的人民政府或者人民政府教育行政部门负责人应当引咎辞职。

(4) 奖励制度。对在义务教育实施工作中做出突出贡献的社会组织和个人，各级人民政府及其有关部门按照有关规定给予表彰、奖励。

(二)学生

1. 年龄规定

凡年满六周岁的儿童，其父母或者其他法定监护人应当送其入学接受并完成义务教育；条件不具备的地区的儿童，可以推迟到七周岁。

适龄儿童、少年因身体状况需要延缓入学或者休学的，其父母或者其他法定监护人应当提出申请，由当地乡镇人民政府或者县级人民政府教育行政部门批准。

2. 权益保障

(1) 免试、就近入学。适龄儿童、少年免试入学。地方各级人民政府应当保障适龄儿童、少年在户籍所在地学校就近入学。

父母或者其他法定监护人在非户籍所在地工作或者居住的适龄儿童、少年，在其父母或者其他法定监护人工作或者居住地接受义务教育的，当地人民政府应当为其提供平等接受义务教育的条件。具体办法由省、自治区、直辖市规定。

县级人民政府教育行政部门对本行政区域内的军人子女接受义务教育予以保障。

(2) 防止辍学。县级人民政府教育行政部门和乡镇人民政府组织和督促适龄儿童、少年入学，帮助解决适龄儿童、少年接受义务教育的困难，采取措施防止适龄儿童、少年辍学。

居民委员会和村民委员会协助政府做好工作，督促适龄儿童、少年入学。

(3) 其他保障。禁止用人单位招用应当接受义务教育的适龄儿童、少年。

根据国家有关规定经批准招收适龄儿童、少年进行文艺、体育等专业训练的社会组织，应当保证所招收的适龄儿童、少年接受义务教育；自行实施义务教育的，应当经县级人民政府教育行政部门批准。

(三)学校

1. 各类学校的建设

(1) 学校建设的要求。县级以上地方人民政府根据本行政区域内居住的适龄儿童、少年的数量和分布状况等因素，按照国家有关规定，制定、调整学校设置规划。新建居民区需要设置学校的，应当与居民区的建设同步进行。

学校建设应当符合国家规定的办学标准，适应教育教学需要；应当符合国家规定的选址要求和建设标准，确保学生和教职工安全。

(2) 寄宿制学校的建设。县级人民政府根据需要设置寄宿制学校，保障居住分散的适龄儿童、少年入学接受义务教育。

(3) 少数民族学校(班)的建设。国务院教育行政部门和省、自治区、直辖市人民政府根据需要，在经济发达地区设置接收少数民族适龄儿童、少年的学校(班)。

(4) 特殊教育学校(班)的建设。县级以上地方人民政府根据需要设置相应的实施特殊教育的学校(班)，对视力残疾、听力语言残疾和智力残疾的适龄儿童、少年实施义务教育。特殊教育学校(班)应当具备适应残疾儿童、少年学习、康复、生活特点的场所和设施。

普通学校应当接收具有接受普通教育能力的残疾适龄儿童、少年随班就读，并为其学习、康复提供帮助。

(5) 专门学校的建设。县级以上地方人民政府根据需要，为具有预防未成年人犯罪法规定的严重不良行为的适龄少年设置专门的学校实施义务教育。对未完成义务教育的未成年犯和被采取强制性教育措施的未成年人应当进行义务教育，所需经费由人民政府予以保障。

2. 建立健全学校安全机制，保障学生安全

学校应当建立、健全安全制度和应急机制，对学生进行安全教育，加强管理，及时消除隐患，预防发生事故。

县级以上地方人民政府定期对学校校舍安全进行检查；对需要维修、改造的，及时予以维修、改造。

3. 禁止性规定

县级以上人民政府及其教育行政部门应当促进学校均衡发展，缩小学校之间办学条件的差距，不得将学校分为重点学校和非重点学校。学校不得分设重点班和非重点班。

县级以上人民政府及其教育行政部门不得以任何名义改变或者变相改变公办学校的性质。

学校不得聘用曾经因故意犯罪被依法剥夺政治权利或者其他不适合从事义务教育工作的人担任工作人员。

学校不得违反国家规定收取费用，不得以向学生推销或者变相推销商品、服务等方式谋取利益。

对违反学校管理制度的学生，学校应当予以批评教育，不得开除。

4. 校长负责制

学校实行校长负责制。校长应当符合国家规定的任职条件。校长由县级人民政府教育行政部门依法聘任。

(四)教师

1. 教师对学生的态度

教师享有法律规定的权利，履行法律规定的义务，应当为人师表，忠诚于人民的教育事业。教师在教育教学中应当平等对待学生，关注学生的个体差异，因材施教，促进学生的充分发展。教师应当尊重学生的人格，不得歧视学生，不得对学生实施体罚、变相体罚或者其他侮辱人格尊严的行为，不得侵犯学生合法权益。

2. 教师的任职条件和职务制度

教师应当取得国家规定的教师资格。国家建立统一的义务教育教师职务制度。教师职务分为初级职务、中级职务和高级职务。

3. 教师的工资待遇

各级人民政府保障教师工资福利和社会保险待遇，改善教师工作和生活条件；完善农村教师工资经费保障机制。

教师的平均工资水平应当不低于当地公务员的平均工资水平。

特殊教育教师享有特殊岗位补助津贴。在民族地区和边远贫困地区工作的教师享有艰苦贫困地区补助津贴。

4. 师资的均衡配置和激励措施

县级以上人民政府应当加强教师培养工作，采取措施发展教师教育。

县级人民政府教育行政部门应当均衡配置本行政区域内学校师资力量，组织校长、教师的培训和流动，加强对薄弱学校的建设。

国务院和地方各级人民政府鼓励和支持城市学校教师和高等学校毕业生到农村地区、民族地区从事义务教育工作。

国家鼓励高等学校毕业生以志愿者的方式到农村地区、民族地区缺乏教师的学校任教。县级人民政府教育行政部门依法认定其教师资格，其任教时间计入工龄。

(五)教育教学

1. 教育教学原则

教育教学工作应当符合教育规律和学生身心发展特点，面向全体学生，教书育人，将德育、智育、体育、美育等有机统一在教育教学活动中，注重培养学生独立思考能力、创新能力和实践能力，促进学生全面发展。

2. 课程、考试和教学改革

国务院教育行政部门根据适龄儿童、少年身心发展的状况和实际情况，确定教学制度、教育教学内容和课程设置，改革考试制度，并改进高级中等学校招生办法，推进实施素质教育。

学校和教师按照确定的教育教学内容和课程设置开展教育教学活动，保证达到国家规定的基本质量要求。

国家鼓励学校和教师采用启发式教育等教育教学方法，提高教育教学质量。

3. 重视德育和课外活动

学校应当把德育放在首位，寓德育于教育教学之中，开展与学生年龄相适应的社会实践活动，形成学校、家庭、社会相互配合的思想道德教育体系，促进学生养成良好的思想品德和行为习惯。

学校应当保证学生的课外活动时间，组织开展文化娱乐等课外活动。社会公共文化体育设施应当为学校开展课外活动提供便利。

4. 教科书的编写与管理

教科书根据国家教育方针和课程标准编写，内容力求精简，精选必备的基础知识、基本技能，经济实用，保证质量。国家机关工作人员和教科书审查人员，不得参与或者变相参与教科书的编写工作。

国家实行教科书审定制度。教科书的审定办法由国务院教育行政部门规定。未经审定的教科书，不得出版、选用。

教科书价格由省、自治区、直辖市人民政府价格行政部门会同同级出版主管部门按照微利原则确定。国家鼓励教科书循环使用。

(六)经费保障

1. “四标准”“三增长”的经费保障制度

国家将义务教育全面纳入财政保障范围，义务教育经费由国务院和地方各级人民政府依照本法规定予以保障。

国务院和地方各级人民政府将义务教育经费纳入财政预算，按照教职工编制标准、工资标准和学校建设标准、学生人均公用经费标准等，及时、足额拨付义务教育经费，确保学校的正常运转和校舍安全，确保教职工工资按照规定发放。

国务院和地方各级人民政府用于实施义务教育财政拨款的增长比例应当高于财政经常性收入的增长比例，保证按照在校学生人数平均的义务教育费用逐步增长，保证教职工工资和学生人均公用经费逐步增长。

学校的学生人均公用经费基本标准由国务院财政部门会同教育行政部门制定，并根据经济和社会发展状况适时调整。制定、调整学生人均公用经费基本标准，应当满足教育教学基本需要。

省、自治区、直辖市人民政府可以根据本行政区域的实际情况，制定不低于国家标准的学校学生人均公用经费标准。

特殊教育学校(班)学生人均公用经费标准应当高于普通学校学生人均公用经费标准。

2. 义务教育经费负担体制

义务教育经费投入实行国务院和地方各级人民政府根据职责共同负担，省、自治区、直辖市人民政府负责统筹落实的体制。农村义务教育所需经费，由各级人民政府根据国务院的规定分项目、按比例分担。

各级人民政府为家庭经济困难的适龄儿童、青少年免费提供教科书并补助寄宿生生活费。

义务教育经费保障的具体办法由国务院规定。

3. 义务教育经费单列制度和教育专项资金

地方各级人民政府在财政预算中将义务教育经费单列。

县级人民政府编制预算，除向农村地区学校和薄弱学校倾斜外，应当均衡安排义务教育经费。

国务院和县级以上地方人民政府根据实际需要，设立专项资金，扶持农村地区、民族地区实施义务教育。

4. 教育财政转移支付制度

国务院和省、自治区、直辖市人民政府规范财政转移支付制度，加大一般性转移支付规模和规范义务教育专项转移支付，支持和引导地方各级人民政府增加对义务教育的投入。地方各级人民政府确保将上级人民政府的义务教育转移支付资金按照规定用于义务教育。

(七)法律责任

1. 政府、行政机关及其工作人员的法律责任

1) 未履行义务教育经费保障职责的法律责任

国务院有关部门和地方各级人民政府违反规定，未履行对义务教育经费保障职责的，由国务院或者上级地方人民政府责令限期改正；情节严重的，对直接负责的主管人员和其他直接责任人员依法给予行政处分。

2) 违反学校建设要求的法律责任

县级以上地方人民政府有下列情形之一的，由上级人民政府责令限期改正；情节严重的，对直接负责的主管人员和其他直接责任人员依法给予行政处分。

(1) 未按照国家有关规定制定、调整学校的设置规划的。

(2) 学校建设不符合国家规定的办学标准、选址要求和建设标准的。

(3) 未定期对学校校舍安全进行检查，并及时维修、改造的。

(4) 未依照本法规定均衡安排义务教育经费的。

3) 违反义务教育均衡发展的法律责任

县级以上人民政府或者其教育行政部门有下列情形之一的，由上级人民政府或者其教育行政部门责令限期改正、通报批评；情节严重的，对直接负责的主管人员和其他直接责任人员依法给予行政处分。

(1) 将学校分为重点学校和非重点学校的。

(2) 改变或者变相改变公办学校性质的。

县级人民政府教育行政部门或者乡镇人民政府未采取措施组织适龄儿童、少年入学或者防止辍学的，依照前款规定追究法律责任。

4) 违反教科书编写制度的法律责任

国家机关工作人员和教科书审查人员参与或者变相参与教科书编写的，由县级以上人民政府或者其教育行政部门根据职责权限责令限期改正，依法给予行政处分；有违法所得的，没收违法所得。

2. 学校及其相关人员的法律责任

1) 乱收费、谋取不当得利的法律责任

学校违反国家规定收取费用的，由县级人民政府教育行政部门责令退还所收费用；对直接负责的主管人员和其他直接责任人员依法给予处分。

学校以向学生推销或者变相推销商品、服务等方式谋取利益的，由县级人民政府教育

行政部门给予通报批评；有违法所得的，没收违法所得；对直接负责的主管人员和其他直接责任人员依法给予处分。

2) 违反教育教学管理规定的法律责任

学校有下列情形之一的，由县级人民政府教育行政部门责令限期改正；情节严重的，对直接负责的主管人员和其他直接责任人员依法给予处分。

(1) 拒绝接收具有接受普通教育能力的残疾适龄儿童、少年随班就读的。

(2) 分设重点班和非重点班的。

(3) 违反本法规定开除学生的。

(4) 选用未经审定的教科书的。

3. 监护人的法律责任

适龄儿童、少年的父母或者其他法定监护人无正当理由未依照本法规定送适龄儿童、少年入学接受义务教育的，由当地乡镇人民政府或者县级人民政府教育行政部门给予批评教育，责令限期改正。

4. 其他有关社会组织和个人的法律责任

有下列情形之一的，依照有关法律、行政法规的规定予以处罚。

(1) 胁迫或者诱骗应当接受义务教育的适龄儿童、少年失学、辍学的。

(2) 非法招用应当接受义务教育的适龄儿童、少年的。

(3) 出版未经依法审定的教科书的。

第三节 《中华人民共和国未成年人保护法》(2020 年修订)解读

《中华人民共和国未成年人保护法》(以下简称《未成年人保护法》)于1991 年 9 月 4 日第七届全国人民代表大会常务委员会第二十一次会议通过，2006 年 12 月 29 日第十届全国人民代表大会常务委员会第二十五次会议第一次修订，2012 年 10 月 26 日第十一届全国人民代表大会常务委员会第二十九次会议修正，2020 年 10 月 17 日第十三届全国人民代表大会常务委员会第二十二次会议第二次修订。修订后的《未成年人保护法》自 2021 年 6 月 1 日起施行。《未成年人保护法》共九章、一百三十二条，内容包括：总则、家庭保护、学校保护、社会保护、网络保护、政府保护、司法保护、法律责任和附则。

《未成年人保护法》(2020 年修订)解读

一、《未成年人保护法》的修订背景

(一)社会发展需求

自 1991 年《未成年人保护法》颁布以来，我国经历了快速的经济社会发展，这期间国家的经济、政治、文化等各方面都发生了显著变化。这些变化带来了新的社会现象和问题，对未成年人的成长环境和权益保护提出了新的要求。

(二)法律实施经验积累

在《未成年人保护法》实施的过程中，积累了许多宝贵的经验和教训。2006 年的第一次修订和 2020 年的第二次修订都是在总结现有经验的基础上进行的。这些修订及时将成熟的实践做法上升为法律，使法律更加符合实际需要。

(三)回应社会关切

随着社会的发展，未成年人面临的风险和挑战也在不断变化。例如，网络保护、学生欺凌、学习负担等问题逐渐成为社会关注的焦点。修订法律是对这些问题的积极回应，以期更好地保护未成年人的合法权益。

(四)国际法律对接

在修订过程中，我国法律制定者注重将本土实际与联合国《儿童权利公约》相对接，同时关注与相关法律的配套衔接，以形成一个更加完善的法律体系。

未成年人保护法的修订是对原有法律的完善和升级，旨在更好地适应社会发展的新要求，保护未成年人的合法权益，回应社会公众的关切，并与国际标准保持一致。这些修订工作不仅体现了国家对未成年人福祉的重视，也体现了法治的进步。

二、《未成年人保护法》(2020 年修订)的四大特点

(一)细化监护人监护职责

《未成年人保护法》(2020 年修订)对监护人的监护职责作出全面规定，未成年人的父母或者其他监护人应当为未成年人提供生活、健康、安全等方面的保障，关注未成年人的生理、心理状况和情感需求，保障未成年人休息、娱乐和体育锻炼的时间等。

随着人口流动速度的加快，“留守儿童”群体规模也在不断扩大。修订后的《未成年人保护法》规定，父母或者其他监护人因外出务工等在一定期限内不能完全履行监护职责的，应当委托具有照护能力的完全民事行为能力人代为照护；无正当理由的，不得委托他人代为照护。该法明确，确定被委托人时要“听取有表达意愿能力未成年人的意见”，并规定未成年人的父母或其他监护人要与未成年人、被委托人至少每周联系和交流一次，了解未成年人的生活、学习、心理等情况，并给予未成年人亲情关爱。

(二)加强网络监管及保护

伴随着互联网的高速发展，孩子们在尽情遨游互联网海洋的同时，也面临着越来越多的网络安全风险。网络沉迷、网络欺凌、网络色情等问题频发，如何保障和引导未成年人安全、合理使用网络。

《未成年人保护法》(2020 年修订)专门增设了“网络保护”一章。针对未成年人沉迷网络等问题，该法作出规定，网络产品和服务提供者不得向未成年人提供诱导其沉迷的产品和服务。网络游戏、网络直播、网络音视频、网络社交等网络服务提供者应当针对未成年人使用其服务设置相应的时间管理、权限管理、消费管理等功能。

在应对网络欺凌方面，《未成年人保护法》(2020年修订)作出规定，遭受网络欺凌的未成年人及其父母或者其他监护人有权通知网络服务提供者采取删除、屏蔽、断开链接等措施。网络服务提供者接到通知后，应当及时采取必要的措施制止网络欺凌行为，防止信息扩散。

《未成年人保护法》(2020年修订)从政府、学校、家庭、网络产品和服务提供者不同主体出发，对网络素养教育、网络信息内容管理、个人信息保护、网络沉迷预防和网络欺凌防治等内容作了规定，力图实现对未成年人的线上线下全方位保护。

(三)强化各方报告义务

现实生活中，一些未成年人合法权益受到侵害，但出于恐惧等原因不敢报告。

《未成年人保护法》(2020年修订)明确了相关组织和个人的报告义务，规定任何组织或者个人发现不利于未成年人身心健康或者侵犯未成年人合法权益的情形，都有权劝阻、制止或者向公安、民政、教育等有关部门提出检举、控告。

《未成年人保护法》(2020年修订)在社会保护方面的另一大亮点，是强化了住宿经营者保护未成年人的责任，要求旅馆、宾馆、酒店等住宿经营者接待未成年人入住，或者接待未成年人和成年人共同入住时，应当询问父母或者其他监护人的联系方式、入住人员的身份关系等有关情况；发现有违法犯罪嫌疑的，应当立即向公安机关报告，并及时联系未成年人的父母或者其他监护人。

(四)重视校园暴力和性侵犯预防

针对未成年人性侵害及性骚扰案件，《未成年人保护法》(2020年修订)明确，对性侵害、性骚扰未成年人等违法犯罪行为，学校、幼儿园不得隐瞒，应当及时向公安机关、教育行政部门报告，并配合相关部门依法处理。

此外，《未成年人保护法》(2020年修订)还要求密切接触未成年人的单位招聘工作人员时，应当向公安机关、人民检察院查询应聘者是否具有性侵害、虐待、拐卖、暴力伤害等违法犯罪记录；发现其具有前述行为记录的，不得录用。

在防治校园欺凌问题上，《未成年人保护法》(2020年修订)明确，学校应当建立学生欺凌防控工作制度，对教职员工、学生等开展防治学生欺凌的教育和培训。学校对学生欺凌行为应当立即制止，通知实施欺凌和被欺凌未成年学生的父母或者其他监护人参与欺凌行为的认定和处理。

三、重点内容解读

(一)家庭保护

1. 监护人的具体监护职责

未成年人的父母或者其他监护人应当履行下列监护职责。

(1) 为未成年人提供生活、健康、安全等方面的保障。

(2) 关注未成年人的生理、心理状况和情感需求。

(3) 教育和引导未成年人遵纪守法、勤俭节约，养成良好的思想品德和行为习惯。

(4) 对未成年人进行安全教育，提高未成年人的自我保护意识和能力。

(5) 尊重未成年人受教育的权利，保障适龄未成年人依法接受并完成义务教育。

(6) 保障未成年人休息、娱乐和体育锻炼的时间，引导未成年人进行有益身心健康的活动。

(7) 妥善管理和保护未成年人的财产。

(8) 依法代理未成年人实施民事法律行为。

(9) 预防和制止未成年人的不良行为和违法犯罪行为，并进行合理管教。

(10) 其他应当履行的监护职责。

2. 监护人的禁止性行为

未成年人的父母或者其他监护人不得实施下列行为。

(1) 虐待、遗弃、非法送养未成年人或者对未成年人实施家庭暴力。

(2) 放任、教唆或者利用未成年人实施违法犯罪行为。

(3) 放任、唆使未成年人参与邪教、迷信活动或者接受恐怖主义、分裂主义、极端主义等侵害。

(4) 放任、唆使未成年人吸烟(含电子烟，下同)、饮酒、赌博、流浪乞讨或者欺凌他人。

(5) 放任或者迫使应当接受义务教育的未成年人失学、辍学。

(6) 放任未成年人沉迷网络，接触危害或者可能影响其身心健康的图书、报刊、电影、广播电视节目、音像制品、电子出版物和网络信息等。

(7) 放任未成年人进入营业性娱乐场所、酒吧、互联网上网服务营业场所等不适宜未成年人活动的场所。

(8) 允许或者迫使未成年人从事国家规定以外的劳动。

(9) 允许、迫使未成年人结婚或者为未成年人订立婚约。

(10) 违法处分、侵吞未成年人的财产或者利用未成年人牟取不正当利益。

(11) 其他侵犯未成年人身心健康、财产权益或者不依法履行未成年人保护义务的行为。

3. 监护人的报告义务

未成年人的父母或者其他监护人发现未成年人身心健康受到侵害、疑似受到侵害或者其他合法权益受到侵犯的，应当及时了解情况并采取保护措施；情况严重的，应当立即向公安、民政、教育等部门报告。

4. 监护人的照护职责

未成年人的父母或者其他监护人不得使未满八周岁或者由于身体、心理原因需要特别照顾的未成年人处于无人看护状态，或者将其交由无民事行为能力、限制民事行为能力、患有严重传染性疾病或者其他不适宜的人员临时照护。

未成年人的父母或者其他监护人不得使未满十六周岁的未成年人脱离监护单独生活。

5. 委托他人长期照护的条件及被委托人的条件

未成年人的父母或者其他监护人因外出务工等原因在一定期限内不能完全履行监护职责的，应当委托具有照护能力的完全民事行为能力人代为照护；无正当理由的，不得委托他人代为照护。

未成年人的父母或者其他监护人在确定被委托人时，应当综合考虑其道德品质、家庭状况、身心健康状况、与未成年人生活情感上的联系等情况，并听取有表达意愿能力未成年人的意见。

具有下列情形之一的，不得作为被委托人。

(1) 曾实施性侵害、虐待、遗弃、拐卖、暴力伤害等违法犯罪行为。

(2) 有吸毒、酗酒、赌博等恶习。

(3) 曾拒不履行或者长期怠于履行监护、照护职责。

(4) 其他不适宜担任被委托人的情形。

6. 委托照护情形下监护人的职责

未成年人的父母或者其他监护人应当及时将委托照护情况书面告知未成年人所在学校、幼儿园和实际居住地的居民委员会、村民委员会，加强和未成年人所在学校、幼儿园的沟通；与未成年人、被委托人至少每周联系和交流一次，了解未成年人的生活、学习、心理等情况，并给予未成年人亲情关爱。

未成年人的父母或者其他监护人接到被委托人、居民委员会、村民委员会、学校、幼儿园等关于未成年人心理、行为异常的通知后，应当及时采取干预措施。

7. 父母离婚情形下监护人的职责

未成年人的父母离婚时，应当妥善处理未成年子女的抚养、教育、探望、财产等事宜，听取有表达意愿能力未成年人的意见。不得以抢夺、藏匿未成年子女等方式争夺抚养权。

未成年人的父母离婚后，不直接抚养未成年子女的一方应当依照协议、人民法院判决或者调解确定的时间和方式，在不影响未成年人学习、生活的情况下探望未成年子女，直接抚养的一方应当配合，但被人民法院依法中止探望权的除外。

(二)学校保护

1. 尊重未成年人的人格尊严

学校、幼儿园的教职员工应当尊重未成年人人格尊严，不得对未成年人实施体罚、变相体罚或者其他侮辱人格尊严的行为。

2. 保障未成年学生受教育的权利

学校应当保障未成年学生受教育的权利，不得违反国家规定开除、变相开除未成年学生。

学校应当对尚未完成义务教育的辍学未成年学生进行登记并劝返复学；劝返无效的，应当及时向教育行政部门书面报告。

3. 关爱帮扶未成年人

学校应当关心、爱护未成年学生，不得因家庭、身体、心理、学习能力等情况歧视学生。对家庭困难、身心有障碍的学生，应当提供关爱；对行为异常、学习有困难的学生，应当耐心帮助。

学校应当配合政府有关部门建立留守未成年学生、困境未成年学生的信息档案，开展关爱帮扶工作。

4. 保障未成年学生的休息权

学校应当与未成年学生的父母或者其他监护人互相配合，合理安排未成年学生的学习时间，保障其休息、娱乐和体育锻炼的时间。

学校不得占用国家法定节假日、休息日及寒暑假期，组织义务教育阶段的未成年学生集体补课，加重其学习负担。

幼儿园、校外培训机构不得对学龄前未成年人进行小学课程教育。

5. 禁止商业行为

学校、幼儿园不得安排未成年人参加商业性活动，不得向未成年人及其父母或者其他监护人推销或者要求其购买指定的商品和服务。

学校、幼儿园不得与校外培训机构合作为未成年人提供有偿课程辅导。

6. 建立学生欺凌防控工作制度

学校应当建立学生欺凌防控工作制度，对教职员工、学生等开展防治学生欺凌的教育和培训。

学校对学生欺凌行为应当立即制止，通知实施欺凌和被欺凌未成年学生的父母或者其他监护人参与欺凌行为的认定和处理；对相关未成年学生及时给予心理辅导、教育和引导；对相关未成年学生的父母或者其他监护人给予必要的家庭教育指导。

对实施欺凌的未成年学生，学校应当根据欺凌行为的性质和程度，依法加强管教。对严重的欺凌行为，学校不得隐瞒，应当及时向公安机关、教育行政部门报告，并配合相关部门依法处理。

7. 防止性侵害、性骚扰

学校、幼儿园应当建立预防性侵害、性骚扰未成年人工作制度。对性侵害、性骚扰未成年人等违法犯罪行为，学校、幼儿园不得隐瞒，应当及时向公安机关、教育行政部门报告，并配合相关部门依法处理。

学校、幼儿园应当对未成年人开展适合其年龄的性教育，提高未成年人防范性侵害、性骚扰的自我保护意识和能力。对遭受性侵害、性骚扰的未成年人，学校、幼儿园应当及时采取相关的保护措施。

(三)社会保护

1. 居民委员会、村民委员会的工作职责

居民委员会、村民委员会应当设置专人专岗负责未成年人保护工作，协助政府有关部门宣传未成年人保护方面的法律法规，指导、帮助和监督未成年人的父母或者其他监护人依法履行监护职责，建立留守未成年人、困境未成年人的信息档案并给予关爱帮扶。

居民委员会、村民委员会应当协助政府有关部门监督未成年人委托照护情况，发现被委托人缺乏照护能力、怠于履行照护职责等情况，应当及时向政府有关部门报告，并告知未成年人的父母或者其他监护人，帮助、督促被委托人履行照护职责。

2. 新闻媒体的职责

新闻媒体应当加强未成年人保护方面的宣传，对侵犯未成年人合法权益的行为进行舆论监督。新闻媒体采访报道涉及未成年人事件应当客观、审慎和适度，不得侵犯未成年人的名誉、隐私和其他合法权益。

禁止制作、复制、出版、发布、传播含有宣扬淫秽、色情、暴力、邪教、迷信、赌博、引诱自杀、恐怖主义、分裂主义、极端主义等危害未成年人身心健康内容的图书、报刊、电影、广播电视节目、舞台艺术作品、音像制品、电子出版物和网络信息等。

任何组织或者个人出版、发布、传播的图书、报刊、电影、广播电视节目、舞台艺术作品、音像制品、电子出版物或者网络信息，包含可能影响未成年人身心健康内容的，应当以显著方式作出提示。

禁止制作、复制、发布、传播或者持有有关未成年人的淫秽色情物品和网络信息。

3. 住宿经营者的职责

旅馆、宾馆、酒店等住宿经营者接待未成年人入住，或者接待未成年人和成年人共同入住时，应当询问父母或者其他监护人的联系方式、入住人员的身份关系等有关情况；发现有违法犯罪嫌疑的，应当立即向公安机关报告，并及时联系未成年人的父母或者其他监护人。

4. 不适宜未成年人活动场所的经营者的职责

学校、幼儿园周边不得设置营业性娱乐场所、酒吧、互联网上网服务营业场所等不适宜未成年人活动的场所。营业性歌舞娱乐场所、酒吧、互联网上网服务营业场所等不适宜未成年人活动场所的经营者，不得允许未成年人进入；游艺娱乐场所设置的电子游戏设备，除国家法定节假日外，不得向未成年人提供。经营者应当在显著位置设置未成年人禁入、限入标志；对难以判明是否是未成年人的，应当要求其出示身份证件。

5. 禁止严重侵犯未成年人权益的行为

禁止拐卖、绑架、虐待、非法收养未成年人，禁止对未成年人实施性侵害、性骚扰。禁止胁迫、引诱、教唆未成年人参加黑社会性质组织或者从事违法犯罪活动。禁止胁迫、诱骗、利用未成年人乞讨。

6. 烟、酒、彩票的限制

学校、幼儿园周边不得设置烟、酒、彩票销售网点。禁止向未成年人销售烟、酒、彩票或者兑付彩票奖金。烟、酒和彩票经营者应当在显著位置设置不向未成年人销售烟、酒或者彩票的标志；对难以判明是否是未成年人的，应当要求其出示身份证件。

任何人不得在学校、幼儿园和其他未成年人集中活动的公共场所吸烟、饮酒。

7. 未成年人用工限制

任何组织或者个人不得招用未满十六周岁未成年人，国家另有规定的除外。

营业性娱乐场所、酒吧、互联网上网服务营业场所等不适宜未成年人活动的场所不得招用已满十六周岁的未成年人。

招用已满十六周岁未成年人的单位和个人应当执行国家在工种、劳动时间、劳动强度和保护措施等方面的规定，不得安排其从事过重、有毒、有害等危害未成年人身心健康的劳动或者危险作业。

任何组织或者个人不得组织未成年人进行危害其身心健康的表演等活动。经未成年人的父母或者其他监护人同意，未成年人参与演出、节目制作等活动，活动组织方应当根据国家有关规定，保障未成年人合法权益。

8. 未成年人的隐私保护

任何组织或者个人不得隐匿、毁弃、非法删除未成年人的信件、日记、电子邮件或者其他网络通信内容。

除下列情形外，任何组织或者个人不得开拆、查阅未成年人的信件、日记、电子邮件或者其他网络通信内容。

(1) 无民事行为能力未成年人的父母或者其他监护人代未成年人开拆、查阅。

(2) 因国家安全或者追查刑事犯罪依法进行检查。

(3) 紧急情况下为了保护未成年人本人的人身安全。

(四)网络保护

1. 学校对未成年学生沉迷网络的预防和处理措施

学校应当合理使用网络开展教学活动。未经学校允许，未成年学生不得将手机等智能终端产品带入课堂，带入学校的应当统一管理。

学校发现未成年学生沉迷网络的，应当及时告知其父母或者其他监护人，共同对未成年学生进行教育和引导，帮助其恢复正常的学习生活。

2. 网络产品和服务提供者的义务

网络服务提供者发现未成年人通过网络发布私密信息的，应当及时提示，并采取必要的保护措施。

网络产品和服务提供者不得向未成年人提供诱导其沉迷的产品和服务。

网络游戏、网络直播、网络音视频、网络社交等网络服务提供者应当针对未成年人使用其服务设置相应的时间管理、权限管理、消费管理等功能。

以未成年人为服务对象的在线教育网络产品和服务，不得插入网络游戏链接，不得推送广告等与教学无关的信息。

3. 网络游戏管理

网络游戏经依法审批后方可运营。

国家建立统一的未成年人网络游戏电子身份认证系统。网络游戏服务提供者应当要求未成年人以真实身份信息注册并登录网络游戏。

网络游戏服务提供者应当按照国家有关规定和标准，对游戏产品进行分类，作出适龄提示，并采取技术措施，不得让未成年人接触不适宜的游戏或者游戏功能。

网络游戏服务提供者不得在每日二十二时至次日八时向未成年人提供网络游戏服务。

4. 网络直播管理

网络直播服务提供者不得为未满十六周岁的未成年人提供网络直播发布者账号注册服务；为年满十六周岁的未成年人提供网络直播发布者账号注册服务时，应当对其身份信息进行认证，并征得其父母或者其他监护人同意。

5. 禁止网络欺凌

任何组织或者个人不得通过网络以文字、图片、音视频等形式，对未成年人实施侮辱、诽谤、威胁或者恶意损害形象等网络欺凌行为。

遭受网络欺凌的未成年人及其父母或者其他监护人有权通知网络服务提供者采取删除、屏蔽、断开链接等措施。网络服务提供者接到通知后，应当及时采取必要的措施制止网络欺凌行为，防止信息扩散。

6. 投诉、举报的相关规定

网络产品和服务提供者应当建立便捷、合理、有效的投诉和举报渠道，公开投诉、举报方式等信息，及时受理并处理涉及未成年人的投诉、举报。

任何组织或者个人发现网络产品、服务含有危害未成年人身心健康的信息，有权向网络产品和服务提供者或者网信、公安等部门投诉、举报。

(五)政府保护

1. 政府保护工作机制

县级以上人民政府承担未成年人保护协调机制具体工作的职能部门应当明确相关内设机构或者专门人员，负责承担未成年人保护工作。

乡镇人民政府和街道办事处应当设立未成年人保护工作站或者指定专门人员，及时办理未成年人相关事务；支持、指导居民委员会、村民委员会设立专人专岗，做好未成年人保护工作。

2. 保障未成年人受教育的权利

各级人民政府应当保障未成年人受教育的权利，并采取措施保障留守未成年人、困境未成年人、残疾未成年人接受义务教育。

对尚未完成义务教育的辍学未成年学生，教育行政部门应当责令父母或者其他监护人将其送入学校接受义务教育。

3. 保障残疾未成年人的教育

各级人民政府应当保障具有接受普通教育能力、能适应校园生活的残疾未成年人就近在普通学校、幼儿园接受教育；保障不具有接受普通教育能力的残疾未成年人在特殊教育学校、幼儿园接受学前教育、义务教育和职业教育。

各级人民政府应当保障特殊教育学校、幼儿园的办学、办园条件，鼓励和支持社会力量举办特殊教育学校、幼儿园。

4. 民政部门的临时监护职责

具有下列情形之一的，民政部门应当依法对未成年人进行临时监护。

(1) 未成年人流浪乞讨或者身份不明，暂时查找不到父母或者其他监护人。

(2) 监护人下落不明且无其他人可以担任监护人。

(3) 监护人因自身客观原因或者因发生自然灾害、事故灾难、公共卫生事件等突发事件不能履行监护职责，导致未成年人监护缺失。

(4) 监护人拒绝或者怠于履行监护职责，导致未成年人处于无人照料的状态。

(5) 监护人教唆、利用未成年人实施违法犯罪行为，未成年人需要被带离安置。

(6) 未成年人遭受监护人严重伤害或者面临人身安全威胁，需要被紧急安置。

(7) 法律规定的其他情形。

对临时监护的未成年人，民政部门可以采取委托亲属抚养、家庭寄养等方式进行安置，也可以交由未成年人救助保护机构或者儿童福利机构进行收留、抚养。

临时监护期间，经民政部门评估，监护人重新具备履行监护职责条件的，民政部门可以将未成年人送回监护人抚养。

5. 民政部门的长期监护职责

具有下列情形之一的，民政部门应当依法对未成年人进行长期监护。

(1) 查找不到未成年人的父母或者其他监护人。

(2) 监护人死亡或者被宣告死亡且无其他人可以担任监护人。

(3) 监护人丧失监护能力且无其他人可以担任监护人。

(4) 人民法院判决撤销监护人资格并指定由民政部门担任监护人。

(5) 法律规定的其他情形。

民政部门进行收养评估后，可以依法将其长期监护的未成年人交由符合条件的申请人收养。收养关系成立后，民政部门与未成年人的监护关系终止。

(六)司法保护

1. 办案专门化

公安机关、人民检察院、人民法院和司法行政部门应当确定专门机构或者指定专门人员，负责办理涉及未成年人案件。办理涉及未成年人案件的人员应当经过专门培训，熟悉未成年人身心特点。专门机构或者专门人员中，应当有女性工作人员。

公安机关、人民检察院、人民法院和司法行政部门应当对上述机构和人员实行与未成年人保护工作相适应的评价考核标准。

公安机关、人民检察院、人民法院和司法行政部门办理涉及未成年人案件，应当考虑未成年人身心特点和健康成长的需要，使用未成年人能够理解的语言和表达方式，听取未成年人的意见。

2. 个人信息及隐私保护

公安机关、人民检察院、人民法院、司法行政部门以及其他组织和个人不得披露有关案件中未成年人的姓名、影像、住所、就读学校以及其他可能识别出其身份的信息，但查找失踪、被拐卖未成年人等情形除外。

3. 继承、离婚案件中的保护

人民法院审理继承案件，应当依法保护未成年人的继承权和受遗赠权。

人民法院审理离婚案件，涉及未成年子女抚养问题的，应当尊重已满八周岁未成年子女的真实意愿，根据双方具体情况，按照最有利于未成年子女的原则依法处理。

4. 撤销监护人的资格

未成年人的父母或者其他监护人不依法履行监护职责或者严重侵犯被监护的未成年人合法权益的，人民法院可以根据有关人员或者单位的申请，依法作出人身安全保护令或者撤销监护人资格。

被撤销监护人资格的父母或者其他监护人应当依法继续负担抚养费用。

5. 讯问、询问时的保护

公安机关、人民检察院、人民法院讯问未成年犯罪嫌疑人、被告人，询问未成年被害人、证人，应当依法通知其法定代理人或者其成年亲属、所在学校的代表等合适成年人到场，并采取适当方式，在适当场所进行，保障未成年人的名誉权、隐私权和其他合法权益。

人民法院开庭审理涉及未成年人案件，未成年被害人、证人一般不出庭作证；必须出庭的，应当采取保护其隐私的技术手段和心理干预等保护措施。

(七)法律责任

1. 监护人的法律责任

未成年人的父母或者其他监护人不依法履行监护职责或者侵犯未成年人合法权益的，由其居住地的居民委员会、村民委员会予以劝诫、制止；情节严重的，居民委员会、村民委员会应当及时向公安机关报告。

公安机关接到报告或者公安机关、人民检察院、人民法院在办理案件过程中发现未成年人的父母或者其他监护人存在上述情形的，应当予以训诫，并可以责令其接受家庭教育指导。

2. 教育机构保护失职的法律责任

学校、幼儿园、婴幼儿照护服务等机构及其教职员工违反本法第二十七条、第二十八条、第三十九条规定的，由公安、教育、卫生健康、市场监督管理等部门按照职责分工责令改正；拒不改正或者情节严重的，对直接负责的主管人员和其他直接责任人员依法给予处分。

3. 在禁止场所吸烟、饮酒的法律责任

在学校、幼儿园和其他未成年人集中活动的公共场所吸烟、饮酒的，由卫生健康、教育、市场监督管理等部门按照职责分工责令改正，给予警告，可以并处五百元以下罚款；场所管理者未及时制止的，由卫生健康、教育、市场监督管理等部门按照职责分工给予警告，并处一万元以下罚款。

4. 违法招用未成年人的法律责任

用人单位违反《未成年人保护法》的规定，招用未满十六周岁未成年人的，由文化和旅游、人力资源和社会保障、市场监督管理等部门按照职责分工责令限期改正，给予警告，没收违法所得，可以并处十万元以下罚款；拒不改正或者情节严重的，责令停产停业或者吊销营业执照、吊销相关许可证，并处十万元以上一百万元以下罚款。

5. 侵犯未成年人合法权益的法律责任

违反本法规定，侵犯未成年人合法权益，造成人身、财产或者其他损害的，依法承担民事责任。

违反本法规定，构成违反治安管理行为的，依法给予治安管理处罚；构成犯罪的，依法追究刑事责任。

本章小结

本章主要介绍了我国颁布的三部重要的教育法律：《教育法》《义务教育法》《未成年人保护法》。

课后习题

1. 因经营不善，某学校兴办的校办产业负债20多万元。根据《教育法》(2021年修订)的规定，对这一债务，应当承担偿还责任的是(　　)。

A. 学校　　B. 校长　　C. 校办产业　　D. 政府

2. 国务院和地方各级人民政府领导和管理教育的原则是(　　)

A. 分级管理，分工负责　　B. 统筹规划，以县为主
C. 统筹规划，协调管理　　D. 统一管理，分工负责

3. 《教育法》(2021 修正)规定，明知校舍或者教育教学设施有危险，而不采取措施，造成人员伤亡或者重大财产损失的，对直接负责的主管人员和其他直接责任人员，依法追究(　　)。

A. 民事责任　　B. 一般责任　　C. 行政责任　　D. 刑事责任

4. 某中学违规向学生收取补课费。根据《教育法》(2021 年修正)的规定，责令该校退还所收费用的机关是(　　)。

A. 教育行政部门　　B. 工商管理部门　　C. 纪检部门　　D. 公安部门

5. 李某想设立一所学校以践行自己的教育理念。根据《教育法》(2021年修正)的规定，下列选项中，属于设立学校应当具备的基本条件是(　　)。

A. 有稳定的财政投入　　B. 有固定的办学场所
C. 有合格的教师　　D. 有充足的生源

6. 李明是某学校的管理人员，对于李明应该实行的是(　　)制度。

A. 教师资格　　B. 教育职员　　C. 专业技术职务聘任　D. 教师职务

7. 教育费附加应该由(　　)征收。

A. 税务机关　　B. 人民政府　　C. 教育行政部门　　D. 学校

8. 学校及其他教育机构中的国有资产属于(　　)所有。

A. 集体　　B. 国家　　C. 学校　　D. 教育局

9. 设立重点中学，学校给予师资财政支持，下列说法正确的是(　　)。

A. 省级教育行政部门有权设立重点学校

B. 有利于打造本地教育品牌

C. 不利于提高教学水平

D. 县级无权设立重点学校

10. 学生小涛经常旷课，不遵守学校的管理制度，学校对小涛进行教育的恰当方式是(　　)。

A. 将他交给家长批评教育　　B. 了解情况后耐心教育他

C. 等待他自我醒悟并改正　　D. 批评教育无效果开除他

11. 沈某购买用于考试作弊的隐形耳机，以每副 1000 元的价格向参加高考的考生出售，累计获利 1 万元。根据《教育法》(2021 年修正)的规定，当地公安机关可对沈某处以罚款的金额是(　　)。

A. 1000 元以上，5000 元以下　　B. 5000 元以上，1 万元以下

C. 1 万元以上，5 万元以下　　D. 5 万元以上，10 万元以下

12. 姜某前往一所初中的后勤部门求职，陈校长了解到姜某曾因故意犯罪被剥夺政治权利，拒绝了姜某的求职。陈校长的做法(　　)。

A. 不合法，侵犯了姜某的隐私权

B. 不合法，侵犯了姜某的平等就业权

C. 合法，学校没有自主聘任教师及其他职工的权利

D. 合法，姜某不具备从事义务教育工作的基本条件

13. 张某大学毕业后作为志愿者到农村地区学校任教两年。随后，张某又应聘到一所公立学校连续工作了 6 年。根据《义务教育法》(2018 年修正)的规定，张某的工龄应为(　　)。

A. 10 年　　B. 8 年　　C. 7 年　　D. 6 年

14. 适龄儿童、少年因身体状况需要延缓入学或者休学的，其父母或者其他法定监护人应当提出申请，由(　　)批准。

A. 学校

B. 市级人民政府或者县级人民政府教育行政部门

C. 市级人民政府或者乡镇人民政府教育行政部门

D. 乡镇人民政府或者县级人民政府教育行政部门

15. 根据《义务教育法》(2018 年修正)关于学校设置规划的要求，新建居民区需要设置学校的，应当(　　)。

A. 早于居民区的建设　　B. 晚于居民区的建设

C. 与居民区的建设同步进行　　D. 待居民区的建设完毕后进行

16.《义务教育法》(2018年修正)规定，在民族地区和边远贫困地区工作的教师享有(　　)津贴。

A. 特殊岗位补助　　B. 生活补助

C. 艰苦贫困地区补助　　D. 特殊奉献补助

17. 对未完成义务教育的未成年人和被采取强制性教育措施的未成年人应当进行义务教育，所需经费由(　　)予以保障。

A. 国家　　B. 社会　　C. 学校　　D. 人民政府

18.《未成年人保护法》(2020年修订)中所指未成年人是(　　)。

A. 未满18周岁的人　　B. 未满18周岁的公民

C. 10～18周岁的公民　　D. 未满16周岁的公民

19. 张某和李某两家世代交好，他们为双方的未成年子女订立了婚约。张某和李某的做法(　　)。

A. 合法，父母享有对子女的监护权

B. 合法，父母享有对子女的管教权

C. 不合法，订立婚约应征得双方子女同意

D. 不合法，父母不得为未成年人订立婚约

20. 开烟酒店的张某经常向初中生出售香烟。张某的行为(　　)。

A. 合法，学生可以自愿购买

B. 合法，商家有自主经营权

C. 不合法，家长没委托初中生购买香烟

D. 不合法，张某不能向初中生出售香烟

21. 教师余某在课间休息时，习惯在教室外面的走廊上吸烟。该教师的行为(　)。

A. 合法，教师有课间休息的权利

B. 合法，教师未侵犯学生的权利

C. 不合法，教师不得在学生集中活动场所吸烟

D. 不合法，教师在征得学生同意之后方可吸烟

22. 15岁的小亮因为家里经济状况不好，放学后到饭店打工。饭店老板了解情况后雇用了他，并为他安排了较为清闲的工作。该饭店老板的做法(　　)。

A. 合法，有助于改善小亮家庭的经济状况

B. 合法，有助于锻炼小亮的自立能力

C. 不合法，任何人不得非法招用童工

D. 不合法，没有取得小亮监护人同意

23. 刘某在上班的路上遇到了十四岁的孤儿小丁，公安局无法查明其父母或者其他监护人。根据法律规定，应该依法对小丁进行长期监护的是(　　)。

A. 当地居委会　　B. 民政部门　　C. 学校　　D. 公安机关

24. 某中学教师邢某每天都要给女儿辅导家庭作业，但经常因为女儿学习中的问题而被气得咬牙切齿，有时还会对女儿拳打脚踢。对于邢某的行为，下列表述中正确的是(　　)。

A. 可由当地人民政府给予行政处罚

B. 可由邢某所在单位给予处分

C. 可由邢某居住地的居民委员会给予劝诫

D. 可由当地人民政府进行行政调解

25. 璐璐妈妈以防止璐璐早恋为由，将璐璐还没来得及拆封的信直接烧毁了。璐璐妈妈的行为(　　)。

A. 侵犯了璐璐的个人隐私　　B. 帮助璐璐减少干扰学习的因素

C. 有利于璐璐的人际交往　　D. 有利于璐璐学习成绩的提高

参考文献

[1] 陈惠津，范士龙. 教师职业道德与教育法规[M]. 武汉：华中师范大学出版社，2021.
[2] 张银星，杜宇，汪铁桥. 师德修养与教育法规[M]. 长沙：湖南师范大学出版社，2021.
[3] 姚美雄. 教师职业道德与教育法律法规[M]. 北京：首都师范大学出版社，2021.
[4] 曾茂林. 教师职业道德[M]. 北京：高等教育出版社，2019.
[5] 苏艳霞. 教育政策与法规[M]. 北京：北京师范大学出版社，2016.
[6] 石正义. 小学教育政策与法规[M]. 北京：北京师范大学出版社，2015.
[7] 付世秋. 教育政策法规与教师职业道德[M]. 北京：清华大学出版社，2016.
[8] 冉隆锋，高俊霞. 教师职业道德与政策法规[M]. 重庆：西南师范大学出版社，2019.
[9] 傅维利. 师德读本[M]. 北京：高等教育出版社，2003.
[10] 葛明荣，李超. 教师职业道德与专业发展[M]. 北京：高等教育出版社，2022.
[11] 徐爱国. 法学的圣殿：西方法律思想与法学流派[M]. 北京：中国法制出版社，2016.
[12] 劳凯生. 教育法学[M]. 沈阳：辽宁大学出版社，2013.
[13] 卫建国. 教育法规与教师道德[M]. 北京：北京师范大学出版社，2012.
[14] 吴刚平，陈华. 中小学教师职业道德研修手册[M]. 北京：高等教育出版社，2012
[15] 韩秀义，邢震. 教育法学概论[M]. 大连：东北财经大学出版社，2011.
[16] 孙绵涛. 教育政策学[M]. 北京：中国人民大学出版社，2010.
[17] 陈孔国. 师德养成读本[M]. 长沙：湖南大学出版社，2010.
[18] 李春玲. 教师职业道德[M]. 北京：人民文学出版社，2005.
[19] 毛泽东文集：第七卷[M]. 北京：人民出版社，1999
[20] 习近平. 做党和人民满意的好老师：同北京师范大学师生代表座谈时的讲话(2014 年 9 月 9 日)[M]. 北京：人民出版社，2014.
[21] 江泽民文选：第二卷[M]. 北京：人民出版社，2006.
[22] 檀传宝等. 走向新师德：师德现状与教师专业道德建设研究[M]. 北京：北京师范大学出版社，2009.
[23] 邓小平文选：第二卷[M]. 北京：人民出版社，1994.
[24] 张雪梅. 实践中的儿童权利[M]. 北京：法律出版社，2013.
[25] 吴遵民，黄欣. 新编教育法教程[M]. 上海：华东师范大学出版社，2004.
[26] 李晓燕. 教育法学[M]. 2 版. 北京：高等教育出版社，2006.